La Segunda Guerra Mundial 1939-1945
Objetivos de guerra y estrategia de las grandes potencias

Alianza Universidad

Andreas Hillgruber

La Segunda Guerra Mundial 1939-1945

Objetivos de guerra y estrategia de las grandes potencias

Versión española
de José Luis Gil Aristu

Alianza
Editorial

Título original: *Der Zweite Weltkrieg 1939-1945. Kriegsziele und Strategie der groben Mächte Fünfte, verbesserte Auflage*

© 1982 W. Kohlhammer Gmbh
© Ed. cast.: Alianza Editorial, S. A., Madrid, 1995
    Calle Juan Ignacio Luca de Tena, 15; 28027 Madrid; teléf. 393 88 88
    ISBN: 84-206-2810-7
    Depósito legal: M. 9.225-1995
    Compuesto en Fernández Ciudad, S. L.
    Catalina Suárez, 19. 28007 Madrid
    Impreso en Lavel. Los Llanos, C/ Gran Canaria, 12. Humanes (Madrid)
    Printed in Spain

ÍNDICE

PRÓLOGO A LA PRIMERA EDICIÓN

Dada la multiplicidad de los acontecimientos mundiales en los años de 1939 a 1945 y teniendo asimismo en cuenta la amplia diversificación de la investigación, plasmada ya en más de 100.000 publicaciones sobre el tema, la única posibilidad de exponer una historia de la Segunda Guerra Mundial en unas doscientas páginas consiste en centrarse estrictamente en determinados problemas fundamentales.

El punto central de este tomo está constituido predominantemente por los objetivos de guerra y las estrategias políticas y militares empleadas por las grandes potencias para su realización. Su fundamento es la interpretación —expuesta, sin duda, a críticas— de la Segunda Guerra Mundial como un conflicto entre las grandes potencias por la ampliación o confirmación de sus posiciones en el sistema internacional y sus esferas de intereses —con sus bases económicas, estratégicas y/o de carácter sociopolítico e ideológico—, y sólo de manera secundaria como una «guerra civil mundial» con frentes que atravesarían las fronteras estatales y estarían por encima de las lealtades nacionales.

Renunciamos a exponer la historia militar o bélica de las campañas, la guerra por mar y aire (según aparece ya en muchas obras), así como a explicar los numerosos procesos de orden general desencadenados por la guerra o los cambios socioeconómicos o de política interior en Estados y regiones particulares provocados por el conflicto,

a no ser que estuvieran ligados muy estrechamente con los objetivos de guerra de las grandes potencias. Sobre los acontecimientos
militares, el lector dispone ya de suficientes crónicas y exposiciones
generales. Pero, en lo que respecta a los problemas sociohistóricos
que la guerra provocó o reforzó, la investigación se halla aún en
sus comienzos en muchos terrenos. De todos modos, su consideración desbordaría los límites impuestos al presente volumen.

Limitándonos, incluso, al tema de los objetivos de guerra y la
estrategia, «sólo» podremos (y deberemos) tratar de abrir una tro-
cha, por así decirlo, a través de una espesura casi impenetrable,
mostrar con claridad las relaciones de la política mundial y, sobre
todo, exponer visiblemente el carácter global de la guerra con las
decisiones derivadas de él y que son fundamentales para la época
de posguerra hasta el momento presente. Nuestra pretensión es
ofrecer una orientación histórico-política acerca de la profunda
ruptura determinada por la Segunda Guerra Mundial en la historia
del siglo xx. El presente tomo está pensado para un grupo de lecto-
res bastante amplio interesado por los resultados de la investigación histórica.

Los objetivos y estrategias de todas las grandes potencias se va-
lorarán de acuerdo con su correspondiente importancia para la
marcha y desenlace de la guerra; se evitará, por tanto, dar un peso
excesivo al componente alemán o europeo. Se entiende que, dada
la densidad requerida en la exposición, la narración de los sucesos
pasará a un segundo plano, muy por detrás del análisis; además, debido al escasísimo espacio con que contamos, tampoco ha sido posible presentar con citas las fuentes consultadas, fuera de unas
pocas excepciones. Las notas se limitan a reseñar lo citado y a hacer referencia a algunos títulos que me parecieron de especial importancia para los diversos conjuntos de problemas tratados o, por
lo menos, esbozados. Dada la superabundancia de material dispo-
nible, resulta más inevitable que en otros casos cierta subjetividad
en la selección. En algunos pasajes concretos, el texto se basa en
trabajos escritos por mí anteriormente y concebidos como elementos constructivos de una exposición general de los objetivos de
guerra y estrategia de las grandes potencias, que presento aquí por
primera vez.

He de agradecer de todo corazón la ayuda que me han prestado en la corrección de pruebas y elaboración del índice onomásti-

co Vera Torunsky y el Dr. Reiner Pommerin, y a mi secretaria, Anita Clages, por el complicado trabajo de transcripción hasta la elaboración del manuscrito para la imprenta.

ANDREA HILLGRUBER

Colonia, 1 de agosto de 1981

PRÓLOGO A LA QUINTA EDICIÓN

En la nueva edición se han realizado ligeras modificaciones del texto en algunos pasajes, correcciones de pequeñas faltas y una actualización de los datos bibliográficos en la sección de notas. No fue necesario introducir cambios profundos, pues el estado de la investigación ha aportado desde entonces muchos elementos esencialmente nuevos en detalle pero ninguno en las líneas fundamentales, que es de lo que se trata en este libro.

A. H.

Colonia, 2 de enero de 1989

Capítulo I
ANTECEDENTES *

La Primera Guerra Mundial no había conducido a la implantación de un orden estable en Europa y el mundo, como habría sucedido de haberse cumplido los amplios objetivos de guerra de los dos grupos de grandes potencias europeas enfrentados desde agosto de 1914. Esa «paz del vencedor» debería haberse basado en una preponderancia, garantizada a largo plazo, de los vencedores sobre los vencidos, que habrían quedado reducidos al nivel de potencias medias incapaces de participar en adelante en la «gran política». En realidad, el año 1918 no trajo consigo ninguna decisión clara e irrevocable capaz de forzar a los vencidos a ajustarse por completo en su pensamiento y acción a una situación fundamentalmente alterada: las consecuencias de la revolución bolchevique en Rusia (a partir del 7 de noviembre de 1917) y el papel de EEUU, que adquiría por primera vez un importante peso mundial y había entrado en guerra, en

---

* No existe hasta el momento una exposición general que dé plena cuenta de la situación de la política mundial en lo relativo a los antecedentes de la Segunda Guerra Mundial. La mayoría de las exposiciones se centran en la política expansionista del «Tercer Reich», que desembocó en la guerra, y sólo recogen el contexto internacional a modo de trasfondo. Son de especial importancia: Jacobsen, H.-A., *Nationalsozialistische Außenpolitik 1933-1938*, Fráncfort/M.-Berlín 1968; Weinberg, G. L., *The Foreign Policy of Hitler's Germany. Diplomatic Revolution in Europe 1933-1936*, Londres-Chicago 1970; Id., *The Foreign Policy of Hitler's Germany: Starting World War II, 1937-1939*, Londres-Chicago 1981; Hildebrand, K., *Deutsche Außenpolitik 1933-1945, Kalkül oder Dogma?* Stuttgart-Berlín-Colonia-Maguncia ⁴1980; Hillgruber, A., *Deutschlands*

abril de 1917, con unas directrices propias (derecho de autodeterminación de las naciones, creación de una «Sociedad de Naciones»), impidieron, al concluir el conflicto bélico en noviembre de 1918, la realización de los objetivos originarios de la Triple Entente, que habría significado de hecho el *finis Germaniae*.

De hecho, el compromiso del ordenamiento de paz de 1919/20 se basó exclusivamente en una componenda entre los intereses de Gran Bretaña, Francia y EEUU. En Europa, el punto de partida del compromiso consistió, por una parte, en imponer a Alemania, vencida pero no disminuida decisivamente en sus capacidades, una larga represión que, sin embargo —como pronto se vio—, no estaba satisfactoriamente garantizada, y, por otra, en debilitar de forma duradera el poder político de la Rusia soviética (mantenida fuera del ordenamiento como un cuerpo extraño tanto desde el punto de vista sociopolítico como ideológico). Rusia, además, quedaba separada de Alemania y el resto de Europa por un *cordon sanitaire* de Estados pequeños y medios, constituidos o ampliados principalmente a costa de Rusia y Alemania, desde Finlandia hasta Rumanía pasando por los Países Bálticos y Polonia.

Considerado tanto desde una perspectiva europea como mundial, este ordenamiento de 1919/20 se caracterizaba por un equilibrio inestable entre las potencias instituidas, las llamadas en inglés *haves* (pudientes) (Gran Bretaña, Francia, EEUU), y las vencidas o malparadas en la victoria, las *have-nots* (desposeídas): Alemania, Italia y Japón, además del *outcast*, el paria, que era la Unión Soviética.

Era, pues, muy probable que los *have-nots* aprovechasen cualquier trastorno del fundamento relativamente débil —a pesar de la aparente superioridad de Francia— y, además, económicamente des-

---

Rolle in der Vorgeschichte der beiden Weltkriege, Gotinga ²1979; Militärgeschichtliches Forschungsamt (ed.), *Das Deutsche Reich und der Zweite Weltkrieg*, t. I: *Ursachen und Voraussetzungen der deutschen Kriegspolitik*, Stuttgart 1979; Funke, M. (ed.), *Hitler, Deutschland und die Mächte. Materialien zur Außenpolitik des Dritten Reiches*, Düsseldorf 1976; Michalka, W. (ed.), *Nationalsozialistische Außenpolitik* (Wege der Forschung, t. CCXCVII), Darmstadt 1978; la perspectiva global se pone de manifiesto con más vigor en las colaboraciones de la obra de Hauser, O. (ed.), *Weltpolitik 1933-1939*, Gotinga-Fráncfort/M.-Zúrich 1973, y en Hildebrand, K., «Weltpolitik 1931-1941: Internationales System und auswärtige Politik der Mächte. Bericht über die vierte Sektion des 31. deutschen Historikertages in Mannheim 1976», en: *Bericht über die 31. Versammlung deutscher Historiker in Mannheim*, 22-26 de septiembre de 1976, Stuttgart 1976, pp 73ss; Hillgruber, A., *Zur Entstehung des Zweiten Weltkrieges, Forschungsstand und Literatur*, Düsseldorf 1980.

compensado en que se basaba la política de fuerza de este ordenamiento y cualquier limitación resultante para la capacidad de acción internacional de los garantes del orden con el fin de lograr una revisión del mismo en provecho propio. Un paso así podía intentarse por la vía de un arreglo acordado (*peaceful change*), para el que ofrecía ciertas posibilidades iniciales la «Sociedad de Naciones» —considerablemente limitada en sus funciones, pues en ella no participaban EEUU ni la Unión Soviética, y tampoco Alemania (hasta 1926), en contra de las intenciones universales de su creador, el presidente norteamericano Wilson—. Pero también podía emprenderse la vía de la expansión por la fuerza, atribuyendo a las potencias establecidas un endurecimiento en sus posiciones políticas —atribución que algunas potencias «revisionistas» podían realizar en solitario o de forma coincidente, aprovechando las oportunidades reales o supuestas ofrecidas por el conjunto de circunstancias internacionales y las ansias de paz del grupo de Estados dotados de democracias liberales.

Desde un punto de vista histórico retrospectivo, la crisis de la economía mundial (1932/33) [1] supuso para el orden de 1919/20 un trastorno fundamental —temido o esperado, según los casos— y significó la encrucijada entre la época posterior a la Guerra Mundial de 1914/18, cuando el peso de los enfrentamientos se situaba aún en la pugna diplomática entre las potencias establecidas y las «revisionistas», y la prehistoria de una nueva gran guerra, periodo en que el enfrentamiento entre potencias establecidas y «revisionistas» se disputó de manera cada vez más abierta en las tres grandes zonas de tensión. Estas zonas eran las siguientes: Extremo Oriente, donde, a partir de la conquista de Manchuria en 1931, Japón había intentado rehacer el camino desandado tras el abandono de su posición directiva en China —lograda en la Guerra Mundial de 1914/18—, al que le había obligado EEUU en la Conferencia de Washington de 1921/22; la zona del Mediterráneo, donde la Italia fascista reivindicaba para sus intereses mayor consideración que la obtenida expresamente en el ordenamiento de paz de 1919/20 —unilateralmente favorable a Gran Bretaña y Francia en esa zona—, y, finalmente, Centroeuropa. Durante la crisis económica mundial, los dirigentes políticos alema-

---

[1] Becker, J. y Hildebrand, K. (eds.), *Internationale Beziehungen in der Weltwirtschaftskrise 1929-1933*, ponencias y debates de un simposio celebrado en Augsburgo del 29 de marzo al 1 de abril de 1979, Múnich 1980.

nes vieron la gran oportunidad de acabar con las fuertes «ataduras de Versalles» —las reparaciones y el desarme unilateral—; además, lograron imponerse entre ellos ciertas tendencias vinculadas a ideas surgidas durante la Guerra Mundial de 1914/18 que tenían por objetivo una «Centroeuropa» regida por los intereses económicos y de política de poder de Alemania —aunque ahora esos objetivos se acomodaban a las nuevas circunstancias y situaban, en principio, el centro de interés en el sureste europeo.

Las condiciones internacionales que constituían el marco de una política de expansión de los *have-nots* —iniciada con éxito— fueron esencialmente más favorables a partir de los primeros años de la década de 1930 que en la de 1919-1929 a consecuencia de la crisis económica mundial. EEUU, que en los años veinte había contribuido de manera decisiva y directa a la consolidación económica de Europa e indirectamente a su afianzamiento político, volvió ahora al «aislacionismo» frente al «viejo mundo» —como potencia política, pero no en sus planteamientos comerciales—, mientras que su implicación en Extremo Oriente, aunque no descendió con la intensidad correspondiente, sí se redujo hasta el punto de responder a la expansión militar de Japón en China con sólo una política de «no reconocimiento» de los cambios provocados por aquel país en el mapa del este asiático, pero sin dar ningún paso económico ni, por supuesto, militar. A consecuencia de las fuertes tensiones interiores, Francia se retrajo hacia una política de seguridad, entendida de manera cada vez más estrecha, que halló su expresión tanto real como simbólica en la construcción de la Línea Maginot en su frontera oriental —al servicio de una defensa rígida y considerada inexpugnable—. Las alianzas militares con Polonia y Checoslovaquia perdieron importancia en su significado para la política de seguridad francesa. En Gran Bretaña, sin embargo, dentro de la línea directriz del *balance of power* en el continente europeo como soporte para su propia posición imperial —línea tradicional, pero apenas coincidente ya con las realidades de la política mundial desde la guerra de 1914/18—, creció al mismo tiempo la tendencia a transigir con las exigencias alemanas de revisión en la medida en que se considerasen justas en cuanto pretensiones étnicas y armonizaran con el principio de equilibrio. A fin de cuentas, la profunda oposición entre la política europea británica y soviética hacía recomendable esa actitud.

El retraimiento de EEUU y de la potencias occidentales en

Extremo Oriente frente a la expansión de Japón en Manchuria y el norte de China a partir del otoño de 1931 confirmó entre los dirigentes soviéticos una idea traumática, existente ya con anterioridad: durante el mandato de Stalin (quien, ateniéndose al lema de la construcción del «socialismo en un solo país», se guiaba por la primacía del interés de la seguridad de la Rusia soviética, subordinando a ella cualquier actividad «revolucionaria mundial») se consideró cada vez más que la Unión Soviética, «cercada» por las potencias «imperialistas», podía convertirse, con la cooperación o no de las principales naciones vencedoras de 1919/20, en objeto de agresión de aquellas que habían quedado postergadas o muy poco consideradas en la nueva repartición de las posesiones mundiales tras la guerra de 1914/18 [2]. Para reducir el peligro de una guerra en dos frentes, el oriente asiático y Centroeuropa, considerablemente incrementado, en función de esas ideas, tras la «impune» campaña de conquista de Japón en el noreste chino, la Unión Soviética concluyó en 1931/32 pactos de no agresión con sus vecinos centroeuropeos, objeto hasta entonces de su beligerancia propagandista (sobre todo Polonia), y con su «protector», Francia, aceptando así un debilitamiento de la cooperación mantenida hasta entonces (desde Rapallo, 1922) con el Reich alemán. El criterio rector consistió en agudizar las contradicciones en el seno del «campo imperialista» entre las potencias establecidas y las «revisionistas». Se pretendía así impedir la formación de un bloque de todas las potencias «imperialistas» contra la Unión Soviética, considerada por ella como la peor de todas las posibilidades en la composición internacional de fuerzas. Sin embargo, la esperanza de que la toma del gobierno por Hitler el 30 de enero de 1933 aliviaría la situación padecida por la Unión Soviética en política exterior al agudizarse súbitamente la oposición entre Alemania y las potencias occidentales europeas, no llegó a cumplirse. Pronto se pudo constatar que el gobierno británico seguía considerando sus diferencias con la Unión Soviética más profundas que las que la enfrentaba con la Alemania nacionalsocialista [3]. La política nacional de revisión proclamada por Hitler como canciller del Reich (en continuidad con las decla-

---

[2] Jacobsen, H.-A., «Der Primat der Sicherheit, 1928-1938», en Geyer, D. (ed.), *Osteuropa-Handbuch*, vol. *Sowjetunion-Außenpolitik 1917-1955*, Colonia-Viena 1972, pp. 213 y ss.; Allard, S., *Stalin und Hitler, Die sowjetrussische Außenpolitik 1930-1941*, Berna-Múnich 1974.

[3] Niedhart, G., *Großbritannien und die Sowjetunion 1934-1939*, Múnich 1972.

raciones revisionistas de gobiernos y partidos de la república de Weimar), que ocultaba tanto los objetivos expansionistas de mucho mayor alcance, como los racistas, ligados a éstos, en cuyo marco la «lucha contra Versalles» y, más tarde, la construcción de una «gran Alemania» eran simples etapas, parecía poder compaginarse con la concepción británica de la política europea. La incompatibilidad real se hallaba en el objetivo «irrenunciable» de Hitler de acometer una transformación total del orden vital de Europa según principios de ideología racial cuyo núcleo era un antisemitismo radical y universal; ninguna «concesión», por mayor que fuera, pondría en cuestión ese objetivo. El «programa» [4] de Hitler apuntaba a la Rusia europea como objeto de conquista («espacio vital en el este») —tras conseguir tener las espaldas libres en el continente mediante la eliminación de Francia como potencia militar—; a Gran Bretaña, como «socio menor» de un imperio continental alemán en Europa (con un «espacio complementario» colonial en África), y a EEUU, como competidor principal en un futuro lejano en la lucha por el «dominio del mundo». El rearme iniciado de forma masiva en 1932/33 y dado a conocer públicamente en 1935, iba destinado a proporcionar al Reich alemán una ventaja cualitativa —limitada en el tiempo— sobre los potenciales adversarios, que deberían ser eliminados uno tras otro en campañas sucesivas. Por encima de todas las crisis y reveses que se sucederían en la fase inicial del «Tercer Reich» y que exigían enmascaramientos, acomodaciones y vaivenes, esta línea directriz —junto con la concentración del poder interno en el «Führer» Adolfo Hitler— pasó a ser cada vez más y, finalmente, a partir de 1937/ 38, de manera exclusiva, la «ley del movimiento» del Reich nacionalsocialista, determinante de todas las cuestiones esenciales y también, por tanto, de la agudización de la crisis en las relaciones internacionales europeas a que pudiera dar lugar.

La política expansionista de los otros dos *have-nots* favorecía la política de presión alemana en Centroeuropa. A pesar de los acuerdos parciales (el «Eje» Berlín-Roma de 1936, el «Pacto anti Komin-

---

[4] Jäckel, E., *Hitlers Weltanschauung, Entwurf einer Herrschaft*, Tubinga 1969; sobre el concepto de «programa» en Hitler, cfr. Hillgruber, A., *Hitlers Strategie, Politik und Kriegführung 1940-1941*, Fráncfort/M. 1965, pp. 13 y ss.; Hildebrand, K., *Vom Reich zum Weltreich, Hitler, NSDAP und koloniale Frage 1919-1945*, Múnich 1969; Rich, N., *Hitler's War Aims. Ideology, the Nazi State, and the Course of Expansion*, Nueva York 1973.

tern» de Alemania-Japón de 1936, el ingreso de Italia en este último, el «Pacto de acero» entre Alemania e Italia en mayo de 1939), fuertemente destacados por motivos propagandísticos, nunca se llegó, sin embargo, a una determinación precisa de la actuación de las tres potencias «revisionistas», aunque las tres, siguiendo una táctica de acciones consecutivas, pretendieran en definitiva el dominio de «grandes espacios» económicamente autárquicos, ampliamente seguros desde el punto de vista estratégico y lo más próximos posible a las metrópolis, donde se pudiera impedir cualquier influencia de otras potencias «espacialmente ajenas» y económicamente superiores (Carl Schmitt) [5]. El ejemplo de Japón de 1931 actuó como un estímulo sobre la política alemana [6]. Su retirada de la «Sociedad de Naciones» (marzo de 1933) fue seguida por la de Alemania (octubre de 1933). Además, la «escapada» de Japón del ordenamiento de 1919/20 distrajo la atención de EEUU y las potencias occidentales europeas hacia la zona de tensión de Asia oriental, apartándola así de Europa. El ataque de Italia a Abisinia (1935/36) y la subsiguiente crisis internacional en la región del Mediterráneo, precisamente en un momento en que el rearme alemán atravesaba una fase peligrosa, en el caso de producirse alguna reacción preventiva, dirigieron la atención internacional a esta segunda zona de tensión [7]. La política alemana apoyó a ambas partes beligerantes, Italia y Abisinia —si bien en diverso grado—, a fin de mantener vivo el conflicto el mayor tiempo posible [8]. De ese modo, en un momento muy prematuro desde la perspectiva de la situación de su propio rearme (marzo de 1936), Hitler pudo acometer la aventurada entrada de tropas alemanas en la zona desmilitarizada de Renania, quebrantando así no sólo el pacto de Versalles

---

[5] Gruchmann, L., *Nationalsozialistische Großraumordnung. Die Konstruktion einer «deutschen Monroe-Doktrin»*, Stuttgart 1962; cfr. el concepto correspondiente en Schmitt, C., *Völkerrechtliche Großraumordnung mit Interventionsverbot für raumfremde Mächte. Ein Beitrag zum Reichsbegriff im Völkerrecht*, Berlín-Leipzig-Viena 1941.

[6] Ienaga, S., *The Pacific War. World War II and the Japanese 1931-1945*, Nueva York 1978; Martin, B., «Die deutsch-japanischen Beziehungen während des Dritten Reiches», en Funke, M. (ed.), *Hitler, Deutschland und die Mächte, ibid.*, pp. 454 y ss.

[7] Petersen, J., *Hitler-Mussolini. Die Entstehung der Achse Berlin-Rom 1933-1936*, Tubinga 1973; Siebert, s, *Italiens Weg in den Zweiten Weltkrieg*, Fráncfort/M.-Bonn 1962; De Felice, R., «Beobachtungen zu Mussolinis Außenpolitik», en *Saeculum*, 24 (1972), pp. 314 y ss.

[8] Funke, M., *Sanktionen und Kanonen. Hitler, Mussolini und der internationale Abessinienkonflikt 1934-1936*, Düsseldorf ²1971; Hardie, F., *The Abyssinian Crisis*, Londres 1974.

sino también el de Locarno (1925) y desafiando a las dos potencias garantes: Gran Bretaña —implicada en el conflicto abisinio— e Italia [9]. La Guerra Civil española (iniciada en julio de 1936) demostró una vez más la profunda contraposición entre Gran Bretaña y la Unión Soviética. Por un cálculo idéntico al anterior [10], y por más que interviniera junto con la Italia fascista de Mussolini en favor de los militares que se habían rebelado contra la República a las órdenes de Franco, Hitler no tenía ningún interés en una pronta resolución del conflicto, que, finalmente, se prolongó en una España totalmente agotada hasta la victoria de Franco en marzo de 1939. La política británica, que favorecía de hecho la intervención alemana, fue interpretada, además, por Hitler como un «test» de la deficiente capacidad de acción de Gran Bretaña en caso de conflicto en Centroeuropa.

Apenas se habían apagado en la zona del Mediterráneo los ecos de las tensiones tras la aceptación por las potencias occidentales de la victoria de Italia sobre Abisinia, cuando el inicio de la guerra chino-japonesa (julio de 1937) agravó de nuevo los problemas en el foco de crisis del este asiático. La campaña de conquista de los japoneses les llevó a ocupar toda la China septentrional y central hasta la primavera de 1939, así como las ciudades portuarias más importantes del sur [11]. El gobierno chino nacionalista, presidido por el mariscal Chang Kai-chek, se retiró con sus tropas al interior del país; por su parte, los comunistas chinos, dirigidos por Mao Tse-tung se integraron con sus fuerzas militares en el frente defensivo contra los japoneses. La capital provisional fue Chungking, en la provincia de Sechuán. El gobierno de Chang Kai-chek encontró apoyo político y armamentista. Este último le llegaba en medida limitada a través de Sinkiang y de la carretera de Burma, enviado por la Unión Soviética y EEUU (así como por Gran Bretaña). No obstante, se mantuvieron las relaciones

---

[9] Braubach, M., *Der Einmarsch deutscher Truppen in die entmilitarisierte Zone am Rhein im März 1936. Ein Beitrag zur Vorgeschichte des Zweiten Weltkrieges*, Colonia-Opladen 1956; Meyers, R., «Sicherheit und Gleichgewicht: Das britische Kabinett und die Remilitarisierung des Rheinlandes 1936», en *Rheinische Vierteljahresblätter*, 38 (1974), pp. 406 y ss.; Id., *Britische Sicherheitspolitik 1934-1938. Studien zum außen- und sicherheitspolitischen Entscheidungsprozeß*, Düsseldorf 1976; Emmerson, J. T., *The Rhineland Crisis*, Londres 1977.

[10] Merkes, M., *Die deutsche Politik gegenüber dem spanischen Bürgerkrieg 1936-1939*, Bonn ²1969; Abendroth, H.-H., *Hitler in der spanischen Arena. Die deutsch-spanischen Beziehungen im Spannungsfeld der europäischen Interessenpolitik vom Ausbruch des Bürgerkrieges bis zum Ausbruch des Weltkrieges 1936-1939*, Paderborn 1973.

[11] Li, L., *The japanese Army in North China, 1937-1941*, Tokio 1975.

diplomáticas de estas naciones con Japón. Con la estabilización de los frentes en China, en la primavera de 1939, se creó un nuevo equilibrio inestable en el este asiático. En principio, parecía excluido el peligro de una «gran» guerra que podría haberse iniciado en Extremo Oriente.

En la primavera de 1938, con la renuncia por indicación de Hitler a la doble política mantenida hasta entonces en Extremo Oriente por Alemania [12], que no deseaba sacrificar los tradicionales vínculos estrechos con China en beneficio de los nuevos contactos, aún inseguros, con Japón, se reconoció de hecho la posición hegemónica japonesa en el este asiático —en la esperanza de que este país aceptara también para Alemania un papel directivo correspondiente en Europa—. Se perfilaba ya así vagamente una delimitación de «grandes espacios» que adquirió perfiles más netos mediante la idea de un «triángulo de política mundial Berlín-Roma-Tokio». Este triángulo había sido desarrollado a finales de 1937 como alternativa por el embajador Von Ribbentrop, enviado por Hitler a Londres en 1936 con el objetivo de concluir una alianza germano-británica sobre la base de una cesión del continente europeo a la Alemania nacionalsocialista, bajo la impresión producida por el fracaso de su misión. Desde su puesto de ministro de Asuntos Exteriores del Reich, Ribbentrop intentó hacerlo realidad en 1938 [13]. Como sustitutivo de la alianza con Gran Bretaña, evidentemente inalcanzable, propuso una «constelación de alianzas» mundial contra ella, cuyo núcleo debería estar constituido por un pacto militar entre Alemania, Italia y Japón, ampliable a otros Estados europeos y asiáticos hasta formar un «bloque» antibritánico. El sentido de todo ello era el de amenazar la posición imperial británica en el mayor número posible de zonas, a fin de que Alemania emprendiera la campaña de conquista hacia el este si no con las espaldas «auténticamente» a cubierto mediante un pacto con Gran Bretaña, sí, al menos, con la seguridad de mantenerla al margen (y por tanto, según el plan, «sin» Inglaterra, que no se hallaba

[12] Sommer, Th., *Deutschland und Japan zwischen den Mächten 1935-1940. Vom Antikominternpakt zum Dreimächtepakt*, Tubinga 1962; Bloß, H., «Deutsche Chinapolitik im Dritten Reich», en M. Funke (ed.), *Hitler, Deutschland und die Mächte, ibid.,* pp. 407 y ss., Liu, J. T. C., «German Mediation in the Sino-Japanese War, 1937-1938», en *Far Eastern Quarterly,* 8 (1949), pp. 157 y ss.

[13] Michalka, W., *Ribbentrop und die deutsche Weltpolitik 1933-1940. Außenpolitische Konzeptionen und Entscheidungsprozesse im Dritten Reich*, Múnich 1980.

capacitada para sostener una guerra de tres o más frentes en todo el mundo). Sin embargo, en las negociaciones mantenidas con Japón desde la primavera de 1938 no se llegó a establecer con esta nación un pacto militar contra Inglaterra. Las negociaciones continuaron sin resultados hasta agosto de 1939 [14]. Sólo se logró firmar el «Pacto de acero» con Italia, en mayo de 1939 [15], que, por lo demás, tras las objeciones de Mussolini, debido al debilitamiento de Italia por las guerras de Abisinia y España, no desembocaría en una guerra común contra las potencias occidentales europeas hasta 1943. Así pues, no se debía excluir el riesgo de tener que aventurar la iniciación de la campaña de conquista alemana hacia el este en las condiciones más desfavorables, es decir, «contra» Inglaterra [16].

La ilusión de que esta situación era todavía evitable se vio alimentada por la denominada política de «apaciguamiento» (*appeasement*) del gobierno británico, mantenida desde mayo de 1937 por Neville Chamberlain [17]. Esta política no nacía de una debilidad moral frente a la actitud amedrentadora de los dictadores, sino que era consecuencia de una política realista según la cual Gran Bretaña, al ser una potencia mundial «avejentada» y no hallarse, en absoluto, a la altura de las exigencias planteadas por la amenaza en tres zonas de tensión (el este de Asia, la zona del Mediterráneo y Europa), necesitaba urgentemente la paz para que no se disgregara, al menos durante algún tiempo y aun a costa de dificultades, su imperio mundial cuyos

---

[14] Sommer, Th., *ibid.*, pp. 103 y ss.

[15] Toscano, M., *The Origins of the Pact of Steel*, Baltimore 1964.

[16] Las distincines entre «con», «sin» y «contra» Inglaterra están tomadas de Henke, J., *England in Hitlers politischem Kalkül 1935-1939*, Boppard 1973.

[17] Para la controversia sobre la política británica de «appeasement», cfr. Niedhart, G., «Appeasement: Die britische Antwort auf die Krise des Weltreiches und des internationalen Systems vor dem Zweiten Weltkrieg», en *HZ* 226 (1978), pp. 67 y ss.; Middlemas, K., *Diplomacy of Illusion: The British Government and Germany, 1937-39*, Londres 1972; Kettenacker, L., «Die Diplomatie der Ohnmacht. Die gescheiterte Friedensstrategie der britischen Regierung vor Ausbruch des Zweiten Weltkrieges», en Benzl, W. y Graml, H., *Sommer 1939. Die Großmächte und der Europäische Krieg*, Stuttgart 1979, pp. 223 y ss.; para una visión general sobre la investigación, muy ramificada, sobre el tema del «appeasement», cfr. Hillgruber, A., *Zur Entstehung des Zweiten Weltkrieges, ibid.*, pp. 21 y ss. Sobre el problema del «economic appeasement», cfr. Wendt, B.-J., *Economic Appeasement, Handel und Finanz in der britischen Deutschland-Politik 1933-1939*, Düsseldorf 1971; una exposición global, con especial hincapié en los aspectos de política interior, en Schmidt, G., *England in der Krise. Grundzüge und Grundlagen der britischen Appeasement-Politik (1930-1937)*, Opladen 1981, así como en Addison, P., *The Road to 1945. British Foreign Policy and the Second World War*, Londres 1975.

principales puntos neurálgicos eran la India, que reclamaba la independencia, y el mundo árabe; en cambio, cualquier nueva gran guerra aceleraría el proceso de disolución del Imperio, iniciado en la guerra mundial de 1914/18.

Por otra parte, la posición de Gran Bretaña en el mundo se veía amenazada no sólo por la política revisionista y expansionista de los tres *have-nots*, sino también por la agitación en favor de la «revolución mundial» fomentada por la Unión Soviética en las colonias británicas, especialmente en Asia. Finalmente, en una nueva guerra mundial, el peso económico y las potencialidades de EEUU (en sentido global) tendrían más peso que en la guerra de 1914/18 y menoscabarían directa o indirectamente la posición británica en el mundo, si es que no la anulaban por completo. Ante el acelerado ascenso de la Alemania de Hitler como potencia política desde principios de 1938, el gobierno británico de Chamberlain procuró eludir la alternativa ineluctable de buscar para Gran Bretaña un apoyo estrecho en EEUU o, incluso, en Alemania, que podría llevarla a una posición de «socio menor» —con características distintas en cada caso— y pretendió poner en práctica una concepción política propia. Esta política preveía ceder en parte a las exigencias de revisión justificadas con criterios étnicos (Austria, la región de los Sudetes, Danzig), de acuerdo con la instauración de un nuevo orden europeo que dejara tras de sí el ordenamiento de Versalles, con tal de que el Reich alemán se ajustase a un sistema basado en la colaboración de las cuatro grandes potencias europeas: Gran Bretaña, Francia, Alemania e Italia, excluyendo a la Unión Soviética, y no irrumpiera violentamente en el Este por su cuenta y en solitario, pues ello supondría el resquebrajamiento del *balance of power* en Europa, considerado todavía esencial desde el punto de vista británico para el mantenimiento de su posición en el mundo.

Dado que Hitler, con sus acciones imprevistas en política exterior, ponía constantemente en cuestión cualquier resultado alcanzado, el gobierno de Chamberlain consideró la necesidad de una guerra en el caso de un fracaso total del *appeasement* y como complemento a la política de mantenimiento de la paz, iniciando así a partir de 1936 un intensa actividad de rearme [18]. De esta manera,

---

[18] Gibbs, N. H., *Grand Strategy*, vol. I: *Rearmament Policy*, Londres 1976; Id., «Das britische Aufrüstungsprogramm 1933 bis 1939 und das Ausmaß seiner Abhängigkeit

Gran Bretaña perseguía, por decirlo así, una «estrategia doble»: se mostraba bien dispuesta hacia las soluciones pactadas en el marco de su concepción de las cuatro potencias destinada a «inmovilizar» a Alemania, y decidida a la defensa de sus intereses vitales nacionales y globales. El rearme británico era de carácter defensivo. Se excluía una guerra preventiva, incluso como planteamiento. También le faltaba, en concreto en lo referente al rearme aéreo, el carácter de disuasión masiva, que podría haber resultado políticamente eficaz precisamente en el caso de Hitler y habría mostrado con claridad dónde se hallaba el umbral de riesgo, si continuaba presionando a alguno de sus vecinos.

En esa «estrategia doble» de Gran Bretaña, mantenida por encima de todas las crisis, se produjo un desplazamiento del centro de gravedad: de la «disponibilidad para hacer concesiones» se pasó a acentuar la actitud de «resistencia». El motivo fue la impresión causada por el «zarpazo a Praga» de Hitler, la instauración del «Protectorado de Bohemia y Moravia» el 15 de marzo de 1939, con el que por primera vez llevaba la expansión de su Reich más allá de los límites étnicos, respetados hasta entonces *volens-nolens*. La garantía de mantener la independencia de Polonia, dada por Gran Bretaña el 31 de marzo de 1939, estaba destinada a hacer ver a Hitler lo erróneo de sus especulaciones sobre un ulterior desarrollo «sin contratiempos» de su «programa» expansivo basado en la idea de actuar «sin» Inglaterra. La declaración de garantías demostró que Gran Bretaña consideraba la existencia de una Polonia independiente (aunque no la «fijación» de sus fronteras, que, desde el punto de vista británico, podían perfectamente ser revisadas mientras se adujeran razones étnicas) como contrapeso frente a Alemania en el este del continente (lo mismo que la posición de Francia en el oeste) y como una realidad de interés vital para ella. La declaración británica de garantías en favor de la independencia de Polonia había ido precedida, el 26 de marzo de 1939, por el rechazo definitivo de Polonia a la solicitud presentada por Hitler y Ribbentrop desde octubre de 1938 para que

von der Entwicklung in Deutschland», en Forstmeier, F. y Volkmann, H.-E. (eds.), *Wirtschaft und Rüstung am Vorabend des Zweiten Weltkrieges*, Düsseldorf 1975, pp. 245 y ss.; Montgomery Hyde, H., *British Air Policy between the Wars, 1919-1939*, Londres 1976; Roskill, S. W., *British Naval Policy between the Wars, 1919-1939*, 2 vols., Londres 1968-1976; Howard, M., *The Continental Commitment. The Dilemma of British Defense Policy in the Era of the Two World Wars*, Londres 1972.

se incardinara en la orla de Estados pequeños y medianos alineados unilateralmente con el «gran Reich alemán». Según estos planes, a cambio de la anexión de Danzig al Reich y de las revisiones, en sí modestas, en la zona del «corredor» polaco en beneficio de Alemania (construcción de una autopista extraterritorial y establecimiento de un enlace ferroviario también extraterritorial entre Prusia oriental y el resto del territorio del Reich), Hitler sugería la adquisición de algunas partes de Ucrania en el proceso de la gran expansión común germano-polaca hacia el este prevista por él [19]. En cualquier caso, la garantía británica de la independencia de Polonia suponía el fracaso de una importante condición para la construcción de un imperio continental alemán —por etapas sucesivas y sin provocar un gran conflicto en Europa— y cerraba el paso a Hitler «hacia el campo libre» del este. Si se mantenía firme en su objetivo por etapas para incorporar a Polonia a su ámbito de poder —factible ahora sólo por la fuerza—, el resultado inmediato sería una guerra contra Gran Bretaña y contra Francia —Hitler mismo dio a conocer repetidamente durante el verano de 1939 su decisión en ese sentido al afirmar que Danzig «no era el objeto» en cuestión, sino que se trataba más bien de «una ampliación del espacio vital en el este» (23 de mayo de 1939) [20]—. En razón de sus propios intereses, Francia se había adherido cada vez más estrechamente a Gran Bretaña y su política de *appeasement*, pues su debilidad, debida a razones de política interior, le aconsejaba evitar una guerra en la medida de lo posible. Ahora bien, si no quería caer en el aislamiento, debía apoyar el desplazamiento del centro de gravedad de la política británica hacia el esfuerzo defensivo, aun cuando la consigna francesa «*Mourir pour Dantzig?*» expresara claramente la ambigüedad de sentimientos de la opinión pública francesa, a diferencia de la situación en 1914 [21].

---

[19] Roos, H., *Polen und Europa, Studien zur polnischen Außenpolitik 1931-1939*, Tubinga 1957.

[20] IMT, vol. XXXVII, doc. L-079, pp. 546 y ss.; el oficial de enlace de Hitler para la Luftwaffe, N. v. Below, confirma en sus memorias la fiabilidad del contenido del documento, cuyo valor ha sido puesto en duda por los investigadores: Below, N. v., *Memoiren Als Hitlers Adjutant 1937-45*, Maguncia 1980, pp. 163 y ss.

[21] Adamthwaite, A. P., *France and the Coming of the Second World War 1936-1939*, Londres 1977; Rémond, H. R. y Bourdin, J., *Édouard Daladier, Chef du Gouvernement, Avril 1938-Septembre 1939*, París 1977; Werner, K.s y Hildebrand, K. (eds.), *Frankreich und Deutschland 1936-1939*, Múnich 1981; Wieland, V., *Zur Problematik der französischen Militärpolitik und Militärdoktrin in der Zeit zwischen den Weltkriegen*, Boppard am Rhein 1973.

La decisión del gobierno británico de comprometerse con Polonia, y no con la Unión Soviética, como «contrafuerte» en el este de Europa frente a la política expansionista alemana de Hitler tenía motivos políticos y militares. Al margen de la fundamental desconfianza de una parte del gobierno británico, en especial del mismo Chamberlain, hacia las metas de la Unión Soviética a largo plazo, el gobierno temía que la conclusión de un pacto con ésta podría encontrarse con la «respuesta» de una alianza militar entre Alemania, Italia y Japón, lo cual daría pie en política mundial a la situación más peligrosa para Gran Bretaña que se pretendía evitar a toda costa: la «confluencia» de las zonas de tensión de Extremo Oriente, el Mediterráneo y Europa en una guerra contra los tres *have-nots*, mientras que el apoyo a Polonia limitaría el conflicto a Europa, pues los lazos de Gran Bretaña con este país no afectaban a Italia y Japón. La estimación extraordinariamente precaria de la capacidad de lucha del Ejército Rojo a consecuencia de la gran «purga» en su cuerpo de oficiales de 1937/38 tuvo una importancia por lo menos igual. Se consideraba que la potencia militar más fuerte, con mucho, de Europa del este y, por tanto, el factor de mayor importancia para los intereses del mantenimiento en ella del *balance of power* era Polonia, y no la Unión Soviética. Tras el compromiso con Polonia, la alternativa de llegar a una «gran alianza» con la Unión Soviética, propugnada por el Partido Laborista pero también por el grupo conservador de la oposición enfrentado al gobierno de Chamberlain, agrupado en torno a Churchill, no fue el objetivo propiamente dicho de las negociaciones llevadas a cabo en Moscú en el verano de 1939, sino un plan complementario pretendido sólo a medias y destinado a apoyar dicho compromiso.

Esta política practicada por los británicos tras el «golpe» de Hitler contra Praga confirmó a su vez la desconfianza con que Stalin había observado la actitud de Gran Bretaña ante la Alemania hitleriana desde 1938. La política de *appeasement* fue interpretada erróneamente por él desde el principio como un intento de «desviar» a Hitler hacia el este [22]. La Conferencia de Múnich de septiembre de 1938, que acababa con la función de barrera asignada a Checoslovaquia y había tenido lugar sin participación de la Unión Soviética, fue para él como

---

[22] Hillgruber, A., «Der Hitler-Stalin-Pakt und die Entfesselung des Zweiten Weltkrieges-Situationsanalyse und Machtkalkül der beiden Pakt-Partner», en *Historische Zeitschrift*, 230 (1980), pp. 339 y ss.

una señal de alarma: a partir de ahora habría que desmontar el frente ideológico contra la Alemania «fascista», a fin de poder tomar decisiones pragmáticas en un sistema europeo que se modificaba aceleradamente. (Y sin embargo, es evidente —para el historiador— que ni los británicos ni los franceses habían dejado a Hitler «manos libres en el' este», ni siquiera en la fase más fuertemente determinada por el *appeasement*, entre «Múnich» y «Praga», en el invierno de 1938/39.) Tampoco en el suroeste de Europa pudo hacerse realidad la idea de un «gran espacio económico» dominado por los alemanes, debido a la fuerza permanente de los intereses del capital británico y francés antes del inicio de la guerra [23].)

En el verano de 1939 pareció hacerse realidad la situación potencial de doble frente (contra Japón y contra Alemania) desde la perspectiva del «único país socialista», vigente ya desde 1931. En efecto, la gravedad de los combates en la zona fronteriza de Manchuria y Mongolia entre el ejército japonés de «Kuangtung» y el soviético de Extremo Oriente arreciaba desde mayo de 1939 [24]. Una continuación de la política británica de *appeasement* más allá de la cesura del 15 de marzo de 1939, mencionada en las conversaciones entre el director ministerial Wohlthat, del servicio del «Plan cuatrienal» de Göring, y personas de confianza del primer ministro Chamberlain a finales de julio de 1939 [25], amenazaba con desbaratar las especulaciones soviéticas sobre una gran guerra entre las principales potencias «imperialistas». Desde el punto de vista de Stalin, un éxito de este «último intento» por conseguir un arreglo generoso entre británicos y alemanes —fracasado, no obstante, tanto por la decisión de Hitler de no dejarse «atar» a la concepción británica de Europa como por la negativa

---

[23] Marguerat, Ph. , *Le IIIᵉ Reich et le pétrole roumain 1938-1940. Contribution à l'étude de la pénétration économique allemande dans les Balkans à la veille et au début de la Seconde Guerre Mondiale*, Leiden-Ginebra 1977; Schmidt, G., *England in der Krise, ibid.*; Kaiser, D. E., *Economic Diplomacy and the Origins of the Second World War. Germany, Britain, France, and Eastern Europe*, Princeton/N. J. 1980.

[24] Morley, J. W. (ed.), *Deterrent Diplomacy: Japan, Germany, and the USSR 1935-1940*, Nueva York 1976; Miyake, M., «Die Lage Japans beim Ausbruch des Zweiten Weltkrieges», en Benz, W. y Graml, H. (eds.), *Sommer 1939, ibid.*, pp. 195 y ss.; Lupke, H., *Japans Rußlandpolitik von 1939 bis 1941*, Fráncfort/M. 1962; desde el punto de vista soviético, Schukow, G. K., *Erinnerungen und Gedanken*, Stuttgart 1969, pp. 150 y ss.; sobre el estado de la investigación, cfr. Martin, B., «Japans Weg in den Krieg. Bemerkungen über Forschungsstand und Literatur zur japanischen Zeitgeschichte», en *Militärgeschichtliche Mitteilungen* 1/1978, pp. 183 y ss.

[25] Metzmacher, H., «Deutsch-englische Ausgleichsbemühungen im Sommer 1939», en *Vierteljahrshefte für Zeitgeschichte*, 14 (1966), pp. 369 y ss.

de la alarmada opinión pública británica— habría significado un peligro para la seguridad de la Unión Soviética. Pero, además, Stalin tenía la impresión de que podía verse arrastrado a una trampa en las negociaciones con las delegaciones británica y francesa, iniciadas por fin en Moscú a mediados de agosto de 1939. Si fallaba la disuasión pretendida por Occidente mediante la conclusión de una «Gran Alianza», Stalin tenía la seguridad de que la Unión Soviética cargaría con el peso principal de una gran guerra de la Alemania de Hitler contra dicha «Gran Alianza». Sin embargo, las potencias occidentales europeas no estaban dispuestas ni siquiera a suprimir el *cordon sanitaire* levantado contra la Rusia soviética en 1919/29 y ceder, al menos, los Estados bálticos a la Unión Soviética a cambio de la deseada intervención del Ejército Rojo [26]. Como idea directriz se aferraban, evidentemente, al mantenimiento del orden europeo inspirado en la situación de 1919/20.

La firma en Moscú, el 23 de agosto de 1939 [27], del pacto de no agresión germano-soviético, que aseguraba la neutralidad benevolente de la Unión Soviética ante el inminente ataque alemán a Polonia y preveía, en el «Protocolo adicional secreto», la división de toda Centroeuropa oriental en una «esfera de intereses» alemana (Polonia hasta el Vístula y Lituania) y otra soviética (Finlandia, Estonia, Letonia y Besarabia), coincidía, en cambio, no sólo con los intereses de Hitler del momento sino también con los de Stalin a largo plazo. Dado que el pacto militar antibritánico con Japón no se había llevado a efecto y que el «Pacto de acero» con Italia no tenía ningún valor para la situación planteada en el verano de 1939, el sorprendente «nuevo orden» debería retraer, según Hitler, a los gobiernos de Gran Bretaña y Francia de intervenir en la guerra contra Polonia (planeada por Hitler como un conflicto regional limitado) y si, a pesar de todo, se declarara una guerra europea, ofrecería al Reich alemán, tras la eliminación de Polonia, libertad en la retaguardia ante las actividades bélicas

[26] Hillgruber, A., «Der 'Cordon Sanitaire' im Zweiten Weltkrieg», en Pöls, W. (ed.), *Staat und Gesellschaft im politischen Wandel. Beiträge zur Geschichte der modernen Welt*, Stuttgart 1979, pp. 539 y ss.

[27] Hillgruber, A. y Hildebrand, K., *Kalkül zwischen Macht und Ideologie. Der Hitler-Stalin-Pakt: Parallelen bis heute?*, Zürich 1980; Fabry, Ph. W., *Der Hitler-Stalin-Pakt 1939-1941*, Darmstadt 1962; Weinberg, G. L., *Germany and the Soviet Union 1939-1941*, Leiden ²1972. Pietrow, B., *Stalinismus, Sicherheit, Offensive. Das «Dritte Reich» in der Konzeption der sowjetischen Außenpolitik 1933-1941*, Melsungen 1983, ofrece por primera vez al análisis una valoración sistemática de la prensa soviétia y del Komintern.

que se habrían de emprender en el oeste. Todo ello eran ventajas esperadas por Hitler para el Reich en cuanto potencia bélica. Frente a esto, el pacto con Hitler colocaba a Stalin en la posición de potencia al margen de la guerra «imperialista», pretendida por él desde hacía tiempo. En lugar de la idea traumática de una amenaza general por parte de las potencias capitalistas-imperialistas, predominante hasta entonces, Stalin podía ahora imaginar que, en el plano internacional, se hallaba en la posición extraordinariamente favorable de ser el «último interesado» y de verse respetado y hasta solicitado por todos los beligerantes. Pero en la guerra europea, ahora altamente probable, la potencia que debería recibir su apoyo era la más débil desde su punto de vista, es decir, la Alemania hitleriana; de ese modo no sucumbiría ante la «agrupación» de potencias occidentales europeas —mucho más fuertes por lo que respecta a su potencial, sobre todo si se tenía en cuenta el respaldo de EEUU—, pues, de obtener la victoria, extenderían su esfera de poder más allá de Alemania, hacia el este, hasta las fronteras de la Unión Soviética, que se enfrentaría así en el futuro a un «bloque cerrado» imperialista. La guerra debería prolongarse, en interés de la Unión Soviética, y llevar a un mutuo agotamiento de las dos «agrupaciones imperialistas». Sólo en ese caso se encontraría la Unión Soviética en condiciones de intervenir con fuerza en la fase final de la guerra, como pretendía Stalin, y poner todo su «peso en la balanza».

¿Qué movió a Hitler a no sacar políticamente todo el partido posible a la constelación de fuerzas, tan extraordinariamente favorable para él una vez concluido el pacto, y decidirse, en cambio, directamente por la guerra? [28]. Entre las fechas decisivas del 25 de agosto

---

[28] Este problema ha recibido de los investigadores respuestas controvertidas. Mason, T. W., «Zur Funktion des Angriffskrieges 1939», en Ziebura, G. (ed.), *Grundfragen der deutschen Außenpolitik seit 1871*, Darmstadt 1975 (= Wege der Forschung, vol. CCCXV), pp. 376 y ss., intrepreta la decisión de ir a la guerra como una «huida hacia adelante» ante la crisis económica de la Alemania de 1939 y las tensiones ligadas a ella; Weinberg, G. L., «Deutschlands Wille zum Krieg. Die internationalen Beziehungen 1937-1939», en Benz, W. y Graml, H. (eds.), *Sommer 1939, ibid.*, pp. 15 y ss., la ve como consecuencia de la política expansionista de Hitler, encaminada a la conquista de la Europa continental. Geyer, M., *Aufrüstung oder Sicherheit. Die Reichswehr in der Krise der Machtpolitik 1924-1936*, Wiesbaden 1980, acentúa la importancia decisiva del rearme alemán para las relaciones internacionales en la década de 1930. Los distintos factores de política interior e internacionales aparecen equilibradamente sopesados en Dülffer, J., «Der Beginn des Krieges 1939. Hitler, die innere Krise und das Mächtesystem», en *Geschichte und Gesellschaft*, 2 (1976), pp. 443 y ss. Carr, W., «Rüstung, Wirtschaft und Politik am Vorabend des Zweiten Weltkrieges», en Michalka, W.

(cuando, bajo la impresión del pacto militar firmado entre británicos
y polacos y de la renuncia de Mussolini a una participación de Italia,
anuló la orden de atacar Polonia dada ya al ejército) y el 31 de agosto (en que comunicó definitivamente dicha orden, a pesar de no haberse producido ningún cambio en la situación general), fueron dos
los factores temporales —uno subjetivo y otro cuasiobjetivo— que le
hicieron lanzarse a la guerra, a pesar del riesgo de verse envuelto demasiado prematuramente —a juzgar por el estado de los planes de
rearme alemanes previstos para los años 1942-44, sobre todo en el
mar y en el aire [29]— en una contienda contra las potencias occidentales. El factor temporal era importante para Hitler desde el punto de
vista subjetivo, pues, por un lado, estaba convencido de que no llegaría a viejo, y, por otro, se sentía poseído por la idea de que solo él y
ningún otro posible sucesor sería capaz de tomar decisiones verdade-
ramente «grandes»; por tanto, ahora que se creía plenamente con
fuerzas para ello, debía llevar su «programa» al estadio decisivo de la
realización. Desde el punto de vista objetivo, pesó la idea de que la
superioridad cualitativa alcanzada por Alemania gracias al rearme
emprendido de forma masiva en 1933 y conservada todavía en 1939
(aunque, según se ha dicho, el rearme no se encontraba aún en absoluto en su nivel más alto previsto) corría el riesgo de perderse en un
tiempo previsible una vez que también habían comenzado a rearmar-
se los adversarios potenciales, ante todo Gran Bretaña. La ventaja armamentista alemana habría de disminuir con rapidez a partir de
1940 en vista de los superiores recursos de los adversarios potenciales y entonces sería ya imposible volver a adelantar a los competidores en este terreno. En efecto, en la competición que era de esperar
por lograr una superioridad armamentista, sus adversarios podrían
superar la capacidad productiva de Alemania y darle «mate», por así

(ed.), *Nationalsozialistische Außenpolitik, ibid.,* pp. 437 y ss., insiste en el factor tiempo.
Sobre el debate en general, cfr. las colaboraciones y la introducción (que las sitúa en
el estado de la investigación) de Niedhart, G. (ed.), *Kriegsbeginn 1939. Entfesselung oder
Ausbruch des Zweiten Weltkriegs?,* Darmstadt 1976 (= Wege der Forschung, vol.
CCCLXXIV). Sobre los cambios en la evolución del estado de ánimo en Alemania,
cfr. Steinert, M. G., *Hitlers Krieg und die Deutschen. Stimmung und Haltung der deutschen
Bevölkerung,* Düsseldorf-Viena 1970.
    [29] Sobre la situación del armamento alemán en 1939, cfr. Wagenführ, R., *Die
deutsche Industrie im Kriege 1939-1945,* Berlín ²1963; Mueller-Hillebrand, B., *Das Heer
1933-1945,* Darmstadt 1954; Homze, E. L., *Arming the Luftwaffe: the Reich Air Ministry
and the German Aircraft Industry, 1919-1939,* Lincoln 1976; Dülffer, J., *Weimar, Hitler
und die Marine: Reichspolitik und Flottenbau 1920-1939,* Düsseldorf 1973.

decirlo, sin declarar la guerra. Había llegado el momento de apresurarse a recorrer ese «estrecho pasillo» que —en opinión de Hitler— sólo era alcanzable lanzándose impulsivamente hacia las metas lejanas del «programa» mientras los «grandes colosos», sobre todo EEUU, «durmieran» en lo referente al rearme.

Hitler era absolutamente consciente del gran riesgo que corría. Cuando Göring, quien le aconsejaba un arreglo con Gran Bretaña, le manifestó el 29 el agosto: «Dejemos este juego del todo por el todo», la respuesta de Hitler fue: «En la vida he jugado siempre así» [30]. En círculos íntimos admitió que la guerra sería «muy difícil» y, quizá, «desesperada». No obstante, «mientras yo viva, no se hablará de capitulación» [31]. En cuestiones militares no había nada preparado, fuera de un plan de campaña para la conquista de Polonia elaborado por el Estado Mayor del ejército de tierra desde abril de 1939. No se disponía de un plan global estratégico para una guerra europea con la relación de fuerzas existente el 3 de septiembre.

En cambio, Gran Bretaña se había preparado para una eventual guerra contra Alemania elaborando un plan estratégico básico [32]. Dicho plan era de carácter defensivo y hacía hincapié en la salvaguarda de las comunicaciones esenciales por mar, pues la custodia de las rutas atlánticas marítimas que unían la metrópoli británica con los miembros de la Commonwealth, la colonias y EEUU se consideraban de interés vital para su subsistencia. En el plan de guerra del Almirantazgo británico de 30 de enero de 1939, esta tarea fue calificada «de máxima importancia». En segundo lugar aparecía el mantenimiento de la posición imperial de Gran Bretaña en el ámbito del Mediterráneo, aunque al sobrestimarse las posibilidades militares de Italia se daba por descontada una pérdida provisional. Por el contrario, cualquier amenaza a las vías de tráfico en el Atlántico habría de impedirse sin concesiones mediante el empleo de todas las fuerzas marítimas y aéreas británicas. (El comandante en jefe de los submarinos alemanes, Dönitz, ideó una estrategia naval dirigida contra ese

[30] Hill, L. E. (ed.), *Die Weizsäcker-Papiere 1933-1950*, Berlín-Fráncfort/M. 1974, pp. 162 y 164.

[31] Capitán general Halder, *Kriegstagebuch*, vol. I., preparado por Jacobsen, H.-A. en colaboración con Philippi, A., Stuttgart 1962, pp. 38. Cfr. también Groscurth, H., *Tagebücher eines Abwehroffiziers 1938-1940*, ed. por Krausnick, H. y Deutsch, H. C. con la colaboración de Kotze, H. von, Stuttgart 1970, pp. 190.

[32] Butler, J. R. M., *Grand Strategy, vol. II (Sept. 1939-June 1941)*, Londres 1957.

punto neurálgico de la seguridad de Gran Bretaña y pretendió colocar el centro de gravedad del rearme marítimo de Alemania en la
construcción de una gran flota submarina, alcanzable con relativa rapidez; Hitler, por el contario, siguiendo la propuesta del comandante
en jefe de la marina de guerra, Raeder, y con la vista puesta en sus
metas lejanas dirigidas más contra EEUU que contra Gran Bretaña,
se había decidido en enero de 1939 a construir una imponente flota
alemana de superficie que, en el mejor de los casos, no se hallaría en
condiciones de intervenir hasta 1944 y cuyo requisito era, como es
lógico, la posesión previa de los puertos atlánticos de Noruega y/o
del occidente francés. En 1939 sólo se disponía de una fracción de
esa flota. [33])

Tras el «zarpazo a Praga» de Hitler, los Estados Mayores británico y francés mantuvieron conversaciones que, el 4 de abril de 1939,
desembocaron en un acuerdo marco para una dirección común de la
guerra. El acuerdo partía de la hipótesis de que Alemania e Italia iniciarían la guerra como aliados y, en vista de su superioridad por tierra y aire, habría de pasar tiempo hasta poder hacer valer la mayor
capacidad económica de las potencias occidentales. La duración de
la guerra, calculada en unos siete años, debería evolucionar en favor
de Gran Bretaña y Francia en tres fases: la primera sería puramente
defensiva; en la segunda se pasaría a una ofensiva contra Italia, como
potencia más débil del campo opuesto; finalmente —según una formulación muy vaga—, se procedería a atacar a Alemania. Cuando el
4 de mayo de 1939 se discutió igualmente sobre la incorporación de
Polonia a la acción común de guerra volvió a imponerse el mando
británico, que se aferraba decididamente al mantenimiento de una
actitud defensiva general en Occidente, aun cuando los polacos fueran arrollados por los alemanes —lo cual se daba por descontado
tras medio año, aproximadamente, de resistencia militar—; el destino
de Polonia lo decidiría el resultado general de la guerra y no habría
de depender de una intervención directa o indirecta —mediante una
ofensiva contra la «muralla occidental» alemana— en las acciones bélicas germano-polacas, pues, a partir del cálculo de la correlación de
fuerzas, nada garantizaba el éxito de dicha intervención. (Las posibili-

---

[33] Dülffer, J., *Weimar, Hitler und die Marine. Reichspolitik und Flottenbau 1920-1939*,
Düsseldorf 1973; Salewski, M., *Die deutsche Seekriegsleitung 1935-1945*, vol. I: *1935-
1941*, Fráncfort/M. 1970.

dades alemanas durante la campaña contra Polonia fueron muy sobrevaloradas en septiembre de 1939; en realidad, las fuerzas alemanas en el oeste, considerablemente débiles, no habrían podido soportar una ofensiva francesa; pero esa ofensiva no entraba en los
cálculos estratégicos del Estado Mayor francés, rígidamente defensi-
vos desde la década de 1920.) A pesar de estas conversaciones con
los británicos, los Estados Mayores francés y polaco llegaron el 19 de
mayo de 1939 a un acuerdo altamente problemático según el cual el
ejército francés habría de pasar a la ofensiva en la frontera occidental
de Alemania a los quince días del inicio del ataque alemán contra
Polonia [34].

Este acuerdo, sin embargo, no entró en vigor hasta el 4 de septiembre de 1939, con la firma de un protocolo político; es decir, al
cuarto día de la guerra en el este y un día después de la declaración
de guerra francesa contra el Reich alemán, pues, por consideraciones
de orden político, los franceses creyeron que no se debería provocar
un endurecimiento de la postura polaca en la crisis frente a eventua-
les propuestas alemanas de compromiso. El Estado Mayor francés no
consideró en ningún momento seriamente la operación S (Sarre), que
—según se ve desde la atalaya de la historia— habría significado un
alivio para Polonia: la excesiva valoración de las fuerzas alemanas, sobre todo las aéreas, excluía, desde el punto de vista francés, cualquier acción ofensiva. Considerando que los planes de guerra de las
potencias europeas occidentales eran muy vagos en conjunto, quedaba totalmente por resolver cómo podría alcanzarse el objetivo principal propugnado por Gran Bretaña: la reconstitución del equilibrio
europeo, sobre todo si se piensa que no se tenía en cuenta el interés
soviético por impedir la vuelta a la situación de 1919/20 o 1933, que
para la Unión Soviética no había sido en absoluto ventajosa.

¿Contribuyó de manera esencial la política de EEUU a que en
los años 1937-39 la actitud británica y francesa pasara del *appeasement*
a la oposición a la política expansiva de Alemania en Europa? ¿Dio
firmeza a los vacilantes gobiernos de Gran Bretaña y Francia? [35]. El 5

[34] Roos, H., «Die militärpolitische Lage und Planung Polens gegenüber Deutschland vor 1939», en *Wehrwissenschaftliche Rundschau*, 7 (1957), pp. 198 y ss.; Batows-
ki, H. A., «Le dernier traité d'alliance franco-polonais (4 septembre 1939)», en *Les relations franco-allemandes 1933-1939*, Colloques internationaux du Centre National de
la Recherche Scientifique, núm. 563, París 1976, pp. 353 y ss.
[35] Moltmann, G., «Die weltpolitische Lage 1936-1939. Die USA», en Hauser, O.

de octubre de 1937, unos pocos meses después del inicio del gran ataque de Japón contra China, el presidente Roosevelt había precisado en
Chicago, con su discurso sobre la «cuarentena», su constante rechazo
moral hacia los regímenes totalitarios y autoritarios en Europa y el
Oriente asiático, aludiendo por primera vez a posibles efectos políticos;
en consecuencia, el embajador alemán en Washington, Dieckhoff, en un
análisis de la situación presentado el 7 de diciembre de 1937, señaló
que en el caso de que Gran Bretaña viese comprometida su existencia,
EEUU «pondría todo su peso en el platillo inglés de la balanza» [36].

De hecho, a partir de ese momento y hasta 1939 se produjo un «giro gradual en la política americana» desde el «aislacionismo» (militar,
aunque no comercial) hasta el intervencionismo político, pero no militar todavía. La firma de un tratado comercial entre EEUU y Gran Bretaña en noviembre de 1938, que excluía expresamente al Reich alemán
de las ventajas de país más favorecido, señaló en el terreno económico un repliegue de ambas potencias que difícilmente se habría considerado posible unos años antes, en vista de la situación de competencia
existente. El momento coincidió con la crisis en las relaciones germano-americanas tras los excesos antisemitas de la llamada «noche de los
cristales del Reich», del 9/10 de noviembre de 1938, y la subsiguiente
retirada del embajador norteamericano en Berlín, Wilson —a la que se
«respondió» llamando a Dieckhoff a Berlín—. En su mensaje al Congreso del 4 de enero de 1939, Roosevelt exigió hacer frente a los «agresores» con métodos *short of war* («a un paso de las acciones de guerra»).
La atmósfera de las relaciones germano-americanas quedó aún más car-
gada con la «advertencia» y «amenaza» de Hitler al «judaísmo financie-
ro internacional dentro y fuera de Europa» en su discurso al Reichstag
del 30 de enero de 1939, donde dijo que si aquél «volvía a lanzar a los
pueblos a una guerra mundial», «el resultado no sería la bolchevización
de la tierra y, por tanto, la victoria del judaísmo, sino la aniquilación de
la raza judía en Europa» [37]. En los meses siguientes, los embajadores de
EEUU en París (Bullitt) y Varsovia (Biddle) procuraron, muy en par-

---

(ed.), *Weltpolitik 1933-1939, ibid.,* pp. 146 y ss.; Schröder, H.-J., *Deutschland und die Vereinigten Staaten 1933-1939. Wirtschaft und Politik in der Entwicklung des deutsch-ameri-
kanischen Gegensatzes,* Wiesbaden 1970.
   [36] *Akten zur deutschen auswärtigen Politik 1918-1945,* serie D., vol. 1, Baden Baden
1950, pp. 535.
   [37] Domarus, M. (ed.), *Hitler, Reden und Proklamationen 1932-1945,* vol. II: *Untergang (1939-1945),* Neustadt a. d. Aisch 1963, pp. 1058.

ticular, transmitir de hecho a los gobiernos de Francia y Polonia la idea [38] de que los Estados Unidos abogarían por una actitud dura frente a las nuevas presiones de Hitler y, en caso de conflicto, intervendrían en la nueva gran guerra de Europa al lado de las democracias occidentales, si no de inmediato, sí más adelante.

Por otra parte, durante el verano de 1939 se comprobó asimismo la inutilidad de los esfuerzos del presidente Roosevelt por extraer consecuencias de su idea de que, a largo plazo, la política expansionista de Alemania y Japón era peligrosa incluso para EEUU. Su llamada a la paz del 14 de abril de 1939 no logró impresionar a Hitler, quien la rechazó burlonamente en su discurso al Reichstag del 28 de abril de 1939 en el que denunció además el tratado naval con Gran Bretaña del 28 de junio de 1935 y el pacto de no agresión con Polonia del 26 de junio de 1934. Por otra parte, tampoco convenció a Stalin la advertencia realizada por el mismo Roosevelt el 5 de agosto de 1939 de que una Alemania victoriosa en el oeste de Europa amenazaría tanto la seguridad de la Unión Soviética como la de EEUU y que, por tanto, la situación del momento imponía su unión para alejar ese peligro. Pero, sobre todo, Roosevelt no logró disminuir el rigor de la ley de neutralidad dictada por el gobierno durante la guerra de Abisinia de 1935/36 —que sobrepasaba con mucho las normas generales del derecho internacional—. En aquel momento, esa ley había sido sancionada con el expreso motivo de impedir que EEUU llegara a tomar parte en una nueva gran guerra, como la de 1914/17. Roosevelt no consiguió siquiera que se prolongara más allá del 1 de mayo de 1939 la cláusula *cash-and-carry* añadida a la ley de neutralidad y que la había modificado de hecho en beneficio exclusivo de las potencias occidentales europeas, pues la flota británica dominaba el Atlántico y, por tanto, en caso de guerra, sólo Gran Bretaña se hallaba en condiciones de comprar material bélico en EEUU y transportarlo al otro lado del Atlántico. El Congreso impuso la supresión

---

[38] Bullitt, O. (ed.), *For the President-Personal and Secret Correspondence between D. Roosevelt and W. C. Bullitt*, Boston 1972; Cannistraro, Ph. V. (*et. al.*), *Poland and the Coming of Second World War*, Columbus 1976 (contiene una selección de los papeles de Biddle); Jedrzejewicz, W. (ed.), *Diplomat in Paris, 1936-1939: Memoirs of Juliusz Lukasiewicz, Ambassador of Poland*, Nueva York 1970; Schwabe, K., «Die entfernteren Staaten am Beispiel der Vereinigten Staaten-Weltpolitische Verantwortung gegen nationale Isolation», en Forndran, E., Golczewski, F. y Riesenberger, D. (eds.), *Innen- und Außenpolitik unter nationalsozialistischer Bedrohung. Determinanten internationaler Beziehungen in historischen Fallstudien*, Opladen 1977, pp. 277 y ss.

de la cláusula, y la ley de neutralidad, favorable en la práctica a los
«agresores», volvió a entrar en vigor en su forma original precisamente durante la crisis del verano de 1939. La voluntad de la gran mayoría de la población y del Congreso de permanecer absolutamente ajenos a una nueva guerra a pesar de sus simpatías por la causa de las
democracias europeas occidentales, expresadas en EEUU en encues-
tas demográficas, constituía para Roosevelt un obstáculo difícil de superar si quería sacar las consecuencias de política de poder e incluso
militares, llegado el caso, que derivaban de su análisis de la situación
política mundial [39]. Roosevelt, y con él los llamados «internacionalis-
tas» entre la clase dirigente norteamericana, daban al «interés nacional» de EEUU una interpretación global resultante de una imbricación de elementos económicos, estratégico-militares y hasta ideales
(las amenazas partían de la expansión de Japón y Alemania, que, entre otras cosas, expulsaba a EEUU de los mercados chino y europeo);
por el contrario, sus oponentes en política interior, los llamados «ais-
lacionistas», muy fuertes hasta 1940, deseaban limitar la posición de
EEUU como potencia política al mantenimiento de su preeminencia
en el «hemisferio occidental» es decir, al extenso territorio del doble
continente americano. El objetivo de Roosevelt era preparar a
EEUU para un enfrentamiento mundial con Alemania y Japón que,
según él, iba a afectar inevitablemente a América. Con la victoria sobre estas dos potencias, Roosevelt aspiraba a obtener a largo plazo
para EEUU un papel de guía indirecto basado en su superioridad
económica, una fuerte posición de poder en el mundo (como potencia marítima y aérea en todos los mares y en las «costas fronteras de
Europa-África y Asia») y la capacidad de irradiación de los ideales
americanos. Ya antes de iniciarse la guerra en Europa consideró a la
Unión Soviética como el contrapeso político potencialmente más eficaz, no porque abrigara alguna hipotética simpatía ideológica hacia
ella, sino debido a la función estratégica y de política de seguridad
que le habría de corresponder de forma casi automática si progresa-
ba la expansión de Alemania y Japón [40].

Mientras el presidente Roosevelt consideraba, al menos desde

---

[39] Junker, D., *Der unteilbare Weltmarkt. Das ökonomische Interesse in der Politik der
USA 1933-1941*, Stuttgart 1975; Jonas, M., *Isolationism in America, 1935-1941*, lthaca/N.
Y. 1966.

[40] Knipping, F., *Die amerikanische Rußlandpolitik in der Zeit des Hitler-Stalin-Pakts
1939-1941*, Tubinga 1974.

1938, que el peligro principal para la paz mundial y —a más largo plazo— para la seguridad de EEUU procedía de la Alemania hitleriana, los Estados Mayores militares de EEUU seguían juzgando a Japón como la amenaza número uno —según había venido ocurriendo sin interrupción desde los años veinte—. En consecuencia, de entre los estudios militares de la situación presentados a Roosevelt el 30 de junio de 1939, no se tuvo en cuenta en un primer momento el que pretendía concluir en primer lugar la guerra contra Alemania en el caso de un doble enfrentamiento oceánico contra este país y Japón («Rainbow 5»); es decir, el plan que habría coincidido con la estimación de la situación hecha por el presidente.

Así pues, era seguro que los Estados Unidos se mantendrían al principio ajenos a la guerra europea —sobre todo por razones de política interior— y que su atención seguía puesta decididamente en el Asia oriental. El 26 de julio de 1939, la denuncia del acuerdo comercial con Japón, en vigor desde 1911, fue un paso tanto más significativo cuanto que, unos días antes, el gobierno británico —pensando en el agravamiento de la crisis en Europa— había logrado cierto respiro en la zona de tensión del Extremo Oriente mediante un acuerdo que hacía concesiones a la posición de Japón en China (22 de julio de 1939) [41]. Sin embargo, Japón se consideraba sometido a una doble presión en política exterior, pues había sufrido por las mismas fechas (agosto de 1939) una grave derrota militar en el «suceso de Nomonhan», junto a Chalchin-Gol (mayo de 1939), en la zona limítrofe de Manchuria-Mongolia, que evolucionó hasta convertirse en una guerra de fronteras de gran magnitud [42]. La decisión de mantenerse al margen de la guerra europea encontró una motivación adicional en la firma del pacto de no agresión germano-soviético del 23 de agosto de 1939 —interpretado como una ruptura del «Pacto Antikomintern» por parte del socio alemán—. Ante la pérdida de prestigio y con el fin de conseguir de nuevo libertad de movimiento, Japón se sintió obligado a concluir una tregua con el mando del Ejército Rojo en el Extremo Oriente el 15 de septiembre de 1939, dos días antes de que la Unión Soviética, liberada ahora de las amenazas políticas y militares en su retaguardia, invadiera Polonia el 17 de septiembre de 1939, intervi-

---

[41] Louis, W. R., *British Strategy in the Far East 1919-1939*, Oxford 1971.
[42] Lupke, H., *Japans Rußlandpolitik von 1939 bis 1941, ibid.*, pp. 11 y ss.

niendo así en la guerra europea de forma estrictamente limitada en el espacio y el tiempo.

Si hacemos balance de la década de crisis y conflictos en la política mundial a partir del momento en que la crisis de la economía puso en cuestión el fundamento del orden global de 1919/20 (la capacidad de EEUU y las potencias occidentales europeas para garantizar la paz general mediante su peso económico y de poder político y obligar a los *have-nots* a atenerse al camino del *peaceful change* como una posibilidad de lograr una revisión en beneficio propio), habremos de registrar, sin duda, graves conflictos regionales en el ámbito del Mediterráneo y en Asia oriental provocados por las pretensiones de expansión de la Italia fascista y Japón, sometido con creciente intensidad desde principios de los años treinta a unos dirigentes autoritarios y militaristas. No obstante, al afectar a intereses importantes, sin duda, pero no vitales de las grandes potencias establecidas, todas esas tensiones no fueron de suficiente envergadura como para llegar a desencadenar una guerra entre grandes potencias comparable al conflicto mundial de 1914/18. Esa guerra, sin embago, estalló a consecuencia del ataque de la Alemania hitleriana a Polonia, que desde la perspectiva del gobierno y, sobre todo, del Parlamento británico y la mayoría de la nación, afectaba a intereses vitales para Gran Bretaña y a principios fundamentales de su política. Por tal motivo, a pesar del rechazo justificado expresado por algunas opiniones aisladas, tanto alemanas como europeas, y aunque debamos hacer hincapié necesariamente en los enfrentamientos que se daban ya por todo el mundo desde principios de los años treinta y asumían cada vez más el perfil de un conflicto mundial entre las grandes potencias establecidas y las «revisionistas», hemos de seguir manteniendo la tesis del «desencadenamiento» directo de la guerra europea en 1939 por la Alemania de Hitler [43]. El desarrollo de la guerra supuso en un primer momento un éxito para este país y, a consecuencia de la intervención militar de los miembros de la Commonwealth (y del imperio colonial francés), desbordó desde el principio los límites de Europa, ofreciendo, por lo demás, a los otros dos *have-nots*, Italia y Japón, hipotéticas

[43] Hofer, W., *Die Entfesselung des Zweiten Weltkrieges. Eine Studie über die internationalen Beziehungen im Sommer 1939*, Fráncfort/M. ³1964; Id., «Wege oder Irrwege der Forschung? Erneute Auseinandersetzung mit 'erneuten Betrachtungen' von A. J. P. Taylor», en Pöls, W. (ed.), *Staat und Gesellschaft im politischen Wandel, ibid.*, pp. 523 y ss.

oportunidades de intentar alcanzar por su parte por la vía de la violencia, mediante la iniciación de actividades bélicas en sus respectivas zonas de influencia, objetivos imperialistas a los que aspiraban de
tiempo atrás. Así, finalmente, a partir de diciembre de 1941, la consecuencia de esta triple expansión bélica fue una segunda «Guerra
Mundial» (en el sentido literal del término).

Capítulo II
PRIMERA FASE DE LA GUERRA EUROPEA
(septiembre 1939-junio 1940)

El 1 de septiembre de 1939 (a las 4.45 horas), el ataque alemán contra Polonia, iniciado desde una posición geoestratégica favorable gracias a la superioridad de las fuerzas aéreas y acorazadas, progresó con rapidez [1]; sin embargo, a partir del 3 de septiembre, a consecuencia de la declaración de guerra de Gran Bretaña y Francia, el Reich alemán se encontró ante un conjunto de realidades que contradecían las ideas «programáticas» de amigo-enemigo concebidas por Hitler. Gran Bretaña, considerada por él como socio «ideal» para una alianza destinada a asegurar su gran expansión hacia el este, a la que había cortejado hasta el último momento, aunque con medios completamente inadecuados, y de la que había esperado también hasta el final, aun siendo consciente de los riesgos, que acabase aceptando en última instancia las acciones militares alemanas contra Polonia, había declarado la guerra al Reich alemán. En esa declaración había arrastrado consigo a Francia después de que su gobierno, conocedor del estado de ánimo antibelicista de los franceses, que en su gran mayoría no veían motivos nacionales ni ideológicos suficientes para una guerra —la «renuncia» de Hitler a Alsacia-Lorena había demostrado ser psicológicamente eficaz— [2],

[1] Militärgeschichtliches Forschungsamt (ed.), *Das Deutsche Reich und der Zweite Weltkrieg*. Vol. 2: *Die Errichtung der Hegemonie auf dem europäischen Kontinent*, Stuttgart 1979, pp. 111 y ss.; Capitán general Halder, *Kriegstagebuch*, vol. I, *ibid.*, pp. 50 y ss.
[2] Ritter von Schramm, W., *Sprich von Frieden, wenn du den Krieg willst: Die psychologischen Offensiven Hitlers gegen die Franzosen 1933 bis 1939*, Maguncia 1973.

hubiese realizado inútiles esfuerzos todavía en los últimos días previos al 3 de septiembre para que se aceptase la oferta de mediación de Mussolini, que habría concluido con un segundo «Múnich». Italia se mantuvo al margen de la guerra europea como potencia «no beligerante». De Japón, que había manifestado su estricta neutralidad, no podía esperarse nada, dadas las circunstancias. Para Hitler, sin embargo, era aún más problemático que, en el estado de cosas del 3 de septiembre, la guerra lo llevara a depender de la Unión Soviética, cuya aniquilación y transformación en «espacio vital» alemán constituía en realidad su objetivo «programático» propiamente dicho. El pacto con Stalin, cuya finalidad original (mantener a Gran Bretaña al margen de la guerra regional contra Polonia) no se había cumplido según las previsiones de Hitler, adquiría ahora de forma inevitable una importancia fundamental para las acciones de guerra alemanas. Sin la seguridad que le ofrecía la Unión Soviética cubriéndole las espaldas y sin la garantía de su apoyo económico [3], Alemania no habría podido dominar la situación planteada en otoño de 1939, pues su dependencia del extranjero en materias primas de importancia vital seguía siendo extraordinariamente grande (un 80% en caucho y un 65% en petróleo, incluso contando con la producción de caucho y carburante sintéticos), a pesar de los esfuerzos realizados desde 1936 por el «Plan Cuatrienal» para reducirla [4]. La neutralidad benevolente que la Unión Soviética concedía a la potencia «imperialista» beligerante económicamente más débil —en opinión de Stalin— era la condición para poder importar las materias primas requeridas y acumular grandes reservas procedentes tanto de la misma Unión Soviética como de Asia oriental y meridional a través de ella a pesar del bloqueo británico [5] (que presentaba un «gigantesco agujero» en el este europeo debido a la no participación de la URSS). Finalmente, se logró por vía indirecta que los países del norte y sureste de Eu-

[3] Friedensburg, F., «Die sowjetischen Kriegslieferungen an das Hitlerreich», en *Vierteljahrshefte zur Wirtschaftsforschung*, 1962, pp. 331 y ss.; Birkenfeld, W., «Stalin als Wirtschaftspartner Hitlers (1939-1941)», en *Vierteljahrsschrift für Sozial- und Wirtschaftsgeschichte* 53 (1966), pp. 477 y ss.

[4] Treue, W., *Gummi in Deutschland. Die deutsche Kautschukversorgung und Gummi-Industrie im Rahmen weltwirtschaftlicher Entwicklungen*, Múnich 1955; Birkenfeld, W., *Der synthetische Treibstoff 1933-1945*, Gotinga-Berlín-Fráncfort/M. 1964.

[5] Medlicott, W. N., *The Economic Blockade*, vol. I, (1939-1941), Londres 1952; G. Thomas, *Geschichte der deutschen Wehr- und Rüstungswirtschaft (1918-1943/45)*. ed. por Birkenfeld, W., Boppard am Rhein 1966, pp. 145 y ss.

ropa estuvieran (o se les obligara a estar) en condiciones de ayudar a Alemania poniendo a su disposición sus recursos económicos (mineral de hierro de Suecia, petróleo de Rumanía, etc.). Pero, sobre todo, el pacto con Stalin contrarrestó, además, notablemente las desfavorables condiciones geomilitares de Alemania, pues —tras el rápido sometimiento de Polonia— permitió reunir la mayor parte de las fuerzas terrestres y aéreas alemanas en la frontera germana occidental. Así, mientras la Unión Soviética mantuviera su actitud política benevolente hacia Alemania, Hitler se liberaba de la presión de un doble frente bélico y podía imponerse a las potencias occidentales, sobre todo a la fuerza militar de Francia, muy sobreestimada también por Stalin (quizá porque recordaba los cuatro años de resistencia presentada por el ejército francés en todos los frentes en 1914/18). Esta actitud no era principalmente resultado de las grandes concesiones territoriales hechas por Hitler al firmar el pacto, sino que respondía de lleno a los intereses de Stalin, atento a mantener la posición política clave que le había correspondido a su país con motivo de la guerra europea.

En septiembre de 1939, al inicio de las hostilidades, el «Tercer Reich» se encontraba desde el punto de vista de Hitler en una situación no exenta de problemas, al no hallarse suficientemente equipado para una guerra grande y larga y depender, según hemos apuntado, de las importaciones de materias primas de importancia vital desde países que no caían dentro del ámbito de un posible ataque alemán rápido e inmediato [6]. El giro político contra Polonia emprendido en la primavera de 1939 había tenido en un primer momento consecuencias integradoras y favorables al régimen (al contrario de lo ocurrido con la crisis de Checoslovaquia en el verano de 1938), pues ahora parecía que se reanudaba «por fin» en el este la política nacional-popular antipolaca que había hallado entre los alemanes la más decidida aceptación, al fundarse en una ideología cultural —el pacto de Hitler con Polonia en 1934 había sido extraordinariamente impopular—; además, los sectores de la dirección militar que se habían opuesto en la cuestión de Checoslovaquia («más lejana» para los alemanes del Reich) consideraron correcto ese giro, aparentemente vin-

---

[6] Wagenführ, R., *Die deutsche Industrie im Kriege 1939-1945*, Berlín ²1963; Carroll, B. A., *Design for Total War. Arms and Economics in the Third Reich*, La Haya-París 1968, pp. 179 y ss.; Birkenfeld, W. (ed.), Georg Thomas, *Geschichte der deutschen Wehr- und Rüstungswirtschaft (1918-1943/45), ibid.*, pp. 145 y ss.

culado con la tradición prusiana y las ideas de Seeckt y dirigido a destruir el Estado polaco con la colaboración de Rusia [7]. Sin embargo, la perspectiva de inmovilizarse como en 1914/1918 en una sangrienta guerra de fronteras en algún punto de Francia, considerada posible desde el 3 de septiembre de 1939, reavivó y robusteció la oposición surgida por diferentes motivos durante el verano de 1938 entre los círculos dirigentes conservadores de sectores militares y diplomáticos y del aparato del Estado [8]. La reacción de la población alemana al comienzo de la guerra en septiembre de 1939 fue completamente diversa —sobresalto y aceptación resignada de lo aparentemente ineludible, a diferencia del entusiasmo y la resolución de agosto de 1914— e hizo que la dirección nacionalsocialista considerase imperiosamente oportuna por razones psicológicas una actitud comedida en lo relativo a las exigencias bélicas [9]. Por eso mismo, pero también por consideraciones de principio, no podía decirse que Hitler tuviera la intención de agotar «por completo» el potencial de sus capacidades: estaba convencido de que sólo podía llegar a la «victoria final» por la aplicación del concepto de *Blitzkrieg* («guerra relámpago») [10] con la cual se derrotaría a un enemigo tras otro en un solo frente cada vez mediante una sucesión de campañas individuales resueltas con rapidez, evitando así que se repitieran las condiciones bélicas de 1914/18 en las que el Reich se había encontrado en situación de fortaleza sitiada. En los primeros meses de la guerra, a fin de evitar «estallidos emocionales» de consecuencias incluso lejanamente similares a las de 1918, el régimen trató con especial preferencia a los trabajadores alemanes. El recuerdo de «noviembre de 1918» seguía siendo un trauma para Hitler y la dirección nacionalsocialista [11]. Nada semejante debía repetirse.

---

[7] Especialmente resaltado en Wagner, E. (ed.), *Der Generalquartiermeister. Briefe und Tagebuchaufzeichnungen des Generalquartiermeisters des Heeres, General der Artillerie Eduard Wagner*, Múnich-Viena 1963, pp. 109.

[8] Kosthorst, E., *Die deutsche Opposition gegen Hitler zwischen Polen- und Frankreichfeldzug*, Bonn ³1957; Deutsch, H. C., *Verschwörung gegen den Krieg 1939-1940*, Múnich 1969; Müller, K.-J., *Das Heer und Hitler. Armee und nationalsozialistisches Regime 1933-1940*, Stuttgart 1969, pp. 471 y ss.

[9] Eichholtz, D., *Geschichte der deutschen Kriegswirtschaft 1939-1945*, vol. I: *1939-1941*, Berlín (este) 1969, pp. 70 y ss.

[10] Así lo expone, insistiendo en el aspecto económico, Milward, A. S., *Die deutsche Kriegswirtschaft 1939-1945*, Stuttgart 1966.

[11] Mason, T. W., *Arbeiterklasse und Volksgemeinschaft. Dokumente und Materialien zur deutschen Arbeiterpolitik 1936-1939*, Düsseldorf 1975; Id., *Sozialpolitik im Dritten Reich. Arbeiterklasse und Volksgemeinschaft*, Opladen 1977.

El rápido éxito conseguido con la victoria sobre Polonia —su capital, Varsovia, capituló el 28 de septiembre—, lograda con un número de víctimas relativamente escaso por comparación con las grandes pérdidas de la guerra mundial de 1914/18, supuso, por otra parte, un alivio meramente limitado desde el punto de vista psicológico y de la política interior: Hitler había fracasado en su intento de llegar a un arreglo con las potencias occidentales sobre la base del reparto de Polonia entre Alemania y la Unión Soviética y la no intervención de Gran Bretaña y Francia en la solución de los problemas de Europa central y del este mediante una «llamada a la paz» dirigida a esas dos potencias en su declaración del 6 de octubre ante el Reichstag [12]. De este modo, la guerra europea, que se había reducido hasta ese momento a duelos esporádicos de artillería, acciones aisladas de patrullas y la distribución de hojas volantes y proclamas lanzadas por altavoces (como parte de una guerra psicológica puesta en práctica por vez primera), además de algunas audaces intervenciones aisladas de submarinos alemanes y rupturas del bloqueo, tomaría muy pronto mayores dimensiones.

El 17 de septiembre de 1939, cuando ya se había tomado la decisión de iniciar la campaña y las tropas alemanas operaban más al este de la línea de demarcación establecida el 23 de agosto, Stalin ordenó que el Ejército Rojo penetrara en Polonia desde el este (tras haber soslayado los anteriores intentos alemanes de lograr una intervención militar soviética) alegando que el Estado polaco se había «derrumbado y había dejado de existir» y que el pacto de no agresión de 1932 carecía de validez y aduciendo, además, el deber de proteger a los ucranianos y rusos blancos del este de Polonia [13]. Los soviéticos capturaron más de 200.000 soldados polacos (que fueron tratados como presos comunes y no como prisioneros de guerra). El gobierno de Polonia, que había huido al extremo suroriental del país, renunció a realizar una estéril llamada a las potencias occidentales —por lo demás, el protocolo adicional secreto del pacto militar británico-polaco del 25 de agosto de 1939 había limitado expresamente el deber de

---

[12] Martin, B., *Friedensinitiativen und Machtpolitik im Zweiten Weltkrieg 1939-1942*, Düsseldorf ²1976, pp. 57 y ss.

[13] Roos, H., «Polen in der Besatzungszeit», en Markert, W. (ed.), *Osteuropa-Handbuch*, vol: *Polen*, Colonia 1959, pp. 170 y ss. Desde la perspectiva soviética: *Geschichte des Großen Vaterländischen Krieges der Sowjetunion*, vol. I, Berlín (este) 1962, pp. 291 y ss.

auxilio en el caso de una agresión alemana— [14] y se dirigió al exilio en
Rumanía, donde fue sometido a internamiento [15]. El 30 de septiembre
de 1939 se constituyó en Francia un gobierno en el exilio compuesto
por políticos demócratas, es decir, opuestos al régimen de Pilsudski y
al de los coroneles (tras la muerte de éste en 1935), que fue considerado como única representación de Polonia y reconocido como tal por
las potencias occidentales y los países neutrales. También se pusieron a
sus órdenes los soldados polacos que se encontraban en Occidente o
habían escapado a través de Europa suroriental (unos 100.000 hombres), por lo que pronto dispuso de un ejército en el exilio.

Un «acuerdo de fronteras y amistad» firmado el 28 de septiembre
por Ribbentrop y Molotov, poco antes de la conclusión de la campaña
común contra Polonia, replanteó las «esferas de interés», establecidas
de nuevo en un protocolo adicional secreto [16]. En Polonia, que no
debería reconstituirse como Estado, la línea de demarcación se despla-
zó ahora hacia el este, del Vístula al Bug, fijándose de forma definitiva.
Se adjudicaba así a los alemanes la responsabilidad principal del futuro
destino de Polonia (en poder soviético permaneció sólo el distrito de
Bialystok, polaco puro desde el punto de vista étnico). A modo de
compensación, Lituania, a excepción de una orla en el suroeste, se asig-
nó a la esfera de intereses soviética.

Tras unas aparentes «elecciones» —como las que eran habituales
en la Unión Soviética—, celebradas a principios de noviembre de
1939, las regiones polacas orientales se incorporaron a la República Soviética de Ucrania o a Bielorrusia y la reorganización socialrevoluciona-
ria aneja a esta incorporación estuvo acompañada de deportaciones y
liquidación física de los «enemigos del pueblo» y «de clase». En este
marco se encuadra también el asesinato de la mayor parte de los oficiales polacos apresados (primavera de 1940), un tercio, aproximadamente, de los cuales, más de 4.100, fueron descubiertos posteriormente (en
abril de 1943) por soldados alemanes en una fosa común próxima a
Katyn, en las cercanías de Smolensk [17].

---

[14] El protocolo adicional fue publicado por Wheeler-Bennett, J. W., *Munich, Pro-
logue to Tragedy*, Londres 1948, pp. 486 y s.

[15] Rhode, G., «Die politische Entwicklung Polens im Zweiten Weltkrieg», en
Markert, W. (ed.), *Osteuropa-Handbuch*, vol.: *Polen, ibid.*, pp. 194 y ss.

[16] *Akten zur deutschen auswärtigen Politik 1918-1945*, serie D, vol. VIII, Baden Ba-
den-Fráncfort/M. 1961, pp. 127 y ss.

[17] Zawodny, J. K., *Zum Beispiel Katyn. Klärung eines Kriegsverbrechens*, Múnich
1971.

Considerada en conjunto, la política practicada por Alemania con Polonia resultó aún más destructiva que la soviética [18]. Además de Prusia occidental, Posen y Silesia superior oriental, regiones del Reich perdidas en 1919/1921, en octubre de 1939, se incorporaron al «Gran Reich Alemán» extensas regiones al norte y oeste de Varsovia, polacas desde antiguo; el resto —Polonia central— fue considerado una especie de «territorio alemán accesorio» con la denominación de «Gobierno General» (con H. Frank como Gobernador General) [19]. Los polacos fueron desterrados en masa de las nuevas regiones orientales alemanas «incorporadas»; es decir, fueron desplazados al «Gobierno General» con el fin de dejar sitio en el «Warthegau» (la antigua provincia de Posen ampliada) a los emigrantes alemanes llegados de Volinia, Besarabia y, sobre todo, de los países bálticos, quienes fueron llevados «de vuelta al Reich» en parte por la fuerza [20]. Durante el invierno de 1939/40 se inició la liquidación física de la clase dirigente en el «Gobierno General» polaco con el pretexto de tomar represalias por los excesos cometidos por los polacos contra los alemanes étnicos residentes fuera del Reich (*Volksdeutsche*) durante la campaña de septiembre (entre otros, en el llamado «Domingo sangriento» de Bromberg, el 3 de septiembre de 1939) —el número total de víctimas *Volksdeutsche* había sido de unas 4.500—. Los judíos de Polonia fueron concentrados en grandes guetos (sobre todo en Varsovia y Lodz) [21]. Así, poco después del comienzo de la guerra, alemanes y soviéticos iniciaron esas prácticas de destierros, traslados forzosos y aniquilación física de grupos de pueblos declarados «enemigos» que constituyen una vergüenza para el derecho internacional, el derecho de guerra y la sagacidad política y que alcanzarían luego su «punto culminante», en la guerra germano-soviética de

---

[18] Broszat, M., *Nationalsozialistische Polenpolitik 1939-1945*, Stuttgart 1961; Eisenblätter, G., *Grundlinien der Politik des Reichs gegenüber dem Generalgouvernement 1939-1945*, tesis doctoral de Fil., Fráncfort/M. 1969; Madajczyk, C., *Die deutsche Besatzungspolitik in Polen (1939-45)*, Wiesbaden 1967; Kleßmann, , Chr., *Die Selbstbehauptung einer Nation. Nationalsozialistische Kulturpolitik und polnische Widerstandsbewegung im Generalgouvernement*, Düsseldorf 1971.

[19] Cfr. su decisivo diario: Präg, W. y Jacobmeyer, W. (eds.), *Das Diensttagebuch des deutschen Generalgouverneurs in Polen 1939-1945*, Stuttgart 1975.

[20] *Diktierte Option. Die Umsiedlung der Deutsch-Balten aus Estland und Lettland 1939-1941*. Documentación recopilada por Loeber, D. A., con una introducción del mismo, Neumünster ²1974.

[21] Reitlinger, G., *Die Endlösung, Hitlers Versuch der Ausrottung der Juden Europas 1939-1945*, Berlín ⁵1968, pp. 59 y ss.

1941 a 1945, con millones de víctimas, primero en las zonas de la Unión Soviética conquistadas por los alemanes y luego, en la fase final del conflicto, en el ámbito de dominio soviético de Alemania oriental recién ocupado —y, a partir de allí, en otras partes del este de Europa central.

A finales de septiembre y principios de octubre de 1939, Stalin obligó a los gobiernos de Estonia, Letonia y Lituania a ceder a la Unión Soviética en sus territorios bases terrestres, navales y aéreas aprovechando sus acuerdos con Hitler y la implicación militar de Alemania en el oeste [22]. El 30 de noviembre de 1939, al negarse Finlandia a aceptar limitaciones similares para su soberanía y un retroceso de sus fronteras en el istmo de Carelia (justificado por la Unión Soviética con el argumento de una mejor protección para Leningrado), comenzó el ataque de fuertes contingentes soviéticos del distrito militar de Leningrado en toda la extensión de la frontera oriental finesa desde los golfos meridionales del país hasta Petsamo, en las costas del océano Glacial Ártico [23]. Los cálculos de Stalin, que, sirviéndose de un gobierno títere formado por funcionarios finlandeses del Komintern en la conquistada ciudad fronteriza de Terijoki, pensaba dividir la nación finesa en dos partes, una «blanca» y otra «roja», como en 1918, y ocupar toda Finlandia en la primera arremetida, resultaron una especulación fallida. La nación finesa apoyó unánimemente a su ejército, a las órdenes del mariscal de campo Mannerheim, que no sólo detuvo la ofensiva soviética sino que asestó graves derrotas al Ejército Rojo (interpretadas tanto por los alemanes como por las potencias occidentales como un síntoma de su incapacidad bélica, lo cual tendría consecuencias de gran alcance para la valoración de la aptitud de la Unión Soviética en conjunto como potencia política). La guerra de invierno fino-rusa se prolongó. Los dirigentes alemanes observaron una neutralidad favorable a la Unión Soviética. El 14 de diciembre de 1939, la Unión Soviética fue expulsada de la «Sociedad de Naciones» como «agresora» a petición de las potencias

---

[22] Meissner, B., *Die Sowjetunion, die Baltischen Staaten und das Völkerrecht*, Colonia 1956; Myllyniemi, S., *Die baltische Krise 1938-1941*, Stuttgart 1979; dese la perspectiva soviética: *Geschichte des Großen Vaterländischen Krieges der Sowjetunion*, vol. I, *ibid.*, pp. 297 y ss.

[23] Jakobson, M., *The Diplomacy of the Winter War. An Account of the Finno-Russian War 1939/40*, Cambridge/Mass. 1961; Condon, R. W., *Winterkrieg Rußland-Finnland*, Múnich 1981.

occidentales. Por lo demás, la existencia de ese organismo, del que había entrado a formar parte como miembro en 1934 (tras la salida de Japón y Alemania) había quedado reducido a una mera sombra.

Por esas fechas reinaba entre las potencias occidentales la impresión de una complicidad entre Hitler y Stalin. A ello había contribuido, sobre todo, la intervención de la propaganda del Komintern [24] en la política interior francesa. Es cierto que el PC francés, el último partido de masas comunista todavía legal en Europa occidental —el PC de Gran Bretaña carecía de significación—, había votado en la Cámara en favor de los créditos de guerra; no obstante, en los días inmediatamente siguientes a la declaración de hostilidades, cambió de frente, pasando a la nueva línea del Komintern, condenó la guerra «imperialista» y exhortó a quienes habían sido llamados a filas al ejército francés a negarse a prestar servicio. A continuación, el PCF fue prohibido el 26 de septiembre.

Pero aún fue más grave, en opinión de las potencias occidentales, que el 28 de septiembre (con motivo de la firma del «Acuerdo de fronteras y amistad» germano-soviético) el gobierno de la URSS emitiera una declaración conjunta con el del Reich [25] en la que se decía que, si los esfuerzos comunes por un rápido restablecimiento de la paz no lograban tener éxito, «estaría probada la responsabilidad de Inglaterra y Francia en la continuación de la guerra, en cuyo caso... los gobiernos de Alemania y la URSS consultarían entre sí sobre las medidas necesarias». En su discurso al Soviet Supremo del 31 de octubre, el jefe de gobierno y comisario de Exteriores, Molotov, llegó, incluso, a calificar a las potencias occidentales de «agresoras» y exculpó, en cambio, expresamente a Alemania del reproche de «agresión», al tiempo que le atribuía el deseo de mantener la paz [26]. Por tal motivo, el gobierno inglés había tratado ya el 10 de octubre de las posibles consecuencias que acarrearía una intervención de la Unión Soviética en las hostilidades al lado de Alemania [27].

---

[24] Kernig, C. D. (ed.), *Die kommunistischen Parteien der Welt*, Friburgo/Br.-Basilea-Viena 1969, pp. 22 y s. (Internacional Comunista) y p. 202 (PC francés).

[25] *Akten zur deutschen auswärtigen Politik 1918-1945*, serie D, vol. VIII, *ibid.,* pp. 129 y s.

[26] Hillgruber, A., «Der Beginn des Zweiten Weltkrieges 1939 in der Sicht der sowjetischen Geschichtsschreibung», en *Id., Deutsche Großmacht- und Weltpolitik im 19. und 20. Jahrhundert, ibid.,* pp. 168 y ss., sobre todo p. 172.

[27] Butler, J. R. M., *Grand Strategy*, vol. II: *September 1939-June 1941*, Londres 1957, p. 95.

La concentración de la masa del ejército de tierra y de las fuerzas aéreas alemanas (*Luftwaffe*) en la frontera oeste, según pudo observarse inmediatamente después de acabada la campaña de Polonia, llevó a los dirigentes políticos y militares de las potencias occidentales a considerar cómo podría conseguirse que volviera a remitir la presión de esa presencia masiva de tropas. La apertura de otros campos de operaciones de guerra y de nuevos frentes en puntos del continente lo más periféricos posible fue objeto de numerosas conversaciones entre los aliados. Churchill, recién nombrado ministro de Marina del gabinete británico, fue el primero en desarrollar, ya para el 9 de septiembre, un plan (aparentemente fantasioso) [28] que preveía introducir fuerzas navales británicas en el Mar Báltico por el estrecho del Sund a fin de cortar el acceso de Alemania a las fuentes de materias primas escandinavas, principalmente el mineral de hierro sueco, y tomar así medidas decisivas de «defensa económica». Un mes más tarde, el 10 de octubre, el comandante en jefe de la marina de guerra, Raeder, aludió por primera vez en el lado germánico a la importancia de las bases alemanas en Noruega para las acciones de guerra submarina contra Gran Bretaña, pero este problema pasó enseguida a segundo plano [29], pues Hitler no pretendía una ampliación de la guerra en Occidente, sino que estaba decidido a aplicarse de lleno a conseguir en el mismo otoño de 1939 una victoria sobre Francia; de ese modo, tras haber logrado con Gran Bretaña un arreglo que consideraba posible, tendría las manos libres en la primavera de 1940 para volverse hacia el este contra la Unión Soviética [30]. El 8 de septiembre, durante la campaña de Polonia, cuando se perfilaba el rápido éxito que había constituido una sorpresa para él mismo, manifestó Hitler por primera vez su intención de lograr ese objetivo [31]. En un memorial del 9 de octubre, fundaba su decisión [32] de

---

[28] Churchill, W. S., *The Second World War*, vol. I., Londres 1948, pp. 462 y ss.

[29] Wagner, G. (ed.), *Lagevorträge des Oberbefehlshabers der Kriegsmarine vor Hitler 1939-1945*, Múnich 1972, pp. 26 y ss.; Gemzell, C.-A., *Raeder, Hitler und Skandinavien. Der Kampf für einen maritimen Operationsplan*, Lund 1965.

[30] En otoño de 1939 Hitler se guió por esta idea al insistir en un pronto comienzo de la ofensiva en el oeste, según lo han confirmado recientemente las memorias de su oficial de enlace para la Luftwaffe, N. von Below, *Als Hitlers Adjutant 1937-45*, Maguncia 1980, p. 217 (conversación Hitler-v. Below, noche del 23 de noviembre 1939).

[31] Para los antecedentes de la campaña en el oeste es fundamental la obra de Jacobsen, H.-A., *Fall Gelb. Der Kampf um den deutschen Operationsplan zur Westoffensive*, Wiesbaden 1957.

[32] Jacobsen, H.-A., *Dokumente zur Vorgeschichte des Westfeldzuges 1939-1940*, Gotinga 1956, pp. 5 y ss.

pasar de inmediato a la ofensiva en el oeste en el problema del
«tiempo», «que podría actuar con mayor verosimilitud como aliado
de las potencias occidentales que como aliado nuestro», pues, si se
prolongaba la espera, no habría que contar con que la Unión Soviética y EEUU mantuvieran permanentemente su neutralidad y surgiría,
así, el peligro de una repetición del conjunto de circunstancias que
desembocaron en la guerra mundial y que Alemania no estaba en
condiciones de afrontar. El 22 de octubre fijó Hitler el inicio del ataque a Francia para el 12 de noviembre.

Contra esta decisión, surgida por motivos diversos —militares,
políticos y morales— se formó entre el mando militar una amplia
oposición [33]. El temor a que la ofensiva se estancase —como había
ocurrido en 1914 en el Marne—, el recuerdo de las batallas con gran
empleo de medios y numerosas víctimas en el frente occidental en
1916/18 y la conciencia de las carencias del ejército alemán del oeste, su deficiente equipamiento e insuficiente formación, hicieron que
incluso generales próximos a Hitler (como Von Reichenau) se mostraran activos en este frente opositor. La tensión se descargó el 5 de
noviembre en un grave choque entre Hitler y el comandante en jefe
del ejército de tierra, Von Brauchitsch.

Sin embargo, lo que impulsó en definitiva a Hitler a aplazar la fecha del ataque en 29 ocasiones en total, hasta el 10 de mayo de 1940,
no fue esta oposición militar sino las desfavorables condiciones atmosféricas y las dificultades del transporte, insuperables en el invierno. En última instancia, estos retrasos fueron beneficiosos para el fortalecimiento del ejército alemán del oeste que en la primavera de
1940 pudo pasar, así, a la ofensiva en condiciones mucho más favorables. Además de un mejor equipamiento y formación, se consiguió
también una planificación de las operaciones fundamentalmente distinta: en vez de una especie de repetición del plan Schlieffen, esperado por el adversario, se recurrió a la concepción del «corte de hoz»
(en expresión de Churchill), inspirada en la dirección del avance de
la última ofensiva alemana en la Primera Guerra Mundial, en marzo
de 1918 (penetración de las unidades alemanas de blindados a través
de las Ardenas hacia la desembocadura del Somme, que consiguió
romper el frente aliado y cercar en Flandes su grupo Norte). Esta
idea nació de un diseño operativo del general Von Manstein que

---

[33] Cfr. nota 8.

Hitler prefirió intuitivamente a la planificación convencional del Estado Mayor general del ejército de tierra y que contribuyó de manera esencial al triunfo en la primavera de 1940. La prolongación de la llamada *dróle de guerre*, la «guerra de posiciones» en el oeste, hasta más allá de los meses de invierno de 1939/40, se ha de atribuir, en cualquier caso, de manera decisiva a las vacilaciones del mando superior alemán y a los continuos aplazamientos del ataque ya decidido por Hitler.

Si el prolongado aplazamiento de una resolución en el oeste fue para Hitler motivo de preocupaciones en política interior y exterior —en su opinión se había perdido medio año de «tiempo»—, la pausa en la guerra representaba para el grupo de oposición de los políticos y diplomáticos conservadores una oportunidad de alcanzar una paz sin Hitler o en su contra pues, desde finales del verano de 1938, una gran parte de los generales se situaba por primera vez en las filas de los opositores [34]. Esta oportunidad parecía tanto mayor, cuanto que en un primer momento se tuvo la impresión de que podría ganarse para ella al «segundo hombre» del régimen, Göring, quien, debido a sus actividades favorables al mantenimiento de la paz en el verano de 1938 y agosto de 1939, parecía aceptable incluso para Gran Bretaña. Durante el invierno de 1939/40 se tendieron hacia Gran Bretaña múltiples «cables» tanto de la oposición como semioficiales [35], de manera directa o a través de mediadores neutrales (el principal de los cuales fue el Vaticano). Su propósito era conocer las condiciones británicas para una paz y —por lo que respecta a los grupos de resistencia— conseguir de Gran Bretaña y Francia una tregua militar inmediata a cambio del golpe de Estado (que pronto se consideró ineludible) y el apartamiento por la fuerza de Hitler y Ribbentrop de la dirección de Alemania. La grave consecuencia de que, a pesar de los esfuerzos, no se llegara finalmente a un acuerdo, sino que, más bien, concluyera la «tranquilidad» en el oeste debido a la acción por sorpresa de la ocupación alemana de Dinamarca y Noruega el 9 de abril de 1940, fue una profunda desconfianza mutua entre el gobierno británico y la oposición alemana: en el caso de los británicos, por-

---

[34] Cfr. también Groscurth, H., *Tagebücher eines Abwehroffiziers 1938-1940. Mit weiteren Dokumenten zur Militäropposition gegen Hitler*, ed. de Krausnick, von H. y Deutsch, H. C., Stuttgart 1970.

[35] Martin, B., *Friedensinitiativen und Machtpolitik im Zweiten Weltkrieg 1939-1942*, *ibid.*, pp. 82 y ss.

que, en vez del esperado golpe de Estado, se había producido un asalto a dos países neutrales y, por tanto, la primera gran ampliación de la guerra; y en el caso de los grupos de resistencia alemana, porque el gobierno británico no estaba dispuesto a aceptar en firme negociaciones inmediatas con un gobierno sucesor de Hitler para una paz acordada. Los representantes de la resistencia alemana consideraban, sin embargo, esta aceptación como condición previa para que los militares actuaran contra Hitler. Difícilmente se podrán evaluar en toda su importancia las repercusiones y consecuencias de esta mutua decepción, surgida en el invierno de 1939/40, para la historia posterior de la resistencia interna contra Hitler en Alemania y para los inútiles esfuerzos realizados a partir de entonces en favor de un restablecimiento de los contactos con el gobierno británico. Independientemente de ello, algunas acciones de mediación pacífica iniciadas por pequeños Estados neutrales en el otoño de 1939 —el 7 de diciembre, la del rey Leopoldo III de Bélgica y la reina Guillermina de Holanda; el 9 de noviembre, la del rey Carol II de Rumanía— fracasaron igualmente por la negativa de ambas partes [36].

La actitud política y las medidas estratégicas de EEUU tuvieron desde el principio una importancia fundamental para la guerra en el oeste europeo [37]. El curso del primer medio año confirmó las premisas de la estrategia marítima norteamericana. Según ésta, el «flanco» atlántico del país podía quedar cubierto por las flotas de Gran Bretaña y Francia y el 4 de octubre de 1939 se procuró proteger adicionalmente de las acciones de guerra al continente doble (con excepción de las costas de Canadá, país beligerante) mediante el reconocimiento de una «zona de seguridad panamericana» de 300 millas marinas, superior a lo dispuesto por el derecho internacional; de ese modo, por una especie de «división del trabajo» con las potencias occidentales europeas, EEUU se limitaría a concentrar su flota en el Pacífico, mantener en jaque a Japón y proteger las colonias británicas, francesas y holandesas del sur de Asia frente a un ataque japonés. A esta estrategia vino a sumarse el 4 de noviembre la cláusula *cash-and-carry*, reintroducida por Roosevelt en la ley de neutralidad norteamericana en vista de la oleada de simpatía de los americanos hacia las poten-

---

[36] *Ibid.*, pp. 154 y ss.
[37] Langer, W. L. y Gleason, S. E., *The Challenge to Isolation 1937-1940*, Nueva York 1952; Matloff, M. y Snell, E. M., *Strategic Planing for Coalition Warfare 1941/42*, Washington, D.C., 1953, pp. 5 y ss.

cias occidentales europeas. La fórmula les era favorable en la práctica de manera unilateral en lo que respecta a armas y equipamiento.

En este momento, sin embargo, por razones de política interior, el presidente no podía apoyar a Gran Bretaña y Francia con algo que fuera más allá de una neutralidad formalmente correcta aunque, en realidad, extraordinariamente favorable a los aliados. Los sondeos de paz emprendidos con poco entusiasmo (y con resultados calculados) —cuya actividad más espectacular fue el envío del subsecretario Sumner Welles, hombre de confianza de Roosevelt, a las capitales de los beligerantes así como a Roma en febrero de 1940— [38], estaban destinados antes que nada a demostrar a la opinión pública americana el papel dirigente de EEUU en la política mundial y prepararla para la necesidad de una implicación norteamericana más vigorosa contra los «agresores» no dispuestos a la paz.

La impenetrabilidad de la postura de la Unión Soviética, las vacilaciones de Italia, cuya entrada en guerra se debía dar, no obstante, por descontada en un tiempo previsible —de hecho, Mussolini declaró a Ribbentrop por primera vez el 10 de marzo de 1940 su decisión de iniciar las hostilidades al lado de Hitler contra las potencias de Gran Bretaña y Francia, que dominaban el Mediterráneo— [39], y el apoyo de EEUU (que, sin embargo, en opinión de los aliados, fue muy limitado en un primer momento) constituían elementos de gran peso en todas las consideraciones y decisiones de los gobiernos británico y francés y de sus mandos militares y contribuyeron a determinar esas reflexiones. A consecuencia del ataque soviético a Finlandia iniciado el 30 de noviembre de 1939, el problema de la Unión Soviética ocupó durante algunas semanas el foco de la atención [40]. La concesión de ayuda a Finlandia, que podría llevar fácilmente a un choque militar de gran envergadura con la Unión Soviética, se combinaba con una ocupación de las zonas mineras suecas y, por tanto, con la interrupción de los suministros de mineral de hierro, vitales para Alemania, pues sólo era factible mediante un desembarco en el norte de Noruega y siguiendo una línea de avance hacia el norte de Suecia, de forma que se golpearía de una sola vez a los dos so-

---

[38] Martin, B., *Friedensinitiativen und Machtpolitik im Zweiten Weltkrieg 1939-1942*, *ibid.*, pp. 207 y ss.

[39] *Akten zur deutschen auswärtigen Politik 1918-1945*, serie D, vol. VIII, *ibid.*, pp. 695 y ss.

[40] Lorbeer, H.-J., *Westmächte gegen die Sowjetunion 1939-1941*, Friburgo/Br. 1975.

cios *de facto* (desde el punto de vista aliado): Alemania y la Unión Soviética. En consecuencia, el 19 de diciembre, el Consejo Supremo Aliado tomó la determinación de preparar en Escandinavia una intervención en favor de Finlandia y tener dispuesto para ello un cuerpo expedicionario que embarcaría a finales de febrero de 1940. El dirigente del pequeño partido conservador noruego de derechas «Nasjonal Samling», Vidkun Quisling, advirtió a Hitler en una visita a Berlín sobre la colaboración necesaria para ese plan entre los gobiernos británico y noruego, al parecer ya en marcha [41]. La atención de Hitler volvió a dirigirse ahora nuevamente a Noruega (tras el ataque de Raeder del 10 de octubre, realizado por otras consideraciones) y en el lado alemán se comenzó a pensar en proyectos militares para la ocupación de este país [42].

Mientras los planes alemanes dirigidos a ese fin pasaban progresivamente al estadio de preparativos serios, que a finales de marzo de 1940 se concretaron para Hitler en una firme intención de ocupar Noruega (y Dinamarca), los planes de los aliados para el «Norte», entre los cuales se incluía la decisión tomada por el Consejo Supremo el 5 de febrero de desembarcar tropas en Narvik, hacer llegar a Finlandia ayuda militar y ocupar la zona minera sueca, se habían precisado ya. Sin embargo, los gobiernos noruego y sueco se negaron a acceder al desembarco y la entrada de tropas.

Al no poder hacérsele ninguna concesión, el gobierno finés, que solicitaba ayuda urgente e inmediata en vista de la ofensiva soviética, ahora en plena actividad, se decidió a firmar en Moscú el 12 de marzo de 1940 la solución de paz, relativamente airosa, que le ofrecía la Unión Soviética (con la cesión del istmo de Carelia y algunos otros territorios, así como el arrendamiento de Hangö). Stalin, al no estar seguro de los planes de los aliados en Escandinavia, había renunciado, al parecer, a su objetivo de conquistar toda Finlandia y abandonado al gobierno satélite de Terijoki, contentándose, en principio, con un triunfo parcial.

La paz de Moscú, considerada como una derrota, pues contrariaba los planes de los aliados para Escandinavia en su forma actual, provocó en París la caída del gobierno de Daladier y la elección de

---

[41] Loock, H.-D., *Quisling, Rosenberg und Terboven. Zur Vorgeschichte und Geschichte der nationalsozialistischen Revolution in Norwegen*, Stuttgart 1970.

[42] Hubatsch, W., *«Weserübung». Die deutsche Besetzung von Dänemark und Norwegen 1940*, Gotinga ²1960.

Paul Reynaud como nuevo primer ministro (21 de marzo), con el propósito de que los aliados emprendieran actividades de guerra más enérgicas. Se continuó con los planes del «Norte», ahora sin conexión con el problema de Finlandia. Aunque el desembarco en Noruega se había llevado adelante con agilidad, la iniciativa de ocupación de este país y Dinamarca el 9 de abril se le adelantó por unas horas.

En el lado francés [43] otros planes enmarcados en una estrategia de distracción y acciones periféricas a gran escala habían adquirido ya por esas fechas un rango superior al de la intervención en Escandinavia. El jefe del Estado Mayor francés, general Gamelin, recordando la Primera Guerra Mundial (que en esta fase de la Segunda tuvo, por lo demás, una influencia fundamental como idea directriz entre los militares de todos los países beligerantes), planeó la apertura de un frente en los Balcanes tras un desembarco en Salónica en el que tomarían parte según sus posibilidades Grecia, Yugoslavia, Rumanía y Turquía con sus ejércitos. La columna vertebral de estas acciones estaría constituida por el «Ejército de Oriente», reunido en Siria, país bajo mandato francés, a las órdenes del general Weygand (jefe de Estado Mayor del mariscal Foch al concluir la Primera Guerra Mundial). Un teatro de operaciones en el sureste europeo habría retenido o habría hecho retirar del frente occidental un número mucho mayor de fuerzas alemanas que una ocupación aliada de Noruega (acometida más tarde por 9 divisiones de Alemania, mientras que en el frente occidental permanecían concentradas 136 divisiones de este mismo país). Pero la apertura de un frente balcánico amenazaba con sacar a la palestra a Italia, cuyas fuerzas como potencia militar, considerablemente sobrevaloradas, aconsejaron finalmente a los aliados una actitud de reserva.

Éste fue el motivo de que se diera mayor relevancia a una variante del plan «Sur» que, comparada retrospectivamente con los planes elaborados en las fechas de la *drôle de guerre*, a los que no faltaba fantasía, resulta absolutamente fantasiosa; el proyecto consistía en impedir el suministro de petróleo desde la región del Cáucaso mediante acciones militares de los aliados contra la Unión Soviética [44] y se reactivó tras la firma del acuerdo económico germano-soviético del 11 de febrero de

[43] Las diferencias entre los representantes de Gran Bretaña y Francia en el «Consejo supremo interaliado» aparecen netamente resaltadas, en función de las actas de las sesiones, en Bédarida, F., *La stratégie secrète de la drôle de guerre: Le Conseil Suprême Interallié, septembre 1939-avril 1940*, París 1979.

[44] Kahle, G., *Das Kaukasusprojekt der Alliierten vom Jahre 1940*, Opladen 1973.

1940, extraordinariamente ventajoso para la «economía de guerra» alemana. Las actividades previstas eran: acciones aliadas de guerra submarina en el Mar Negro, ataques aéreos contra los centros petrolíferos del Cáucaso y un avance del «Ejército de Oriente» desde Siria hacia la región soviética del Cáucaso pasando por Turquía o Irán/Irak. El trasfondo de estos planes estaba constituido también por «experiencias de la guerra mundial». Al igual que en el verano de 1918, se pensaba ahora en la posibilidad de derribar el sistema bolchevique, que colaboraba con Alemania, asestando una serie de golpes contra las zonas marginales de la URSS, para integrar luego una Rusia «democrática» en el círculo de aliados contra Alemania.

El bombardeo de los centros petrolíferos, en especial los de Bakú, se preparó hasta el mínimo detalle. Alexander Kerenski, el último primer Ministro del gobierno provisional de Rusia (en Petrogrado), derrocado en la revolución de octubre de 1917 y residente por aquellas fechas en EEUU, se declaró dispuesto a cooperar en el caso de un hundimiento de la Unión Soviética, que se preveía rápido [45]. Los británicos, sin embargo, se distanciaron desde un primer momento de estos planes de bombardear Bakú, Batum, Poti y Grosnij, pues estaban convencidos de que los ataques aéreos contra los centros petrolíferos del Cáucaso tendrían como consecuencia segura el hundimiento militar y económico de la Unión Soviética, pero no acelerarían la derrota de Alemania, que era el verdadero objetivo de guerra de los aliados. No obstante, los preparativos franceses en Siria siguieron adelante. El 17 de abril, el general Weygand comunicó que la operación podía llevarse a efecto «a finales de junio o principios de julio» de 1940. Esta alternativa político-estratégica para la fase inicial de la Segunda Guerra Mundial, que habría provocado una disposición totalmente distinta de los frentes, con Gran Bretaña y Francia contra Alemania y la Unión Soviética, y, por tanto, unas consecuencias imprevisibles para el curso y resultado de la contienda en general, sólo fue abandonada —provisionalmente— a causa de la ofensiva alemana en el oeste y el rápido hundimiento militar de Francia en mayo/junio de

---

[45] En otoño de 1941, cuando el mando americano daba por descontado un hundimiento soviético o una capitulación de Stalin, se mantuvo de nuevo a Kerenski en reserva, a modo de «alternativa» como jefe de un «gobierno nacional» ruso que se trasladaría a Siberia (cfr. sobre este asunto, Martin, B., *Friedensinitiativen und Machtpolitik 1939-1942, ibid.,* pp. 475 y s.).

1940. (El plan volvería, sin embargo, a estar de nuevo a punto de ejecutarse en mayo/junio de 1941 [46].)

La ocupación de Dinamarca y Noruega el 9 de abril de 1940, en la que intervino de lleno la marina de guerra alemana (con graves pérdidas), una parte de la Luftwaffe y unas pocas unidades del ejército de tierra, fue un éxito, a pesar de la tenaz e inesperada resistencia noruega (Dinamarca aceptó la ocupación sin lucha) y de los contragolpes aliados en Noruega central y septentrional —las acciones de guerra no concluyeron hasta el 10 de junio—. El éxito no fue sólo militar y momentáneo, sino también estratégico y a largo plazo, pues con él se impedían las acciones británicas por sorpresa en Escandinavia y Suecia se veía obligada a girar hacia una neutralidad provechosa para la «economía de guerra» alemana (al menos, mientras fuera evidente la superioridad militar germana) [47]. Por otra parte, desde una perspectiva geoestratégica, la ocupación de Noruega permitía a Alemania incrustarse, por así decirlo, entre las zonas de interés británica y soviética, eliminando así la posibilidad de una confrontación británico-soviética en el ámbito escandinavo, que hasta ese momento había sido una posibilidad real. Alemania no consiguió explotar ampliamente su base noruega para las actividades de guerra en el Atlántico por falta de fuerzas en un primer momento. Además, el contragolpe estratégico de Gran Bretaña, que al ocupar las islas Färoë (16 de abril) e Islandia (10 de mayo) limitó la importancia de dichas bases en la costa noruega, no pudo ser contrarrestada por Alemania, pues debido a problemas insolubles de avituallamiento no era factible un desembarco en Islandia, según deseaba Hitler. Desde el punto de vista político se había demostrado que Quisling no contaba con el apoyo de la población noruega; el país mostró, en cambio, su favor hacia el rey y su gobierno mediante la reanudación y continuación de la resistencia, hasta la capitulación militar y el traslado del gobierno al exilio en Londres. Así pues, en vez del proyectado gobierno noruego proalemán bajo la dirección de Quisling se optó por la solución provisional de un «Comisario del Reich para Noruega» de nacionalidad alemana y carácter civil (Tervoben); finalmente, en 1942, se aventuró, a pesar de todo, el ex-

---

[46] Cfr. *infra*, pp. 52 y 56 y s.
[47] Carlgren, W. M., *Svensk utrikespolitik 1939-1945*, Estocolmo 1973, pp. 150 y ss.; Wittmann, K., *Schwedens Wirtschaftsbeziehungen zum Dritten Reich 1933-1945*, Múnich-Viena 1978.

perimento de un gobierno presidido por Quisling bajo permanente supervisión alemana [48].

No habían concluido aún las luchas en Noruega cuando se produjo el desenlace en Francia [49]. La gran ofensiva occidental alemana, lanzada el 10 de mayo de 1940 e iniciada con quebrantamiento de la neutralidad de Holanda, Bélgica y Luxemburgo a todo la largo del frente desde el Mar del Norte hasta las Ardenas, debía desarrollarse en dos etapas: cerco del grupo norte de los aliados en Flandes y, a continuación, avance hacia el nuevo frente desde la desembocadura del Somme hasta el Mosa, hacia el sur, con el fin de ocupar la mayor parte de Francia. La ofensiva se propuso tres objetivos estrechamente unidos en el marco de la estrategia de Hitler:

1.   Dejar fuera de combate a Francia en el aspecto militar, pero llegando al mismo tiempo a un arreglo con el gobierno francés para mantener al margen de la guerra la flota, fuera del alcance de las armas alemanas, y, si era posible, también el Imperio colonial francés;

2.   tender cuanto antes «cables» hacia Gran Bretaña, incluso durante el desarrollo de la campaña, y así, bajo la impresión inmediata de la derrota de Francia, llegar con ella definitivamente a la «gran solución» a escala global, al «compromiso» según las condiciones de Hitler, que dejaría intactos el Imperio y las fuerzas navales británicas [50], y, finalmente,

3.   en función del carácter del triunfo alemán y el armisticio con Francia (moderado, según el criterio de Hitler), gracias al «compromiso» alcanzado con Gran Bretaña e influyendo, además, mediante la propaganda en la opinión pública norteamericana (al interpretar de forma unilateral la doctrina Monroe y dar al lema «América para los americanos; Europa para los europeos» el sentido apetecido), conseguir que se impusieran en EEUU las fuerzas favorables a que la implicación del país en política exterior y militar se limitara al ámbito del doble continente americano.

[48]   Loock, H.-D., *Quisling, Rosenberg und Terboven, ibid.*
[49]   Militärgeschichtliches Forschungsamt (ed.), *Das Deutsche Reich und der Zweite Weltkrieg*, vol. 2, *ibid.,* pp. 282 y ss.
[50]   Martin, B., *Friedensinitiativen und Machtpolitik im Zweiten Weltkrieg 1939-1942, ibid.,* pp. 234 y ss.

La combinación de estos tres objetivos estaba destinada a crear en Europa la situación política y estratégica de partida que Hitler había considerado siempre, hasta entonces, condición previa para su campaña de conquista en el este —y, por tanto, para la culminación de su imperio continental.

El éxito de la campaña en el oeste superó todas las expectativas o temores, según la perspectiva desde la que se contemplasen los sucesos. El 14 de mayo habían capitulado ya las fuerzas holandesas. La reina y el gobierno marcharon al exilio en Londres (al igual que la Gran Duquesa de Luxemburgo y su propio gobierno). La cuña de blindados que avanzó por las Ardenas atavesando el Mosa hacia la desembocadura del Somme alcanzó Abbeville el 19 de mayo y penetró a continuación hacia el norte a lo largo de la costa del canal de La Mancha. El ejército belga, el grupo Norte francés y el cuerpo de expedicionarios británico quedaron, así, cercados en Flandes. El 28 de mayo, el rey belga, Leopoldo III, capituló como comandante en jefe de su ejército y pasó a situación de prisionero de guerra alemán; el gobierno belga marchó al exilio. Una orden dada por Hitler el 24 de mayo —por razones militares (terrenos intransitables para los tanques) unidas posiblemente a motivos políticos (tender a los británicos un «puente de plata»)— detuvo la cuña de los blindados en el canal de La-Bassée; de ese modo, el cuerpo expedicionario británico (225.000 hombres) [51] logró regresar a la isla desde Dunkerque, dejando tras de sí sus armas pesadas y equipo, en una operación que se prolongó hasta el 4 de junio y que, dadas las circunstancias, constituyó para los británicos un importante éxito, sobre todo psicológico. En los días siguientes se iniciaba ya la segunda fase de la ofensiva occidental alemana: el avance a lo largo del Mosa hacia el sur, hasta la frontera suiza, con el fin de cortar las comunicaciones del ejército francés, cuya mayor parte ocupaba posiciones en la Línea Maginot. Además, otras fuerzas alemanas avanzaron hacia el suroeste y el sur cruzando el Sena y el Loira.

El 10 de junio, en un momento en que se perfilaba el hundimiento de Francia, Mussolini declaró la entrada de Italia en la guerra contra Gran Bretaña y Francia, en contra de las intenciones de Hitler,

---

[51] Jacobsen, H.-A., «Dünkirchen 1940», en Jacobsen, H.-A. y Rohwer, J., *Entscheidungsschlachten des Zweiten Weltkrieges*, Darmstadt 1960, pp. 7 y ss.; Collier, B., *The Defense of the United Kingdom*, Londres 1957.

que de ese gesto sólo esperaba —con razón— complicaciones. El ejército italiano no estaba, sin embargo, en condiciones de emprender una acción por sorpresa (por ejemplo, contra Malta, entonces apenas defendible) ni de llevar a cabo con éxito una ofensiva contra el frente francés en los Alpes [52]. España, hasta entonces estrictamente neutral con Franco, declaró su «no beligerancia» [53], pero adoptó ahora una postura proalemana comparable a la de Italia en los meses anteriores.

La desesperada situación militar de Francia llevó al jefe de gobierno, Reynaud, a dirigirse al presidente norteamericano, Roosevelt. Pero éste sólo podía prometer ayuda material y no la inmediata entrada en guerra de EEUU deseada por Reynaud. Churchill había sucedido a Chamberlain el día del inicio del ataque alemán (10 de mayo), convirtiéndose en jefe de un gobierno formado por todos los partidos de Gran Bretaña. El intento del nuevo Primer Ministro británico de mantener en la lucha al lado de su país al menos el Imperio colonial y la flota francesa mediante el plan de una «unión» entre Gran Bretaña y Francia (con ciudadanía única, un solo gobierno y unas fuerzas armadas para británicos y franceses) no obtuvo el resultado previsto. La mayoría del gobierno francés rechazó este plan el 16 de junio; Reynaud renunció al cargo y el nuevo jefe de gobierno, el mariscal Pétain, se dirigió al instante a Hitler con la petición de un armisticio. El 22 de junio se firmó en el bosque de Compiègne el armisticio germano-francés [54] que preveía la ocupación del norte de Francia (incluido París) y las costas francesas del Canal y el Atlántico hasta la frontera con España. El Imperio colonial francés, sometido a la autoridad del gobierno de Pétain, se mantuvo al margen de la guerra; la flota francesa, que sería desarmada, no tuvo que ser entregada. El armisticio italo-francés del 24 de junio preveía sólo la ocupación

---

[52] Siebert, F., *Italiens Weg in den Zweiten Weltkrieg*, Fráncfort/M.-Bonn 1962, pp. 444 y ss.; Azeau, H., *La guerre franco-italienne, juin 1940*, París 1967.

[53] Detwiler, D. S., *Hitler, Franco und Gibraltar. Die Frage des spanischen Eintritts in den Zweiten Weltkrieg*, Wiesbaden 1962; Burdick, Ch. B., *Germany's Military Strategy and Spain in World War II*, Syracuse/Nueva York 1968; para las relaciones hispanogermanas en 1941-1944 es fundamental Ruhl, K.-J., *Spanien im Zweiten Weltkrieg. Franco, die Falange und das «Dritte Reich»*, Hamburgo 1975.

[54] Böhme, H., *Der deutsch-französische Waffenstillstand im Zweiten Weltkrieg*, vol. I: *Entstehung und Grundlagen des Waffenstillstandes von 1940*, Stuttgart 1966; sobre sus antecedentes, cfr. Müller, K.-J., *Das Ende der Entente Cordiale. Eine Studie zur Entwicklung der englisch-französischen Beziehungen während des Westfeldzuges 1940*, Fráncfort/M. 1956.

de la estrecha franja limítrofe conquistada por Italia en los Alpes, pues Hitler había prevenido expresamente a Mussolini en contra de cualquier exigencia de mayor alcance [55].

El 25 de junio comenzó en Francia la suspensión de las hostilidades. El gobierno de Pétain se instaló en Vichy (1 de julio), en la «zona libre» de Francia. El general de brigada De Gaulle, subsecretario del ministerio de Guerra en el gobierno de Reynaud, que el 18 de julio se había dirigido por primera vez a sus compatriotas desde Londres como «jefe de los franceses libres», les pidió que continuaran la guerra al lado de Gran Bretaña, sin encontrar al principio un eco digno de mención en la metrópoli ni en las colonias [56]. El gobierno de Vichy siguió, no obstante, siendo reconocido por todos los Estados importantes, sobre todo EEUU y la Unión Soviética, como el gobierno legal de Francia, con el que mantuvieron relaciones diplomáticas. La parte ocupada de Francia, al igual que Bélgica, se sometieron a la administración militar [57]; Holanda [58] —como Noruega—, a un «comisario del Reich» de carácter civil (Seyss-Inquart). Luxemburgo y Alsacia-Lorena fueron anexionadas de hecho [59].

A finales de junio de 1940, la situación en Europa puso al descubierto la relación real de fuerzas en el continente tal como la había concebido Hitler —por resumir lo esencial en una fórmula breve—, pero, al mismo tiempo mostró también, según habría de verse de inmediato, la relación mundial de fuerzas contra Hitler. Su primer objetivo (referido a Francia) se había alcanzado plenamente; el logro del segundo y el tercero (respecto a Gran Bretaña y EEUU) se mantuvo durante algunas semanas —de mediados de mayo a mediados de julio de 1940— en el terreno de lo posible [60]. Tanto en Gran Bretaña como en

---

[55] *Akten zur deutschen auswärtigen Politik 1918-1945*, serie D, Vol. IX, Fráncfort/M. 1962, pp. 503 y ss.

[56] De Gaulle, Ch., *Memoiren*, vol. I: *Der Ruf, 1940-1942*, Berlín-Fráncfort/M. 1955.

[57] Jäckel, E., *Frankreich in Hitlers Europa*, Stuttgart 1966; Umbreit, H., *Der Militärbefehlshaber in Frankreich 1940-1944*, Boppard am Rhein 1968; Wagner, W., *Belgien in der deutschen Politik während des Zweiten Weltkrieges*, Boppard am Rhein 1974; Weber, W., *Die innere Sicherheit im besetzten Belgien und Nordfrankreich 1940-44*, Düsseldorf 1978.

[58] Kwiet, K., *Reichskommissariat Niederlande. Versuch und Scheitern nationalsozialistischer Neuordnung*, Stuttgart 1968.

[59] Kettenacker, L., *Nationalsozialistische Volkstumspolitik im Elsaß*, Stuttgart 1973; Wolfanger, D., *Die nationalsozialistische Politik in Lothringen (1940-1945)*, Saarbrücken 1977.

[60] Una exposición detallada de este asunto, en Martin, B., *Friedensinitiativen und Machtpolitik im Zweiten Weltkrieg 1939-1942, ibid.*, pp. 267 y ss.

EEUU se hicieron sentir fuerzas importantes que abogaban porque se aceptase la situación creada ahora en Europa continental; es decir, en las Islas Británicas propugnaban un acuerdo británico con Hitler (mientras éste no impusiera condiciones absolutamente insoportables), y, en el caso de EEUU, propugnaban que este país se concentrara en la defensa del «hemisferio occidental» (con algunos bastiones avanzados en el ámbito de ambos océanos)[61]. Sin embargo, las fuerzas contrarias, lideradas por Roosevelt y Churchill, resultaron ser más poderosas[62]. Gran Bretaña continuó la guerra y el 3 de julio proclamó su voluntad de ir a por todas asestando un golpe a lo que quedaba de la flota francesa, anclada en el puerto de Mers-el-Kébir, en Orán (Argelia), para demostrar a EEUU que el mando británico estaba decidido a impedir que dicha flota cayera en manos alemanas. El gobierno de Vichy rompió las relaciones diplomáticas con Gran Bretaña y en el plano político se acercó un paso más al vencedor, Hitler[63], quien, no obstante, se mantenía firme en su idea de un «compromiso» con Gran Bretaña.

El triunfo sobre Francia tuvo para Hitler una importancia difícil de sobrestimar desde un punto de vista psicológico y de política interior. Ahora podía verse claramente que, frente a todos los altos militares y diplomáticos alemanes escépticos y críticos, había tenido razón en su apreciación de la debilidad de Francia, que no olvidaba el estado anímico de los franceses y su desunión política, y en su expectativa de dejar en condiciones de capitulación a este Estado erróneamente considerado como la potencia militar más fuerte del continente, propinándole golpes breves y vigorosos con su *Wehrmacht* (las fuerzas armadas alemanas). Este triunfo sobre Francia representaba la victoria sobre la potencia que, desde el punto de vista del Estado Mayor del ejército de tierra, era superior con mucho a los demás adversarios potenciales del Reich; por eso precisamente, el sentimiento de superioridad de los militares, fundado en su conciencia de expertos, cedió ante el «comandante en jefe de la Wehrmacht», no aceptado hasta entonces en su fuero interno por considerarlo lego en la ma-

---

[61] Hillgruber, A., *Hitlers Strategie, ibid.,* pp. 94 y ss. (con testimonios particulares).
[62] Loewenheim, F. L., (ed.), *Roosevelt and Churchill. Their Secret Wartime Correspondence,* Londres 1965.
[63] Jäckel, E., *Frankreich in Hitlers Europa,* Stuttgart 1966, pp. 55 y ss.; Geschke, G., *Die deutsche Frankreichpolitik 1940 von Compiègne bis Montoire. Das Problem einer deutsch-französischen Annäherung nach dem Frankreichfeldzug,* Fráncfort/M. 1960.

teria. Gracias al cambio de los planes de campaña ordenado por él con éxito tan contundente, Hitler se vio ahora a sí mismo como «mariscal de campo» e hizo que se le celebrara como tal. La estima de muchos militares hacia Hitler se transformó en convicción —determinante hasta mucho más allá del giro experimentado por la guerra— de que les era muy superior y podían confiarse a su guía aun cuando, desde su perspectiva profesionalmente limitada, vieran de manera diferente más de un problema.

A partir de ahora no había que esperar entre Hitler y el Estado Mayor General del ejército un juicio tan notablemente distinto sobre lo que era militarmente posible, pues respecto de los demás adversarios potenciales del Reich en Europa y ultramar la valoración era coincidente en lo esencial y no se dieron de hecho contradicciones profundas hasta más allá del punto culminante de las ilusiones de victoria, en julio de 1941; esto contribuyó a liquidar la tensión con las fuerzas opositoras surgidas entre los jefes militares, que en el invierno de 1939/40 habían alcanzado nuevamente el límite de la ruptura. Una vez destruido definitivamente el triángulo estratégico Francia-Polonia-Checoslovaquia, en el que se habían movido desde 1919 todos los planes del mando militar alemán, el camino hacia una concepción estratégica de gran amplitud, e incluso global, pareció quedar súbitamente despejado, aunque no se disponía de un medio de juicio apropiado al respecto. Lo mismo podía decirse de las fuerzas dirigentes de la economía y la diplomacia.

Desde la victoria sobre Francia, resultaría decisivo que Hitler fuera considerado «Führer» no sólo en el sentido de la política del partido, sino también entre los conservadores del aparato del Estado y de los círculos militares, que hasta entonces se habían mostrado reservados. En consecuencia, sus intenciones fueron, en general, el único factor determinante de la política y las actividades bélicas alemanas en el año decisivo de la guerra de junio de 1940 a julio de 1941. El primado en la política quedaba garantizado en una medida poco común. En los meses siguientes Hitler estableció —con mayor «libertad» de lo que nunca se había hecho antes ni se haría en lo sucesivo— el gran marco dentro del cual se ejecutaron los planes y proyectos de las organizaciones económicas, la dirección militar y la diplomacia. Los focos de resistencia todavía existentes, y que en las crisis de 1938 y del invierno de 1939/40 habían podido apoyarse en estados de ánimo difundidos entre la población, se redujeron a partir de ahora y experimentaron socialmente el máximo aislamiento posible en una nación que aclamaba la dirección de Hitler con mayor unanimidad que nunca.

Capítulo III
DESPLAZAMIENTO DE LA GUERRA EUROPEA DEL OESTE AL ESTE
(junio 1940-junio 1941)

Tras la victoria sobre Francia, Hitler se encontraba, como en el otoño de 1938, después de «Múnich», en una situación que le abría grandes perspectivas, más allá del dominio inmediato de los países sometidos [1]. La victoria militar, alcanzada en tan breve tiempo en la zona occidental del continente europeo a principios del verano de 1940, tuvo consecuencias de gran alcance en la orientación política de todos los Estados europeos e influyó en la situación política mundial en general. Pero una vez más —como en 1938—, por razones basadas en la esencia de su régimen y en sus propios «objetivos finales» que constituían un insulto para todas las tradiciones europeas, a pesar de la habilidad táctica para ocultar mediante la propaganda su voluntad última perseguida con obstinación, Hitler no fue capaz de percibir las posibilidades que le ofrecía la situación creada para lograr en Europa un papel político directivo fundado en algo más que la mera violencia. La hipótesis de la inevitabilidad del predominio de Alemania sobre el continente imperó en el verano de 1940 en la totalidad del escenario europeo entre el «frente marítimo» contra Inglaterra, desde el cabo Norte hasta el golfo de Vizcaya, y la frontera de intereses germano-soviética. En ese mismo verano, la adhesión al nuevo poder dominante parecía, en general, un imperativo

---

[1] Sobre este punto y los siguientes, cfr. Hillgruber, A., *Hitlers Strategie, ibid.,* pp. 65 y ss.

de astucia política. Tal adhesión se escalonaba gradualmente en función de la respectiva distancia al centro del dominio alemán y estaba también fundamentalmente determinada por el poder de atracción o repulsión que el sistema nacionalsocialista ejerciera sobre las diferentes fuerzas del continente. La posibilidad de llegar a imponer antiguas demandas revisionistas y ampliaciones territoriales con apoyo alemán al amparo de la remodelación general, esperada como algo inevitable en Europa, o —viceversa— la esperanza de impedir la realización de aspiraciones semejantes en países vecinos acomodándose a la nueva situación influyeron en todos los estados afectados en un mismo sentido: aproximarse lo más posible a Alemania. En los países del sureste y noreste europeo esas tendencias que convergían en Hitler se vieron reforzadas, además, por los temores a una mayor penetración de la Unión Soviética que, durante la fase conclusiva de la campaña occidental, en la segunda mitad de junio de 1940, se había anexionado las regiones de Besarabia y el norte de la Bukovina, en el este rumano, había tomado posesión plena de los países bálticos, Estonia, Letonia y Lituania, y había planteado nuevas exigencias a Finlandia [2]. La unión de «Centroeuropa» bajo la hegemonía alemana parecía ahora una posibilidad y, de hecho, en el ministerio de Asuntos Exteriores y otros departamentos centrales alemanes se elaboraron planes para la creación de un «gran espacio económico» de «unos 200 millones de personas», con el añadido de un imperio colonial alemán en África central, planes relacionados, en parte, con el llamado «Programa de Septiembre» de Bethmann Hollweg, de 1914 [3].

Pero Hitler [4] no tenía un programa «europeo». Ni siquiera consideraba a los «movimientos» emparentados estructural o ideológicamente con el nacionalsocialismo o el fascismo, o similares a ellos, surgidos en los países de la Europa continental y abiertos ahora a la influencia alemana, como fuerzas de igual rango o, al menos, como

---

[2] Hillgruber, A., *Sowjetische Außenpolitik im Zweiten Weltkrieg*, Königstein/Ts.-Düsseldorf 1979, pp. 51 y ss.

[3] Fischer, F., *Griff nach der Weltmacht. Die Kriegszielpolitik des kaiserlichen Deutschland 1914/18*, Düsseldorf [4]1972; texto del «programa de septiembre» de 1914, en Zechlin, E., «Friedensbestrebungen und Revolutionierungsversuche», en *Aus Politik und Zeitgeschichte.* Suplemento del semanario «Das Parlament» B 20/63 de 15 de mayo de 1963.

[4] *Akten zur deutschen auswärtigen Politik 1918-1945*, serie D, vol. IX, Fráncfort/M. 1962, pp. 390 y ss. (nota del enviado Clodius, del 30 de mayo de 1940) y pp. 407 y ss. (nota del embajador Ritter del 1 de junio de 1940).

«socios menores», sino exclusivamente como objetos susceptibles de control y dominio. El secretario de Estado de Asuntos Exteriores, barón Von Weizsäcker, resumió ya el 30 de junio de 1940 en una frase la concepción de Hitler sobre el futuro del dominio de la Europa continental al que parecía estar destinado [5]: «Sólo podemos mantener los éxitos de esta campaña con la fuerza que los logró, es decir, con la violencia militar», y la comentó con la siguiente observación: «Las dificultades no se hallan tanto en la situación actual cuanto en la marcha de las cosas en el futuro, pues el mantenimiento de nuestro éxito con medios militares provocará inevitablemente una excesiva fatiga».

Partiendo de la expectativa de que al cabo de poco tiempo Gran Bretaña cedería «sin rechistar» y se darían así las condiciones estratégicas para desplazar la maquinaria de guerra alemana del oeste al este y llevar a cabo la parte central de su «programa», Hitler ordenó que desde los primeros días de julio de 1940 se iniciaran los estudios previos para emprender una campaña militar contra la Unión Soviética ya en el otoño de 1940 [6]. Al mismo tiempo, al aprobar la reanudación de la construcción de una poderosa flota alemana de superficie, paralizada al comenzar la guerra en septiembre de 1939, apuntaba ya al posterior enfrentamiento, previsto para después de algunos años, entre su «imperio continental», completado para entonces, y EEUU [7]. A cambio del tratado de paz supuestamente inminente con Gran Bretaña, que conservaría su Imperio a excepción de las antiguas colonias alemanas, el mando de la Marina pretendía obtener, además del Imperio colonial de «África central» (cuyo núcleo sería el Congo belga), esperado y contemplado por el ministerio de Asuntos Exteriores y las fuerzas de la economía, una guirnalda de bases navales en el Atlántico y el océano Índico, es decir, una posición de «potencia mundial» para Alemania.

En la segunda mitad de julio de 1940, el mando alemán vio ya con claridad que las premisas no casaban y que, muy al contrario,

[5] Capitán general Halder, *Kriegstagebuch*, vol. I, *ibid.*, 374 y s.
[6] Hillgruber, A., *Hitlers Strategie, ibid.*, pp. 212 y ss.; Beer, A., *Der Fall Barbarossa, Untersuchungen zur Geschichte der Vorbereitungen des deutschen Feldzuges gegen die Union der Sozialistischen Sowjetrepubliken*, tesis doctoral de Fil., Münster (Westf.) 1978.
[7] Salewski, M., *Die deutsche Seekriegsleitung 1935-1945*, vol. I: *1935-1941, ibid.*, pp. 234 y ss.; Id., vol. III: *Denkschriften und Lagebetrachtungen 1938-1944*, Fráncfort/Main 1973, pp. 121 y ss.

Gran Bretaña estaba decidida a continuar la guerra apoyándose en la ayuda creciente de EEUU. Este trasfondo y la voluntad incondicional de Hitler de imponer su «programa» mientras se mantuviera durante algún tiempo en el continente europeo la situación todavía favorable, incluso en unas condiciones de política mundial que se volvían de nuevo en su contra tras algunas semanas de gran esperanza —según se ve desde una perspectiva a largo plazo—, nos permiten entender las reflexiones, planes y decisiones de los meses que siguieron a partir de mediados de julio de 1940 y que en el invierno de 1940/41 desembocarían finalmente en la idea de una *Blitzkrieg* mundial.

Según las previsiones de las necesidades de tiempo y de la situación atmosférica, la campaña contra la Unión Soviética ordenada por Hitler ya en el otoño de 1940 no contaba con las debidas condiciones de técnica militares. Hasta la primavera de 1941 no se pudo lograr en el este de Europa la amplia base requerida y, con ella, la libertad en la retaguardia para proseguir la guerra en el oeste, continuada ahora sin interrupciones, y en cuyo centro se situaba ya EEUU, todavía neutral de manera puramente formal, tras la declaración de hostilidades del presidente Roosevelt en su discurso del 19 de julio [8] (el mismo día en que Hitler había dirigido a Gran Bretaña su «última» y vana «llamada a la paz») [9]. Toda la ulterior estrategia de Hitler estuvo determinada por el hecho de no ver ninguna posibilidad (pues en realidad no la tenía) de emprender alguna acción decisiva contra EEUU desde su base europea, considerablemente ampliada por las campañas de Noruega y en el oeste pero demasiado reducida para una guerra continental. EEUU, en cambio, se había rearmado en unos años para mantener una guerra en ambos océanos contra Alemania y Japón. Ahora bien, todo lo conseguido hasta el momento y en lo sucesivo mediante las conquistas continentales sólo podía consolidarse de manera definitiva si se conseguía obligar a Norteamérica a un entendimiento con Alemania, la nueva «potencia mundial». La única posibilidad que le quedaba, por tanto, a Hitler era «descartar» a EEUU de manera indirecta. En sus fundamentales

---

[8] Análisis de este discurso realizado para Hitler por el anterior embajador alemán en Washington, Dieckhoff: *Akten zur deutschen auswärtigen Politik 1918-1945*, vol. X, Fráncfort/Main 1963, pp. 213 y ss.

[9] Sobre este asunto, cfr. Martin, B., *Friedensinitiativen und Machtpolitik im Zweiten Weltkrieg 1939-1942, ibid.,* pp. 301 y ss.

declaraciones ante los militares el 31 de julio de 1940, Hitler llegó a la siguiente conclusión en sus cálculos políticos [10]: «Si desaparece (en Gran Bretaña) la esperanza puesta en Rusia, dejará de contarse también con América, pues la consecuencia de la eliminación de Rusia será una enorme revalorización del Japón». De este modo, EEUU pasó a constituir un elemento cardinal en la estrategia global de Hitler mucho antes de lo esperado.

¿Qué posibilidades había de lograr el objetivo de «descartar» indirectamente a EEUU como amenaza principal para el «imperio continental» alemán? Además de una solución por la fuerza, confirmada por Hitler el 31 de julio de 1940 pero aplazada hasta la primavera de 1941, destinada a conseguir una sumisión completa y lo más rápida posible de la Unión Soviética con el efecto esperado de una amenaza para EEUU desde los dos flancos oceánicos por las potencias de Alemania y Japón, que cooperarían en adelante en un marco mundial y se centrarían a largo plazo en Norteamérica, se presentaban tres posibilidades «alternativas»:

1.   el proyecto político de Ribbentrop de crear un «bloque continental» euroasiático «de Madrid a Yokohama» (incluida la Unión Soviética), con su punta de lanza dirigida contra el Imperio de Gran Bretaña y EEUU [11];

2.   la concepción básica estratégica de Raeder, comandante en jefe de la Marina de guerra, consistente en desplazar el punto de gravedad de las actividades militares hacia la región del Mediterráneo y el Próximo Oriente, así como a África noroccidental, con el fin de obtener una base estratégica amplia y el suministro de materias primas para una guerra victoriosa por mar y aire contra Gran Bretaña y EEUU en el Atlántico [12]; y, finalmente

3.   la obstinada demanda del comandante en jefe de la flota submarina, Dönitz, de concentrar cuanto antes todos los esfuerzos de

[10] Capitán general Halder, *Kriegstagebuch*, vol. II. Edición preparada por Jacobsen, H.-A., Stuttgart 1963, pp. 46 y ss.

[11] Michalka, W., *Ribbentrop und die deutsche Weltpolitik 1933-1940, ibid.,* pp. 287 y ss.

[12] Salewski, M., *Die deutsche Seekriegsleitung 1935-1945,* vol. I: *1935-1941, ibid.,* pp. 287 y ss.; Schreiber, G., «Der Mittelmeerraum in Hitlers Strategie 1940. 'Programm' und militärische Planung», en *Militärgeschichtliche Mitteilungen,* 2/1980, pp. 69 y ss.; Id., *Revisionismus und Weltmachtstreben. Marineführung und deutsch-italienische Beziehungen 1919 bis 1944,* Stuttgart 1978.

guerra en la interrupción de las comunicaciones por mar entre Gran Bretaña y EEUU mediante una guerra submarina «total», a fin de mantener alejada de Europa la potencia americana mediante el control de las rutas marítimas del Atlántico con los submarinos alemanes, cuyo número, además, debía multiplicarse respecto de los ya disponibles [13].

Al margen de otras consideraciones, los planteamientos de los dos jefes de la Marina quedaban descartados para Hitler por el simple hecho de no tener en cuenta sus objetivos «programáticos» en el este y pretender desarrollar una guerra fundamentalmente distinta de la de Hitler: una guerra contra Gran Bretaña y EEUU como adversarios principales. La Unión Soviética, en cambio, era considerada por ambos como una potencia neutral y favorable o, incluso, aliada. Algo similar podía decirse de la idea del «bloque continental» de Ribbentrop, contemplado como una alineación duradera de todos los grandes Estados eurasiáticos desde España/Francia hasta Japón, pasando por Alemania/Italia y la Unión Soviética, contra las potencias navales británica y americana, y no sólo como medio transitorio, y quizá útil, para inducir a Gran Bretaña a mostrarse «razonable» y aislar a EEUU en el doble continente americano. Si la concepción del «bloque continental» tuvo sentido para Hitler, en función de sus objetivos de guerra, sólo lo tuvo en cuanto «solución interina para una política mundial» y durante algunas semanas a partir de mediados de septiembre, es decir, cuando en el oeste se confirmó definitivamente la imposibilidad de hacer cambiar de actitud a Gran Bretaña con la amenaza de un desembarco en la isla (operación *Seelöwe*) [14] y con ataques aéreos (iniciados a primeros de septiembre de 1940 y cuyo objetivo principal fue durante un tiempo Londres) [15], mientras EEUU aumentaba de manera constante su compromiso en favor de Inglaterra.

En opinión de Hitler, y de acuerdo con la regla elemental de la política de fuerzas aplicable a la «relación amigo-enemigo», un «pacto

[13] Dönitz, K., «Die Schlacht im Atlantik in der deutschen Strategie», en Hillgruber, A. (ed.), *Probleme des Zweiten Weltkrieges*, Colonia-Berlín 1967, pp. 159 y ss.

[14] Klee, K., *Das Unternehmen «Seelöwe». Die geplante deutsche Landung in England 1940*, Gotinga-Berlín-Fráncfort/Main 1958; Wheatley, R., *Operation Seelöwe*, Minden (Westf.) 1958.

[15] Klee, K., «Die Luftschlacht um England 1940», en Jacobsen, H.-A. y Rohwer, J. (eds.), *Entscheidungsschlachten des Zweiten Weltkrieges*, Fráncfort/Main 1960, pp. 61 y ss.

entre las tres potencias» de Alemania-Italia-Japón [16] que no incluyera
a la Unión Soviética (bien como socio o bien a la fuerza, por la vía de
una conquista) habría de desembocar casi por necesidad en una rápida aproximación de aquel país a Gran Bretaña y EEUU, al verse ate-
nazado por las «potencias del Pacto tripartito». (La propaganda alemana presentó este pacto el 27 septiembre de 1940 como un gran
éxito, pero en lo esencial, es decir, en cuanto compromiso militar de
alianza en caso de ataque de EEUU a uno de los socios, sólo había
sido aceptado por Japón con todo tipo de limitaciones y cortapisas,
pues este país quería reservarse plena libertad de acción en sus decisiones bélicas). Ahora bien, esa posible reacción de la URSS pondría
en cuestión el valor que el pacto, en sus expectativas, atribuía a Japón frente a Norteamérica y cuya importancia era meramente limitada, a diferencia de la solución militar en el este (cuyo objetivo era la
destrucción de la Unión Soviética). El escepticismo con que Hitler
acogió la aplicación del concepto de «bloque continental» en lo referente a la Unión Soviética, defendido por Ribbentrop en conformidad con los japoneses, que también insistían en llevarlo a efecto, se
manifestó en numerosas acciones y omisiones. La más importante de
ellas fue que, en sus conversaciones con Molotov en Berlín los días
12 y 13 de noviembre de 1940, Hitler no mencionó ni una sola vez el
acuerdo con Japón [17] por el que la India se asignaba como objetivo a
la Unión Soviética. Esta asignación se hacía con arreglo a la proyectada división del mundo en cuatro «grandes espacios», es decir: Alema-
nia/Italia, en Europa/África; la Unión Soviética, desde Asia central
en dirección a Asia meridional, incluida la India; Japón con China y
el sureste de Asia y, finalmente, EEUU en el doble continente americano (o, en su caso, cinco, si se contaba la posición de Italia en la
zona del Mediterráneo y en África nororiental, entre el bloque de poder germánico en Europa continental y su previsto espacio complementario de «África central», posición que, en el fondo, constituiría
tan sólo una gran «zona autónoma»). Pero Hitler, sin ceder en los
axiomas de su «concepción del mundo» que, basándose en la ideología racista, daban una gran importancia al dominio de Gran Bretaña
sobre la India, condescendió únicamente a hacer ciertas insinuacio-

---

[16] Sommer, Th., *Deutschland und Japan zwischen den Mächten 1935-1940, ibid.*,
pp. 377 y ss.; Miyake, M., «Die Achse Berlín-Rom-Tokio im Spiegel der japanischen
Quellen», en *Mitteilungen des österreichischen Staatsarchivs*, 21 (1968), pp. 408 y ss.
[17] Lupke, H., *Japans Rußlandpolitik 1939-1941, ibid.*, pp. 175.

nes sobre una expansión de la Unión Soviética «en dirección al océano Índico», concretadas en el proyecto de acuerdo para un «pacto
cuatripartito» (que incluiría a la Unión Soviética) por el que se cedería Irán como parte de la «esfera de intereses» soviética [18].

Las insuperables dificultades que implicaba ya de por sí la erección del pilar occidental del proyectado «bloque», es decir, el intento
de llegar mediante un «enorme engaño» (pues difícilmente habría sido posible de otro modo) a un compromiso de intereses entre España, la Francia de Vichy e Italia sobre las posesiones coloniales francesas en el norte de África [19], quedaron eclipsadas por la conversación
insólitamente franca de Molotov en Berlín. Las principales exigencias
soviéticas (Finlandia, Rumanía, Bulgaria y los estrechos turcos) partían de la idea, defendible como postura de negociación, de que Hitler debía pagar un precio por el mantenimiento de la actitud favorable de la Unión Soviética en la guerra en el oeste. En cambio, el
interés manifestado por la Unión Soviética sobre Hungría, Yugoslavia, la parte occidental de Polonia y el control de las salidas del Mar
Báltico (el Gran Belt, el pequeño Belt, el Sund, Skagerrak y Katte-
gatt), en vistas a la tercera y última fase de la guerra, no era ya imaginable como un precio pagadero por una Alemania victoriosa. Esta serie de exigencias no guardaban tampoco una relación razonable con
la seguridad de la Unión Soviética frente a una Alemania cuya meta
fuera el continente, sino con una situación en la que las potencias navales de Gran Bretaña y EEUU habrían ocupado posiciones en el
oeste de Europa o se hallarían a punto de ocuparlas. La satisfacción
de estos objetivos preveía la derrota de Alemania. Desde la perspectiva de una amplia seguridad para la Unión Soviética, y sobre todo en
función de la experiencia rusa en la guerra de Crimea y en la guerra
de intervención de 1918/19, el control de las salidas de los mares
Negro y Báltico, junto con un avance estratégico sobre el continente
—acompañado de una retirada de Alemania hacia el oeste—, constituía una exigencia ineludible. En cualquier caso, la «comprobación»
de si Alemania y la Unión Soviética se encontrarían «espalda con espalda o pecho con pecho» [20], pues así había considerado Hitler la visita de Molotov, no se había producido.

---

[18] *Akten zur deutschen auswärtigen Politik 1918-1945*, vol. XI, Bonn 1964, pp. 428
y ss.

[19] Jäckel, E., *Frankreich in Hitlers Europa*, Stuttgart 1966, pp. 105 y ss.

[20] Capitán general Halder, *Kriegstagebuch*, vol. II, *ibid.*, pp. 182.

Al fallar la «solución transitoria para la política mundial», Hitler vio la situación a modo de «alternativa» de la siguiente manera: podía renunciar a la campaña contra la Unión Soviética en 1941 y limitarse a permanecer encastillado en las posiciones centroeuropeas conquistadas en 1940, ampliadas en esencia sólo con un glacis, espacialmente demasiado exiguas para una «estrategia de guerra mundial» y carentes, además, de «autarquía» para la «industria de guerra»; en tal caso era de prever una situación que lo sometería a los «chantajes» de Stalin y lo abocaría finalmente a «capitular» ante las potencias marítimas, cuyos planes se proyectaban para más largo plazo y que, gracias a su superior potencial, saldrían triunfantes al cabo de una agotadora lucha de desgaste prolongada durante años, sobre todo, teniendo en cuenta que una ampliación de su propia zona de poder en dirección a la región del Mediterráneo, Próximo Oriente y África noroccidental, según la propuesta de Raeder, podía reportar éxitos aislados e, incluso, considerables, pero supondría, al mismo tiempo, una dispersión de las fuerzas y ningún resultado decisivo frente a sus adversarios occidentales, Gran Bretaña y EEUU, que por tal razón llegarían aún antes a concluir una alianza plena.

Así, en su opinión, la única forma de deshacer el nudo era destruir la Unión Soviética como condición fundamental para lograr dar un giro decisivo a la guerra general en beneficio propio y alcanzar sus objetivos bélicos primero en el este y luego, a partir de ahí, frente las potencias occidentales. Hitler apostó todo a una carta: una *Blitzkrieg* en el este culminaría en pocas semanas en un éxito total y, a continuación, la maquinaria de guerra alemana se volvería contra Occidente.

Los planes del invierno de 1940/41 iban, en consecuencia, mucho más allá de los preparativos para derrotar a la Unión Soviética, la llamada operación «Barbarroja» («Instrucción núm. 21» del 18 de diciembre de 1940) [21]. La eliminación del Ejército Rojo al cabo de cuatro meses, a más tardar, desde el comienzo de la campaña era sólo el núcleo de un plan de *Blitzkrieg* mundial» —como podríamos denominarla— cuyo objetivo consistía en que en un plazo de medio año las potencias del «Pacto tripartito» se apoderaran del «hemisferio oriental» constituido por Europa-Asia-África, al menos en todas sus

---

[21] Hubatsch, W. (ed.), *Hitlers Weisungen für die Kriegführung 1939-1945, ibid.,* pp. 84 y ss.

zonas estratégicamente esenciales, a fin de aislar a EEUU en el doble
continente americano. Se había previsto [22] que para comienzos de
agosto de 1941 se retiraría del teatro de operaciones oriental la gran
masa de la infantería alemana, y a principios de septiembre del mismo año el grueso de las unidades de blindados y la Luftwaffe. El resto (unas 50-60 divisiones) no sólo se consideraba suficiente para salvaguardar el gigantesco espacio de la Rusia europea hasta la línea
Arkangelsk-Astracán, sino que además debería estar capacitado para
efectuar nuevos avances hacia el este, al otro lado de los Urales, y el
suroeste, en una operación que llegaría más allá del Cáucaso en dirección a Irán-Irak. Esta última operación formaba parte de un proyectado triple movimiento de tenaza desde Libia-Egipto y Bulgaria-
Turquía e incluso desde el Cáucaso destinado a provocar el
hundimiento de las posiciones británicas en el Próximo Oriente en el
otoño de 1941. En Afganistán se había previsto la formación de una
base de operaciones alemana [23] para amenazar la India desde el noroeste con el fin de ejercer presión sobre Gran Bretaña y obligarla a
un «compromiso» con Hitler en el último minuto, por así decirlo. Un
avance de los japoneses hacia el sureste asiático, previsto para mayo
de 1941, es decir, para las fechas en que se había pensado original-
mente el inicio de la operación «Barbarroja», y cuyo objetivo sería la
conquista de Singapur, debería amenazar la India desde el este y reforzar, así, la prevista amenaza contra Gran Bretaña. Igualmente, en
el otoño de 1941, se conquistaría por fin Gibraltar y se establecería
complementariamente en el noroeste de África (llegando a poder ser
hasta Dakar) y en las islas avanzadas españolas y portuguesas (Cana-
rias, Cabo Verde y Madeira) un bastión estratégico con posiciones
frente a Norteamérica, cuya costa este habría de soportar las amenazas de bombardeos aéreos desde el archipiélago portugués de las
Azores, que se habrían de conquistar igualmente en el otoño de
1941 [24]. La perspectiva sobrepasaba ya, así, el marco del «hemisferio
oriental».

---

   [22] Hillgruber, A., *Hitlers Strategie, ibid.,* pp. 377 y ss.; sobre todo: «Entwurf zur
'Weisung Nr. 32' (Vorbereitungen für die Zeit nach 'Barbarossa')», en Hubatsch, W.
(ed.), *ibid.,* pp. 129 y ss.
   [23] Una exposición reciente de este asunto, en Hauner, M., *India in Axis Strategy.
Germany, Japan, and Indian Nationalists in the Second World War,* Stuttgart 1981.
   [24] Wagner, G. (ed.), *Lagevorträge des Oberbefehlshabers der Kriegsmarine vor Hitler
1939-1945,* Múnich 1972, p. 229 (conversación del 22 de mayo de 1941).

¿Cómo encajaban los otros dos socios del «Pacto tripartito» en estas ideas directrices de Hitler, de tan gran amplitud? ¿Qué objetivos propios perseguían? El 10 de junio de 1940, al iniciar Italia las hostilidades y una vez que Francia quedó eliminada, Mussolini especuló con la posibilidad de que, tras alcanzar prontamente una paz con Gran Bretaña, podría conseguir las posiciones británicas en el Mediterráneo sin grandes esfuerzos propios y realizar así su visión de un gran imperio italiano en torno al *Mare Nostro*, pero estas ideas demostraron muy pronto ser un sofisma. La idea de una «guerra paralela» (con las fuerzas propias de Italia y no en favor de Alemania ni con ella, y bajo la divisa: «Los Alpes separan los escenarios de la guerra») [25], proclamada con gran seguridad, sólo pudo sostenerse a duras penas unos pocos meses. El desenmascaramiento de la potencia militar de Italia, sobrevalorada por todos, se produjo a un ritmo sorprendente. Los esperados éxitos en forma de una conquista de Egipto y del establecimiento de comunicaciones con la aislada África oriental italiana (Eritrea, Abisinia, Somalia) no tuvieron lugar. Las fuerzas armadas italianas marcaban el paso sin avanzar, por así decirlo. A fin de conseguir al menos una victoria de prestigio, Mussolini abandonó la «guerra paralela» contra Gran Bretaña el 28 de octubre de 1940 para iniciar una «guerra aparte» regional contra Grecia [26], que resultó una auténtica catástrofe para el prestigio de la Italia fascista y pasó a ser en pocos días un desastre militar para el país. Tras la pérdida de una tercera parte de Albania, unida al reino de Italia desde abril de 1939 mediante unión personal, se logró a duras penas establecer allí un frente contra los griegos victoriosos.

Para Japón, que desde la conclusión del pacto de no agresión germano-soviético del 23 de agosto de 1939 había mostrado una actitud muy distante hacia Alemania, su socio en el «Pacto anti Komintern», y observado una estricta neutralidad en la guerra europea, se perfilaban nuevas y grandes posibilidades en la situación mundial a consecuencia de la fascinación producida por las victorias alemanas en el oeste de Europa en mayo/junio de 1940 [27]. La incorporación de la India holandesa (la actual Indonesia), con sus riquezas materia-

[25] Rossi, F., *Mussolini e lo Stato Maggiore*, Roma 1951, p. 35.
[26] Schramm, E.-v. Thadden, *Griechenland und die Großmächte im Zweiten Weltkrieg*, Wiesbaden 1955, pp. 105 y ss.
[27] Sommer, Th., *Deutschland und Japan zwischen den Mächten 1935-1940, ibid.*, pp. 329 y ss.

les (sobre todo petróleo, caucho, cinc y arroz) al «gran espacio» dominado por los japoneses pasó a ser a partir de ahora un objetivo atrayente para la política nipona, aunque se habría de alcanzar por etapas, en todo caso, y sin alardes militares. Japón vio aquí una
posibilidad de eludir los peligros de un embargo de bienes vitales
con que le amenazaba EEUU tras la denuncia del acuerdo comercial
americano-japonés. Desde el punto de vista de Japón, se trataba de
impedir mediante tácticas hábiles que Alemania, victoriosa en Europa, se estableciera de algún modo en la India holandesa y en la Indochina francesa y evitar que gran Bretaña o EEUU llevaran a cabo
una «ocupación preventiva» de estas regiones análoga a la ocupación
de las islas holandesas de las Indias occidentales, principalmente
Curaçao y Aruba, por tropas británicas y francesas desde el inicio del
ataque alemán en el oeste de Europa, el 10 de mayo de 1940.

Además de su importancia económica, la Indochina francesa tenía para Japón un significado fundamental desde el punto de vista
estratégico, tanto para aislar todavía más a China como en calidad de
base de partida para una acción posterior contra la India holandesa o
Singapur. La salvaguarda de estas posibilidades futuras hacía razonable un nuevo acercamiento a Alemania. Tras sus victorias en Europa
continental, el Reich alemán recuperaba así para Japón su función de
socio de coalición en la política mundial. El incipiente cambio de
rumbo se manifestó con claridad en Tokio en una reestructuración
del gobierno. El príncipe Konoye, que había sido primer Ministro
de Japón desde 1937 hasta comienzos de 1939 y cargaba como tal
con la responsabilidad del inicio de la guerra contra China, fue nombrado nuevamente presidente del Consejo de Ministros el 17 de julio
de 1940 [28]. El cargo de ministro de Asuntos Exteriores recayó en
Matsuoka, especialmente favorable a las relaciones con Alemania (en
cuanto socio político, aunque no ideológico); el general Tojo fue ministro de la Guerra.

La función que Hitler asignaba, a su vez, a Japón en su política y
estrategia globales desde finales de julio de 1940 hizo que las negociaciones con el nuevo gobierno japonés, forzadas por parte alemana,
llegaran con rapidez a una conclusión y el 27 de septiembre de 1940
desembocaran, según hemos dicho, en la firma del «Pacto tripartito»,

---

[28] Libal, M., *Japans Weg in den Krieg. Die Außenpolitik der Kabinette Konoye 1940/
41*, Düsseldorf 1971, pp. 29 y ss.

sin que se alcanzase total claridad sobre el automatismo de las obligaciones militares de los socios en el caso de un ataque de EEUU a uno de ellos. El borrador original de las líneas directrices de las negociaciones secretas entregado a Matsuoka pone de manifiesto la considerable extensión deseada por los japoneses para el «gran espacio» que pretendían obtener [29]: debería abarcar «las antiguas islas alemanas administradas por mandato, la Indochina francesa y las islas del Pacífico (francesas), Tailandia, Malaya británica, Borneo británico, la India oriental holandesa, Birmania, Australia, Nueva Zelanda, India, etc. (sic!), teniendo como columna vertebral a Japón, Manchuria y China», si bien el gabinete japonés reducido decidió que en las negociaciones con alemanes e italianos «sólo» se nombraría el espacio «situado al este de Birmania, incluida la India holandesa, y al noroeste de Nueva Caledonia» y que «para el futuro inmediato» se aceptaría integrar a la India en el «gran espacio» que se había de asignar a la Unión Soviética.

La ocupación de la Indochina francesa por tropas japonesas, a la que el gobierno de Vichy dio su conformidad *volens-nolens*, estuvo íntimamente relacionada con la firma del «Pacto tripartito». Ante todo, esta medida ofreció a Japón, hasta cierto punto, una solución de recambio para estrangular a China, que le compensaba de la reapertura de la carretera de Birmania esperada para mediados de octubre de 1940 y a cuya clausura para el transporte de suministros a aquel país había accedido el gobierno británico el 17 de julio de 1940 por tres meses en favor de los japoneses en un momento de máxima necesidad.

¿En qué se fundaban, en realidad, las esperanzas del gobierno de Churchill de que Gran Bretaña, tras el derrumbamiento de Francia y de todos los demás aliados de Europa continental, podría oponer resistencia por sí sola a un Hitler victorioso, si se dejan de lado las dificultades de carácter militar que afectaban a Alemania debido al número limitado de sus fuerzas navales y aéreas? El objetivo político central de Churchill era el establecimiento de una «gran alianza» con EEUU y la Unión Soviética, alianza a la que, de producirse, Alemania no podría hacer frente a la larga, por más éxitos particulares que llegara aún a conseguir, pues semejante combi-

---

[29] Citado de Sommer, Th., *Ibid.*, pp. 391.

nación de fuerzas dispondría, con mucho, de la mayor parte de las reservas de hombres y materias primas del mundo.

La esperanza de que Stalin fuera a efectuar muy pronto un cambio abrupto de rumbo en la política exterior soviética en vista de los grandes y sorprendentes éxitos de Hitler, sobre todo de la rápida derrota de Francia, no esperada por él, era engañosa pues Churchill no incluía en sus cálculos ni los intereses de poder soviéticos ni el miedo de Stalin al riesgo. Churchill había enviado a Moscú a sir Stafford Cripps, político laborista de «izquierdas», pero, a pesar de que éste había explicado abiertamente el 12 de junio, nada más llegar a la capital rusa, que, según la concepción británica, a la Unión Soviética le correspondía ocupar la posición hegemónica en el sureste de Europa —con lo cual tocaba el punto neurálgico de los vagos acuerdos germano-soviéticos del 23 de agosto de 1939 en lo referente a esta región—, la primera conversación con Stalin el 1 de julio de 1940 (única hasta el ataque de Hitler a la Unión Soviética un año más tarde), es decir, cinco días después de la entrada en vigor del armisticio en Francia, no tuvo éxito [30]. Stalin rechazaba una política cuyo objetivo fuera la vuelta a un equilibrio similar al vigente antes de 1939 en Europa [31]: «El fundamento del pacto de no agresión (germano-soviético)» —le explicó al enviado Cripps—, «es el deseo común de acabar con el antiguo equilibrio existente en Europa y que Gran Bretaña y Francia se han esforzado por mantener antes de iniciarse la guerra». A la objeción del embajador de que en Europa debía existir, no obstante, algún otro equilibrio, si no el antiguo, y no la hegemonía de una sola potencia, Stalin respondió con las siguientes palabras, que caracterizaban su juicio sobre la situación en el momento álgido de los éxitos alemanes: «No soy tan ingenuo como para creer en las aseveraciones de los alemanes de que no tienen deseos de hegemonía, pero estoy convencido de la imposibilidad física de tal hegemonía, pues Alemania no dispone de las fuerzas navales necesarias».

Entretanto (mediados de junio de 1940) los países bálticos habían sido completamente ocupados por el Ejército Rojo y se había puesto en marcha su transformación social revolucionaria con el objeto de incorporarlos a la URSS (incorporación culminada a comien-

---

[30] Un resumen detallado de la conversación en Woodward, L., *British Foreign Policy in the Second World War*, vol. I, Londres 1970, pp. 468 y s.

[31] Brügel, J. W. (ed.), *Stalin und Hitler. Pakt gegen Europa*, Viena 1973, pp. 230 y s.

zos de agosto de 1940) [32]. El gobierno americano y, tras él, el británico, no otorgaron (hasta hoy) reconocimiento internacional a estos cambios forzosos, impuestos claramente contra la voluntad de los pueblos afectados. En consecuencia, la relación entre Gran Bretaña y la Unión Soviética siguió siendo tensa. Hasta el ataque de Hitler a la Unión Soviética no se pudo hablar de ningún preparativo de la «alianza antihitler», que más tarde, desde junio de 1941 hasta el final de la guerra en 1945, sería determinante para la política mundial. Al contrario: en la primavera de 1941, cuando Stalin hizo nuevas propuestas a Hitler, el Estado Mayor General británico volvió a tomar disposiciones —como ya lo había hecho durante el invierno de 1939/40— para llevar a cabo ataques aéreos contra el centro petrolífero caucásico de Bakú, partiendo esta vez de Irak (reconquistado militarmente en mayo de 1941) [33], pues el gobierno de Gran Bretaña abrigó hasta el último momento, es decir, hasta el inicio del ataque alemán contra la Unión Soviética el 22 de junio de 1941, el temor a un inminente nuevo pacto que otorgaría a Hitler nuevas e importantes ventajas.

A diferencia de lo ocurrido con las esperanzas en un cambio de rumbo por parte de Stalin y una alianza británico-soviética, rápidamente desvanecidas, Churchill consiguió en junio/julio de 1940 el apoyo de Roosevelt a Gran Bretaña para continuar las hostilidades. No obstante, debido a lo catastrófico de la situación en Europa occidental, pareció por un momento como si EEUU hubiera dado por perdida incluso a Gran Bretaña y se centrase en la defensa del doble continente americano [34]. Ello era perfectamente comprensible, dadas las escasas fuerzas terrestres —en primavera de 1940 sólo podían considerarse aptas para combate 5 divisiones norteamericanas— y la inexistencia, por el momento, de un servicio militar obligatorio en EEUU y, por tanto, de un número suficiente de reservistas. El jefe del Estado Mayor General del ejército americano, Marshall, pidió, pues, a Roosevelt que limitara el esfuerzo defensivo norteamericano, reduciéndolo al «hemisferio occidental» y algunas zonas del Pacífico.

Para todo el posterior desarrollo de la guerra fue decisivo que

---

[32] Meissner, B., *Die Sowjetunion, die Baltischen Staaten und das Völkerrecht*, Colonia 1956.
[33] Butler, J. R. M., *Grand Strategy*, vol. II, Londres 1957, pp. 543 y s.
[34] Matloff, M. y Snell, E. M., *Strategic Planning for Coalition Warfare 1941-1942*, Washington, D.C., 1953, pp. 12 y ss.

Roosevelt no cediera a esta solicitud ni a otras de importantes militares americanos que se sucederían en las semanas siguientes, sino que
declarase su decisión de apoyar en la medida de lo posible el esfuerzo de defensa de Gran Bretaña, aunque de ese modo se retrasara la
ampliación de las fuerzas militares americanas. No obstante, para el
caso más extremo, es decir, si tanto la flota francesa como la británica caían en manos alemanas, Roosevelt planeaba trasladar al Atlántico la flota americana, que seguía concentrada en el Pacífico (Hawai)
para disuadir a los japoneses, y ceder políticamente ante Japón. Con
ese planteamiento se tomaba la decisión fundamental de considerar
desde ese momento que el peligro número uno era Alemania y no Japón (como habían pensado hasta entonces los dirigentes americanos,
a pesar de la opinión contraria de Roosevelt). Fue significativo que el
17 de junio de 1940, día en que Pétain presentó la solicitud de armisticio, Roosevelt diera su conformidad al mantenimiento de conversaciones secretas entre británicos y norteamericanos, que tendrían
lugar en las siguientes semanas en Gran Bretaña con el fin de establecer las líneas directrices de la futura estrategia británica apoyada por
EEUU [35]. El mismo 17 de junio de 1940, el Presidente presentó en
el Congreso una propuesta de ley para la construcción de una flota
americana para ambos océanos; es decir, EEUU se preparaba para
una gran guerra contra Alemania y Japón con una perspectiva a largo
plazo. A esta medida se sumaron otras, como el llamado Tratado de
bases y destructores (entrega de 50 destructores antiguos a la flota
británica a cambio de la cesión de bases en las Islas Británicas del Atlántico y en la región del Caribe), el 2 de septiembre, y la publicación
de una nueva ley, el 15 de septiembre de 1940, que imponía en la
práctica el servicio militar obligatorio.

A mediados de septiembre de 1940 (15 de septiembre: «Battle-of-
Britain-Day») se vio claramente que la Luftwaffe no era capaz de establecer las condiciones para una invasión de las Islas Británicas (una
inequívoca superioridad alemana en el aire) y que, por tanto, Inglaterra no corría ya un peligro militar inmediato. En ese momento Gran
Bretaña pasó a las acciones ofensivas en la periferia del espacio dominado por Alemania. Para ello situó su centro de interés en el ámbito del Mediterráneo [36], donde —de acuerdo con el plan de guerra

---

[35] *Ibid.*, pp. 21 y ss.
[36] Howard, M., *The Mediterranean Strategy in the Second World War*, Londres 1968;

británico a largo plazo de principios de 1939— intentó asestar al socio más débil del «Eje», Italia, derrotas militares lo bastante graves como para hacerle abandonar el campo, si era posible. Aunque este propósito no se logró en un primer intento, el traslado de fuertes contingentes británicos a la región del Mediterráneo habría de abrir en el sur de la zona del continente europeo dominada por Hitler un amplio frente de desgaste que contribuiría a una retirada de fuerzas alemanas de Francia y a una dispersión de las mismas. A ello se añadió el fortalecimiento y la ampliación de la posición británica de fuerza en Oriente Próximo y Medio, en el glacis de la India, de acuerdo con los objetivos concebidos por Churchill en la línea de las tradiciones imperiales. Esta idea directriz acompañó de manera determinante a la estrategia británica durante todo el curso de la guerra.

El principal objetivo militar de derrotar a Italia estuvo casi a punto de alcanzarse ya en el invierno de 1940/41 [37]. Los italianos sufrieron una serie de graves derrotas por mar y tierra en diversos puntos: en Grecia, donde, como hemos mencionado, surgió, con gran disgusto de Hitler, un frente balcánico en Albania y, puesto que Italia no poseía evidentemente la fuerza requerida para resolver el problema helénico, fue necesario un ataque alemán contra el norte del país desde Bulgaria a fin de aliviar la tensión; en África oriental, donde en los primeros meses del año 1941 los británicos conquistaron la colonia italiana, excepto unas pocas bases que resistieron hasta finales de noviembre del mismo año, y, finalmente, en Libia, donde, a partir del 9 de diciembre de 1940, cayeron prisioneros en dos meses 130.000 hombres del ejército italiano y los británicos penetraron hasta la Gran Sirte (zona de El Agheila), y donde la misma Tripolitania se había dado por perdida, de no ser por la ayuda alemana. Estas derrotas demostraron en general que Mussolini no disponía, ni de lejos, de los medios adecuados ni de la capacidad militar y política para realizar sus pretensiones de erigir un imperio mediterráneo y un gran

---

Comité d'histoire de la 2ᵉ guerre mondiale (ed.), *La guerre en Méditerranée 1939-1945.* Actas del Coloquio Internacional celebrado en París del 8 al 11 de abril de 1969, París 1971; sobre la concepción alemana y en especial sobre la guerra aérea en la zona del Mediterráneo, cfr., Gundelach, K., *Die Deutsche Luftwaffe im Mittelmeer 1940-1945,* Fráncfort/M.-Berna 1981.

[37] Cfr. sobre este punto la exposición detallada de Hillgruber, A., *Hitlers Strategie, ibid.,* pp. 278 y ss.

dominio colonial en el noreste africano, pues todos los intentos de
Italia para predisponer a los árabes, en especial a los egipcios, contra
la soberanía inglesa fracasaron ante la justificada desconfianza de los
nacionalistas árabes hacia los objetivos —igualmente imperialistas—
pretendidos por los italianos.

A comienzos de diciembre de 1940, antes aún del inicio de la
ofensiva británica en el norte de África, la situación había llegado al
extremo de que Mussolini hubo de solicitar a Hitler ayuda alemana
para no tener que rendirse ante la pequeña Grecia y enderezar así la
desesperada situación de Italia en los Balcanes, atacar a la flota británica del Mediterráneo y la base británica de Malta y, en fin, apoyar a
los restos del ejército italiano de África en Tripolitania (envío del
«Afrika-Korps» alemán a las órdenes del general Rommel, a mediados de febrero de 1941). Había sonado el fin de la «guerra paralela».
Hitler decidió prestar a Italia la ayuda suficiente para evitar su hundimiento. Pero, contra las demandas del comandante en jefe de la
Marina, Raeder, que quería aprovechar la nueva situación para lanzar
una gran ofensiva alemana en el Próximo Oriente, ordenó, sin embargo, establecer tan sólo posiciones defensivas para la siguiente fase
de la guerra, una vez concluida la conquista alemana de Grecia en la
que se incluían las islas del Egeo y Creta, en abril/mayo de 1941, y
después del avance del Afrika-Korps alemán hasta las fronteras egip-
cias (mediados de abril de 1941). Desde estas posiciones avanzadas se
partiría a la adquisición de nuevos territorios en Oriente después de
conquistada la Rusia europea. Por tal motivo, la ayuda prestada por
Alemania a los nacionalistas árabes iraquíes sublevados contra Gran
Bretaña desde el 2 de mayo de 1941 —es decir, pocas semanas antes
del ataque alemán a la Unión Soviética— fue mínima [38], de modo
que el levantamiento fracasó al cabo de cuatro semanas y los británicos volvieron a penetrar hasta la región petrolífera de Mosul. Sin embargo, en todos los países de Oriente Próximo los nacionalistas árabes aguardaban tan sólo una señal por parte alemana para acabar con
las posiciones británicas en la margen oriental del Mediterráneo, notablemente debilitadas para entonces. Gracias a la pasividad alemana,
Gran Bretaña pudo finalmente volver a consolidar su posición y, en
junio/julio de 1941, conquistar incluso Siria, país sometido al mandato del gobierno de Vichy, haciendo de él un fuerte bastión según el

---

[38] Schröder, B. Ph., *Irak 1941*, Friburgo/Br. 1980.

plan general estratégico de Gran Bretaña y EEUU elaborado en Washington en conversaciones secretas mantenidas en los primeros meses del año 1941 [39]. Según este plan, los norteamericanos abandonaban definitivamente la condición de potencia neutral y adoptaban en un primer momento el papel de aliado «no beligerante» de Gran Bretaña.

Tras la reelección de Roosevelt el 5 de noviembre de 1940 (que obtuvo así un tercer mandato presidencial), la vinculación entre Gran Bretaña y EEUU, existente ya desde junio/julio de 1940 y de características similares a las de una alianza, se había estrechado con celeridad. Churchill había enviado un mensaje personal en el que revelaba la desesperada situación financiera de su país —abrumado en exceso por la guerra contra Alemania— y mediante el cual se ofrecía a EEUU como «socio menor» —asociación rechazada por Chamberlain todavía en 1938/39—; a este mensaje del primer ministro británico respondió Roosevelt el 29 de diciembre de 1940 anunciando un apoyo material masivo a Gran Bretaña mediante una eficaz fórmula ideada para la opinión pública americana según la cual EEUU debería convertirse en el «arsenal de las democracias» [40]. Tras varias semanas de discusiones en el Congreso y en la opinión pública norteamericana, la fórmula encajó finalmente en el amplio marco de la «Ley de préstamo y arriendo», aprobada por el Congreso el 11 de marzo de 1941. En lugar del principio del *cash and carry*, válido desde noviembre de 1939 y de eficacia meramente limitada, el presidente recibía ahora plenos poderes para emplear todos los medios de ayuda de EEUU en la defensa de aquellos Estados cuyo afianzamiento contra los «agresores» considerara necesario para la seguridad de EEUU. El primer Estado declarado dentro de esta categoría fue Gran Bretaña, en mayo de 1941, seguida por China. El cambio decisivo frente al periodo anterior, fruto de las actuales circunstancias políticas, consistió en un enorme incremento de la magnitud de los envíos de ayuda a Gran Bretaña, motivado por la entrada en vigor de la ley, y no tanto en la forma de la contabilidad aplicada, que gravó a Gran Bretaña con

---

[39] Matloff, M. y Snell, E. M., *Strategie Planning for Coalition Warfare 1941-1942, ibid.,* pp. 32 y ss.

[40] Kimball, W. F., *The Most Unsordid Act. Lend-Lease, 1939-1941*, Baltimore/Md. 1969; Schlauch, W., *Rüstungshilfe der USA an die Verbündeten im Zweiten Weltkrieg*, Darmstadt 1967.

pesadísimas deudas —lo cual habría de resultar importante a la larga, en el periodo de posguerra.

Por las mismas fechas, más o menos, se acordó la planificación estratégica común entre Gran Bretaña y EEUU a la que ya hemos aludido. El 27 de marzo de 1941 se resumieron en un informe a ambos gobiernos los resultados de dos meses de conversaciones entre los Estados Mayores británico y americano, acordándose en él la forma y contenido de la cooperación a gran escala en la prevista dirección mancomunada de la guerra en los dos escenarios de Europa-África y Asia oriental-Pacífico [41]. Desde el principio hubo acuerdo sobre el hecho de que, según las líneas básicas de la estrategia británica elaboradas a partir de 1939, la seguridad del Atlántico norte y las vías de tráfico desde EEUU a las Islas Británicas eran fundamentales para su existencia y habrían de ocupar, por tanto, el centro de la futura estrategia común. Con independencia de que alguna circunstancia en el Atlántico o en el Pacífico llevara a EEUU a entrar abiertamente en guerra, había también unanimidad en que el teatro bélico europeo-atlántico tenía inequívoca preferencia sobre el pacífico-asiático y en que la derrota de Alemania debería considerarse como primer objetivo común (la idea de *Germany first*). Sólo cuando se hubiera alcanzado el objetivo de vencer a Alemania, se lanzarían todas las fuerzas contra Japón. Se preveía que una parte de la flota norteamericana, concentrada hasta entonces en el Pacífico, asumiera lo más pronto posible la tarea de asegurar la zona del Atlántico norte para aliviar a los británicos y que el ejército americano estacionara fuerzas en las islas del Atlántico, sobre todo en Islandia (en sustitución de los británicos) y enviara, además, tropas a las mismas Islas Británicas —en principio con carácter más bien simbólico—, mientras que se asignaría a Gran Bretaña la zona del Mediterráneo como principal teatro de operaciones. La futura dirección común de la guerra se distribuyó, pues, con criterios regionales, pero al mismo tiempo se convirtió en un firme nexo de unión entre EEUU y Gran Bretaña en lo referente al escenario decisivo de las operaciones en el Atlántico norte.

No obstante —una vez conocido el desarrollo posterior del conflicto—, lo fundamental del acuerdo era lo que no se contemplaba en él. Llama la atención que en la planificación estratégica a largo plazo,

---

[41] Matloff, M. y Snell, E. M., *ibid.*, pp. 34 y ss.

trazada hasta la victoria sobre Alemania y Japón, no se asignara a la Unión Soviética ningún cometido. Así pues, EEUU y Gran Bretaña habían planeado llevar adelante solos la guerra global contra Alemania y Japón. A diferencia de lo que Hitler supuso siempre en sus análisis de la situación, EEUU y Gran Bretaña, cuya fuerza residía en el poder naval y aéreo, no partieron en absoluto en sus planteamientos estratégicos de la necesidad de una «puñalada continental», de una inclusión de la Unión Soviética en la «coalición antihitler». Tal como hemos dicho, el mando británico consideró extremadamente ambigua la actitud de la Unión Soviética hasta mediados de junio de 1941. Hasta casi el último segundo previo al inicio del ataque alemán a la Unión Soviética el 22 de junio de 1941, la alternativa prevista por parte británica fue la de atacar a este país, si se aliaba con Hitler, o apoyar —aunque de manera limitada— a una Unión Soviética atacada por él, pero a la que no se consideraba capaz de ofrecer una larga resistencia a los alemanes.

¿Qué planeó, calculó o ponderó en realidad Stalin durante estos meses? La falta de fuentes soviéticas impone una gran cautela. No obstante, se puede dar por sentado lo siguiente: incluso en los últimos tiempos de la vigencia del pacto con Hitler, es decir, los meses posteriores al resultado negativo de las conversaciones de Molotov en Berlín, en noviembre de 1940, Stalin procuró continuar con su política mantenida consecuentemente desde el verano de 1939 y orientada al fortalecimiento de la posición internacional de la Unión Soviética y a la mejora de su situación estratégica en Europa y Asia, sin correr ningún riesgo mayor. Así pues, se esforzó por evitar cualquier implicación en una guerra europea antes de que se produjera un agotamiento perceptible en las potencias beligerantes. Esta política tenía, sin duda, uno de sus pilares en el establecimiento de una amplia «zona de seguridad» en Europa centrooriental y suroriental, más allá, incluso, de los territorios acordados con Hitler en 1939 con ocasión de la guerra europea (suspensión de las garantías alemanas para Rumanía; reconocimiento de Bulgaria como parte de la zona de seguridad soviética; establecimiento de bases navales y aéreas en los estrechos marítimos turcos). Stalin, no obstante, cargaba principalmente el acento en el mantenimiento de una completa independencia frente a los Estados beligerantes, al objeto de evitar verse arrastrado súbitamente a la guerra por el interés de otras potencias, guerra para la que el Ejército Rojo, debilitado tras la «gran purga» de 1937/

38 y en proceso de transformación y ampliación, no estaba según él suficientemente preparado.

Al margen de esto, la actitud de subestimar a Hitler o sobrevalorar las dificultades con que se iba a encontrar en la guerra en el oeste, expresada, por ejemplo, en las manifestaciones de Molotov en Berlín, que pusieron al descubierto los objetivos soviéticos a largo plazo, y demostradas mediante «alfilerazos» políticos y económicos asestados durante el invierno de 1940/41, hasta la campaña alemana en los Balcanes (iniciada el 6 de abril de 1941), se transformó después de esto en la actitud contraria. El desarrollo sorprendentemente rápido y afortunado de esa campaña contra Yugoslavia y Grecia en un terreno montañoso poco apropiado para las *Blitzkriege* [42] impulsó a Stalin a emprender de nuevo el rumbo de una cooperación con Hitler aparentemente leal y a ganar tiempo para mejorar la posición de la Unión Soviética. El paso político más significativo que marcó este giro fue el dado por Stalin el 13 de abril de 1941 con la firma de un acuerdo de no agresión con Japón, cuyas insinuaciones a los soviéticos —desde septiembre de 1939— habían sido rechazadas hasta entonces con total firmeza. Esta repentina decisión de Stalin pudo haberse concebido a modo de advertencia a Hitler, en el sentido de que, si se decidía a atacar a la Unión Soviética, no conseguiría envolverla en una guerra de dos frentes; sin embargo, si tenemos en cuenta el «proyecto de un plan cuatripartito», en el sentido de la idea de «bloque continental» del otoño de 1940, su finalidad fue más bien la de condición previa para un nuevo arreglo provisional con Alemania sobre un fundamento diferente. (Así lo hacen pensar las demostraciones de «amistad» de Stalin hacia el embajador alemán y al agregado militar suplente en la estación de ferrocarril, con motivo de la despedida del ministro de Asuntos Exteriores japonés, Matsuoka).

En paralelo con la nueva valoración que Stalin pretendía dar al pacto de agosto de 1939, las entregas de armas soviéticas a Alemania, aplazadas una y otra vez con diversas excusas en los meses anteriores, se desarrollaron a partir de ahora con absoluta puntualidad, de acuerdo con el segundo gran acuerdo económico

---

[42] Olshausen, K., *Zwischenspiel auf dem Balkan. Die deutsche Politik gegenüber Jugoslawien und Griechenland von März bis Juli 1941*, Stuttgart 1973, pp. 97 y ss.

germano-soviético del 11 de enero de 1941 [43]. Hasta el 22 de junio
de 1941, los envíos alcanzaron unas cantidades desconocidas hasta
entonces; el balance global de las relaciones económicas germano-so-
viéticas de 1939/1941 muestra un elevado superávit de las exporta-
ciones soviéticas, mientras que las mercancías enviadas por Alemania
desde el otoño de 1940 se redujeron sistemáticamente —lo cual era
un signo de los preparativos de guerra—. El cambio de actitud
aparece subrayado por algunos gestos menores de Stalin, como, por
ejemplo, la ruptura de relaciones diplomáticas con todos los gobiernos en el exilio, incluido el de Yugoslavia, con el que había concluido un tratado de no agresión y amistad inmediatamente después
de iniciarse el ataque alemán, en la mañana del 6 de abril de 1941
(fechado luego retroactivamente el 5 de abril de 1941). El paso más
espectacular fue, sin embargo, el acceso de Stalin a la jefatura del gobierno soviético, el 6 de mayo de 1941. Es cierto que hasta ese momento hacía ya tiempo que tomaba de hecho todas las grandes decisiones por sus funciones de secretario general del PC de la URSS,
pero en las negociaciones oficiales con otros Estados se mantenía, no
obstante, al margen con pocas excepciones, como la firma del pacto
de no agresión germano-soviético del 23 de agosto de 1939. En
cualquier caso, Stalin salía ahora de un segundo plano a la escena de
la «gran política» en un momento que, personalmente, consideraba
serio.

El día de la toma de posesión del cargo, Stalin pronunció ante
los diplomados de las academias militares soviéticas un discurso del
que nos han llegado varias versiones. En la versión facilitada a la embajada alemana en Moscú [44] se decía que Stalin había mantenido la
opinión de que la Unión Soviética no se hallaba en condiciones de
tomar las armas contra Alemania y debería, por tanto, ceder ante Hitler a fin de ganar tiempo. Según la versión del periodista británico
Alexander Werth, nacido en Rusia, Stalin añadió [45]: «Si conseguimos
[eludirla en 1941], la guerra con Alemania estallará de manera casi
inevitable en 1942, pero en condiciones mucho más favorables, pues

[43] Sobre la compensación de los pagos, cfr. Friedensburg, F., «Die sowjetischen
Kriegslieferungen an das Hitlerreich», en *Vierteljahrshefte für Wirtschaftsforschung*, año
1962, pp. 397 y s.
[44] *Akten zur deutschen auswärtigen Politik 1918-1945*, serie D, vol. XII, Gotinga
1969, pp. 802 y s.
[45] Werth, A., *Rußland im Krieg 1941-1945*, Múnich 1965, pp. 106 y s.

el Ejército Rojo estará entonces mejor formado y pertrechado. El Ejército Rojo aguardará un ataque alemán o tomará por sí mismo la iniciativa, según se presente la situación internacional, pues "no es normal" un predominio duradero de la Alemania nazi en Europa».

Si revisamos en una ojeada general los datos comprobados del plan de *Blitzkrieg* mundial de Hitler y las reflexiones de Stalin acerca del curso de la guerra, se impone como hecho cierto que a partir del otoño de 1940 aparecían frente a frente dos «programas» con objetivos de guerra excluyentes no sólo por principio, sino también por sus direcciones de ataque, que se cruzaban en el este de Centroeuropa. En tal situación —según se perciben las cosas desde la atalaya de observación del historiador—, la realización del «programa» de Hitler, impulsado apresuradamente por él en junio de 1941 por la necesidad de aprovechar el efecto sorpresa y desarrollar con la máxima celeridad posible cada una de sus etapas, se adelantó a la aplicación del «programa» de Stalin, prevista para un momento aún no fijado, de acuerdo con su política de espera (que, en su caso, era una posibilidad real). De esta manera, el programa de Stalin se mantuvo oculto en sus particularidades durante el periodo siguiente, 1941-1945, al haber de acomodarse a la nueva situación: la «coalición antihitler» de las tres potencias forzada por el mismo Hitler y que, de lo contrario, difícilmente habría llegado a producirse, quedando así modificado y pudiendo presentarse por parte soviética como una mera reacción al ataque alemán. Este «programa» de Stalin es, sin embargo, una realidad demostrable ya desde el otoño de 1940 en su objetivo principal de ampliar la esfera soviética de poder en Europa tras la prevista derrota de Alemania en la guerra en el oeste estableciendo un frente opuesto a EEUU y Gran Bretaña que llegaría hasta el centro del continente. El programa se mantuvo constante en sustancia a partir de este momento hasta el final de la Segunda Guerra Mundial, más allá de cualquier cambio de la situación.

Hasta febrero de 1941, Alemania había dejado a Japón en una total ignorancia sobre el evidente fracaso sufrido tras la visita de Molotov a Berlín en noviembre de 1940 por el proyecto de incluir a la Unión Soviética en el «bloque continental», ideado por los japoneses y Ribbentrop. Aunque Hitler y Ribbentrop dieron a entender más tarde, sobre todo con motivo de la visita a Berlín del ministro de Asuntos exteriores, Matsuoka, a últimos de marzo y primeros de abril de 1941, que se habían producido tensiones en las relaciones germa-

no-soviéticas y que no podía descartarse, incluso, una guerra entre
Alemania y la URSS en 1941, ambos políticos se atuvieron, no obstante, a la línea marcada por la «Instrucción núm. 24» del 25 de marzo de 1941 [46] según la cual no debía darse a conocer a los japoneses
ninguna información sobre el ataque alemán planeado contra la
Unión Soviética, la operación «Barbarroja», pues Japón debía concentrarse en el avance contra las posiciones británicas en el sureste
asiático, sobre todo contra Singapur [47]. En consecuencia, el 4 de abril
de 1941, durante la visita de Matsuoka a Berlín, Hitler dio a Japón
una especie de doble garantía respecto a la Unión Soviética y EEUU
destinada a proteger la acción japonesa contra Singapur por ambos
flancos, por así decirlo [48]: «Si Japón entrara en un conflicto con los
Estados Unidos, Alemania, por su parte, sacaría de inmediato las debidas consecuencias»; «(Hitler) no dudaría un sólo momento en responder a cualquier extensión de la guerra, tanto por parte de Rusia
como por parte de América». En cambio, no dijo nada a Matsuoka
sobre sus propias intenciones de atacar a la Unión Soviética. Seguidamente, el 13 de abril de 1941, el ministro japonés firmó, para sorpresa de sus interlocutores alemanes, el ya citado pacto de neutralidad
con la Unión Soviética en Moscú, durante su viaje de regreso; un paso así no respondía, sin duda, a las intenciones tácticas de Hitler,
pero éste se sintió tanto más obligado a ejecutar su plan de guerra,
cuanto que en tales circunstancias se acentuaba, si bien de manera
un tanto inesperada, la polarización de la expansión japonesa en una
dirección que la alejaba de Rusia y la encaminaba hacia el sur, hacia
Singapur.

En realidad, la firma del tratado con la Unión Soviética favoreció
entre los dirigentes japoneses a las fuerzas que deseaban continuar
con la expansión hacia el sur, sobre todo los jefes de la marina (el
ejército de tierra japonés se hallaba en gran parte inmovilizado en
China y sus mandos pretendían más bien una expansión hacia el norte, contra el lejano oriente soviético). Ahora bien, el 16 de abril los

---

[46] Hubatsch, W. (ed.), *Hitlers Weisungen für die Kriegführung 1939-1945, ibid.,* pp. 103 y ss.

[47] Hillgruber, A., «Japan und der Fall 'Barbarossa'. Japanische Dokumente zu den Gesprächen Hitlers und Ribbentrops mit Botschafter Oshima von Februar bis Juni 1941», en *Id., Deutsche Großmacht- und Weltpolitik im 19. und 20. Jahrhundert,* Düsseldorf 1977, pp. 223 y ss.

[48] *Akten zur deutschen auswärtigen Politik 1918-1945,* serie D, vol. XII, *ibid.,* pp. 376s.

comandantes en jefe de la marina y el ejército de tierra acordaron activar enérgicamente la «política del sur» [49]. Sin embargo, para conseguir estos objetivos expansionistas que comenzaron aplicándose en particular a la parte meridional de la Indochina francesa, la India holandesa y Tailandia, con el fin de tomar posesión de los recursos de alimentación y materias primas de dichas zonas, el gobierno japonés había determinado continuar la vía de las negociaciones bilaterales secretas con EEUU, que acababa de iniciar sin informar de ello a su aliado alemán. No obstante, en el caso de que EEUU respondiera a la penetración casi pacífica de Japón en el sureste asiático con un embargo comercial general que, de incluir el petróleo, amenazaría su capacidad de maniobra como gran potencia soberana, el país debería estar preparado para una guerra contra Gran Bretaña y EEUU, si no quedaba más remedio. Esta decisión se fundaba en el análisis de la situación realizado por el mando de la marina japonesa; según dicho análisis, EEUU y Gran Bretaña no eran separables en el terreno político y militar —a diferencia de lo que pensaban tanto Hitler, con su invitación a que Japón actuara de manera aislada contra las posiciones británicas del sureste asiático, como Matsuoka, con la acción contra Singapur—, y, por tanto, el hecho de respetar estratégica y operacionalmente a Filipinas no garantizaba que EEUU se mantuviera al margen. Según una lógica realista, cualquier decisión japonesa de entrar en guerra con Gran Bretaña habría de incluir a EEUU. Así pues, el plan fundamental de guerra de mediados de abril se elaboró partiendo de la premisa de que las hostilidades contra EEUU, Gran Bretaña y Holanda deberían iniciarse simultáneamente. Hitler no fue informado por los japoneses de esa decisión notablemente importante adoptada por su mando, que consideraba inseparables —política y militarmente— a Gran Bretaña y EEUU.

Sin embargo, las negociaciones secretas entre japoneses y norteamericanos no permanecieron ocultas para los alemanes y provocaron en ellos una gran extrañeza, pues implicaban nada menos que una disposición por parte japonesa de convertir en papel mojado el «Pacto tripartito» en el caso de que los Estados Unidos estuvieran dispuestos a admitir mediante un *modus vivendi* bilateral el predominio

---

[49] Sobre este punto y los siguientes, se puede consultar ahora la obra detallada de Herde, P., *Pearl Harbor, 7. Dezember 1941. Der Ausbruch des Krieges zwischen Japan und den Vereinigten Staaten und die Ausweitung des europäischen Krieges zum Zweiten Weltkrieg*, Darmstadt 1980, pp. 42 y ss.

japonés en Asia oriental (incluidas las colonias del sureste asiático pertenecientes a las potencias europeas). En los diferentes estadios recorridos por las negociaciones americano-japonesas, que continuaron hasta finales de noviembre de 1941 [50], se trató en esencia de saber si ambos participantes podían llegar a un entendimiento sobre la delimitación de sus esferas de interés en el Pacífico occidental y en el este y sureste asiáticos. Los interlocutores japoneses pensaban que si se lograba ese entendimiento, EEUU podía dedicarse por entero a la guerra euroatlántica y a apoyar a Gran Bretaña en su lucha contra Alemania, si así lo deseaba. En cambio, si no se alcanzaba un *modus vivendi* con EEUU, sería inevitable una guerra contra este país, a la corta o la larga, cuando Japón intentara apoderarse del sureste asiático, en cuyo caso el mando japonés esperaba de su aliado alemán que, según el sentido del «Pacto tripartito», declarara por su parte la guerra a EEUU. A mediados de mayo de 1941 Hitler vio con claridad esta política de «sagrado egoísmo» de su principal aliado, después de que el gobierno japonés admitiera haber iniciado, al menos, las negociaciones secretas entre japoneses y americanos que se desarrollaban desde hacía semanas.

El reconocimiento de que Japón no estaba en absoluto dispuesto a representar el papel asignado por Hitler —sobre todo durante la operación «Barbarroja»— es el trasfondo sobre el que se ha de contemplar el cambio de sus ideas respecto a una participación de los japoneses en la guerra contra la Unión Soviética. Hasta entonces, Hitler había rechazado siempre dicha participación. Pero, al resultar ahora completamente improbable el ataque japonés a Singapur, es decir, la acción por la que Hitler había considerado hasta entonces no deseable un avance nipón contra Vladivostok y una penetración de sus fuerzas hacia Siberia, la participación japonesa en la destrucción de la Unión Soviética pareció ahora un medio para atraer a Japón firmemente al lado alemán con el fin de impedir el «compromiso» entre este país y EEUU. Así pues, en una conversación mantenida el 3 de junio de 1941 con el embajador japonés en Berlín, Oshima, Hitler descubrió sus cartas [51], al menos un tanto, al hacerle partícipe del previsto ataque alemán a la Unión Soviética —sin mencionarle una fecha— y dejar a su elección la participación de Japón

[50] Herde, *ibid.*, pp. 42-273.
[51] Hillgruber, A., «Japan und der Fall 'Barbarossa'», *ibid.*, pp. 249 y ss.

en el mismo. Sin embargo, la correspondiente invitación presentada por Oshima en Tokio se encontró con el rechazo de los organismos decisorios japoneses. Sólo el ministro de Asuntos Exteriores, Matsuoka, efectuó ahora un cambio de rumbo para pasar de la acción contra Singapur, defendida por él hasta ese momento, a una participación de Japón en el reparto de la Unión Soviética. Si se comparaba con los objetivos en el sur de Asia, que eventualmente podrían conseguirse sin lucha mediante un arreglo con EEUU, Siberia representaba en opinión de la mayoría de los miembros de los estamentos dirigentes japoneses una adquisición de segundo orden y altamente problemática que, en todo caso, sólo merecía ser tomada mediante una intervención sin riesgos, en el caso de producirse un rápido hundimiento de la Unión Soviética. Por eso, hasta el inicio del ataque alemán contra la Unión Soviética, el 22 de junio de 1941, la futura actitud de Japón se mantuvo indecisa; antes habría que esperar el éxito fulminante del ataque alemán, profetizado por Hitler y Ribbentrop.

En un principio, Hitler quería que en la campaña contra la Unión Soviética participaran sólo dos Estados, Rumania y Finlandia, a los que suponía, con razón, interesados no sólo en recuperar los territorios perdidos en 1940 sino también en obtener otros nuevos, a los que él podía renunciar debido a su lejanía. En el caso de Rumanía se llegó a un acuerdo franco con el nuevo jefe del Estado, general Antonescu; en el de Finlandia, a una conformidad semiencubierta que permitiría formalmente al gobierno finés decidir libremente una vez iniciado el ataque alemán, aunque ciertos convenios militares entre el Cuartel General alemán y finlandés y, sobre todo, la concentración de un ejército alemán en el norte de Finlandia, que habría de avanzar hacia Murmansk, no permitían ninguna duda sobre la utilización del territorio de ese país y, por tanto, sobre su participación en la lucha contra la Unión Soviética. Hitler deseaba tener como tercer aliado a Turquía, sobre todo pensando en una rápida conquista de la región del Cáucaso y en las operaciones en el Próximo Oriente, vinculadas con la operación «Barbarroja» según los planes [52]. La comunicación de la demanda de bases soviéticas en los estrechos turcos, presentada por Molotov con motivo de su visita a Berlín en noviem-

---

[52] Krecker, L., *Deutschland und die Türkei im Zweiten Weltkrieg*, Fráncfort/M. 1964, pp. 153 y ss.; Weber, F. G., *The Evasive Neutral: Germany, Britain and the Quest for a Turkish Alliance in the Second World War*, Columbia-Londres 1979.

bre de 1940, había provocado de hecho un vuelco en la dirección política turca. Turquía, que mantenía una alianza con Gran Bretaña (y Francia) desde octubre de 1939 y se había declarado «no beligerante» desde la entrada en guerra de Italia, firmó un «tratado de amistad» con Alemania el 18 de junio de 1941, cuatro días antes del inicio del ataque alemán a la Unión Soviética. Sin embargo, el 22 de junio de 1941, el estallido de violentas animosidades antisoviéticas en Turquía no arrastró de momento a su gobierno a enfrentarse abiertamente con la Unión Soviética, pues no quería verse forzado a tomar una decisión antes de confirmarse la derrota del Ejército Rojo.

Hitler no estaba interesado en una participación de Italia y Hungría. Sin embargo, Mussolini y el regente húngaro, Von Horthy, informados en el último minuto, por así decirlo, de la apertura de las hostilidades en el este no consintieron que se les impidiera enviar un cuerpo expedicionario al nuevo escenario de guerra. En cambio, sí tenía importancia para Hitler el envío de una división española (la «División azul») dentro del «movimiento europeo de voluntarios» para la participación en lo que la propaganda nacionalsocialista denominaba «cruzada contra el bolchevismo»[53]. En efecto, Hitler esperaba poder vincular así estrechamente a España a su causa —aunque sus esperanzas fueron vanas, pues Franco diferenciaba netamente la guerra en el oeste contra Gran Bretaña, en la que se había negado a participar en diciembre de 1940, cuando se trató de decidir la intervención española en una conquista de Gibraltar, de esta nueva guerra en el este, aplaudida por él—. En el fondo, Hitler consideraba que todos sus aliados (fuera de las mencionadas excepciones) no sólo eran militarmente superfluos en el este, sino también un obstáculo para sus objetivos políticos. En su opinión sólo actuaban como elementos de perturbación.

Una vez que Hitler se hubo plegado en julio de 1940 a los puntos de vista profesionales de los militares del OKW (*Oberkommando der Wehrmacht*, Mando Supremo de la Wehrmacht), para quienes la campaña contra la Unión Soviética no podía iniciarse en el otoño de 1940, el mes de «mayo de 1941» se presentó siempre en todos los planes como fecha de conclusión de los preparativos y también, con mayor o menor precisión, como fecha para el ataque. ¿Cuáles fueron

---

[53] Ruhl, K.-J., *Spanien im Zweiten Weltkrieg. Franco, die Falange und das «Dritte Reich»*, Hamburgo 1975, pp. 27 y ss.

las causas de que éste no se iniciara hasta el 22 de junio de 1941? Se sabe con seguridad que el 27 de marzo de 1941, tras tener noticia del golpe de Estado en Belgrado contra el gobierno yugoslavo, que se había situado del lado alemán al incorporarse al «Pacto tripartito», Hitler dio a conocer al momento su decisión de destruir Yugoslavia «militarmente y como formación estatal», extendiendo así a este país la campaña de los Balcanes, dispuesta ya contra Grecia para aliviar a los italianos, que se sostenían a duras penas en Albania, y habló de que el inicio de la operación «Barbarroja» sufriría, por tanto, «hasta cuatro semanas de aplazamiento» [54]. Por lo demás e independientemente de ello, la posibilidad de iniciar el ataque antes de mediados de junio era muy problemática desde el punto de vista técnico-militar pues, por lo regular, las condiciones atmosféricas (los efectos del «periodo de los barrizales» de primavera) no permitían entonces que las operaciones dirigidas a ganar rápidamente terreno se realizaran con anterioridad en el este de Europa. En cualquier caso, en la primavera de 1941 Hitler no tenía prisa. Concluida la ocupación de la zona continental griega y las islas del Egeo, y tras haber tomado el 21 de abril la decisión de emprender la conquista de Creta, no prevista hasta entonces y que se desarrolló desde el 20 de mayo hasta el 1 de junio de 1941 [55], dejó incluso al criterio del Estado Mayor del Ejército de tierra aplazar aún más la fecha prevista del 22 de junio. Sólo cuando el Estado Mayor se declaró partidario de mantener ese día, pues «por razones meteorológicas las operaciones deberían estar concluidas para mediados de septiembre dentro de lo posible», fijó Hitler el 29 de mayo definitivamente la fecha del ataque (22 de junio) [56].

Mientras los militares alemanes estaban convencidos del éxito rápido de la campaña del este y calculaban su duración en un máximo de tres a cuatro meses (Von Brauchitsch, jefe del Estado Mayor del ejército de tierra, se mostró incluso convencido de que la campaña estaría concluida en lo fundamental al cabo de «cuatro semanas»), Hitler consideró siempre un penoso inconveniente la constelación de fuerzas adversas a su «programa» en medio de la cual debía realizarse

---

[54] *Akten zur deutschen auswärtigen Politik 1918-1945*, serie D, vol. XII, *ibid.,* pp. 307 y ss.

[55] Mühleisen, H.-O., *Kreta 1941. Das Unternehmen «Merkur» 20. Mai bis 1. Juni 1941*, Friburgo/Br. 1968.

[56] Sobre este punto, cfr. Hillgruber, A., *Hitlers Strategie, ibid.,* pp. 507, que aporta testimonios particulares.

el ataque —con Gran Bretaña como enemigo en retaguardia, y no como aliado junto a él—. Hay, pues, muchos motivos para pensar que el vuelo de su lugarteniente Rudolf Heß a Gran Bretaña el 10 de mayo de 1941 [57] se realizó con su consentimiento, si no, incluso, por iniciativa suya, por más que tras el fracaso de aquella «misión», que desde una perspectiva sensata y realista carecía por completo de posibilidades de éxito, se distanciara de ella. Probablemente se trató de un último intento de poner fin a la guerra con Gran Bretaña para poder llevar a cabo la gran campaña de conquista hacia el este, objetivo principal de Hitler y ahora al alcance de su mano, en unas circunstancias que consideraba no sólo las más favorables para él sino, también, acordes con los «auténticos» intereses británicos, según su opinión. Este intento se ha de «entender» desde los axiomas de la ideología racista (y de política exterior) hitleriana y de sus ideas sobre Inglaterra, basadas en ellos. En efecto, al margen de que la campaña contra la Unión Soviética tuviera una función decisiva en el marco de su concepción general de la guerra (*Blitzkrieg* mundial) —tras resultar evidente (a finales de julio de 1940) que Gran Bretaña no cedía, sino que más bien intensificaba la guerra en el oeste con el apoyo creciente de EEUU—, Hitler siguió adelante con su doctrina racista que lo guió siempre y a la que continuaron sometidos su «programa» de política exterior y su estrategia militar, a partir de ahora de manera más directa incluso que hasta entonces pues Hitler no aspiraba sólo a eliminar la gran potencia adversaria —como lo había hecho en su campaña contra Francia— sino que decidió que sobre las ruinas de la Unión Soviética se dispusiera la erección del «imperio alemán en el este», previsto por él con todas las consecuencias derivadas de su dogma racial.

A partir del 22 de junio de 1941, la propaganda nacionalsocialista intentó sugerir que el ataque a la Unión Soviética era una acción puramente militar y de política de fuerza, contribuyendo así notablemente al equívoco tan extendido en su momento; hasta ese día faltó en los diarios de noticias nacionalsocialistas cualquier alusión a tensiones con la Unión Soviética, a fin de dar la máxima eficacia al efecto sorpresa del ataque [58]. Esa acción debía explicarse por las necesidades de la

[57] Leasor, J., *Botschafter ohne Auftrag. Der Englandflug Rudolf Heß*, Oldenburg 1963; Douglas-Hamilton, J., *Geheimflug nach England. Der «Friedensbote» Rudolf Heß und seine Hintermänner*, Düsseldorf ²1973.

[58] Sobre lo que sabía el servicio de información soviético acerca de las intenciones alemanas, cfr. Erickson, J., *The Road to Stalingrad*, Londres 1975.

guerra iniciada en septiembre de 1939, emprendida como «cruzada»
contra el bolchevismo estalinista, cuyos bárbaros excesos de la década de 1930 habían desatado el horror y la repulsa en todo el mundo,
y consistiría en un «levantamiento nacional» de los pueblos situados
en el extenso territorio entre Finlandia y el Mar Negro para proteger-
se del gigantesco peligro con que les amenazaba gravemente el bolchevismo en el verano de 1941. Sin embargo, de las manifestaciones
hechas por Hitler en los últimos meses antes del inicio del ataque en
círculos íntimos se puede deducir la continuidad con sus antiguos
objetivos «programáticos»; además, un conjunto de instrucciones secretas a la prensa alemana solicitaba que se recurriera nuevamente a
la «imagen hostil» del «bolchevismo judío», constantemente evocada
hasta finales de 1938 y principios de 1939.

Cuatro objetivos se entrelazan en la concepción hitleriana de la
guerra en el este:

1.   El exterminio de la clase dirigente «judeo-bolchevique» de la
Unión Soviética, incluida su supuesta raíz biológica, los millones de
judíos del este de Centroeuropa.

2.   La recuperación de un espacio colonial para asentamientos
alemanes en lo que se consideraba las mejores partes de Rusia.

3.   Una matanza que diezmara a las masas eslavas, unida a su sometimiento al dominio alemán en cuatro «comisariados del Reich»:
las tierras occidentales (Bielorrusia, Lituania, Letonia y Estonia),
Ucrania, Moscovia y Caucasia —más tarde sólo llegarían a establecerse las dos primeras, debido al curso de la guerra en 1941, contrario a
lo «programado»—, bajo la dirección de «virreyes» alemanes, en expresión de Hitler, quien se inspiraba en su «ideal» de soberanía colonial, la función ejercida por Gran Bretaña en la India [59]. La tarea
principal de los «comisarios del Reich» debería consistir en eliminar
en las masas eslavas cualquier recuerdo del gran Estado ruso y su-
mirlas en una disposición de obediencia ciega hacia los nuevos «señores».

4.   Debía conseguirse la autarquía plena de un «gran espacio»
bajo dominio alemán a salvo de cualquier bloqueo en Europa conti-

---

[59] Hitler, A., *Monologe im Führerhauptquartier 1941-1944. Die Aufzeichnungen
Heinrich Heims*, edición preparada por Jochmann, W., Hamburgo 1980, pp. 54 y ss.
(8-11 de agosto de 1941) y pp. 62/63 (17 y 18 de septiembre de 1941).

nental; las regiones conquistadas en el este constituirían su almacén supuestamente inagotable de materias primas. Ésta parecía ser la condición decisiva que permitiría al Reich de Hitler afirmarse en la guerra contra las potencias navales inglesa y norteamericana y estar en el futuro a la altura de las exigencias de cualquier nueva «guerra mundial» imaginable. En las líneas directrices para el «Departamento de economía del este» se preveía ya el 2 de mayo de 1941 que la decisión de aprovisionar a las fuerzas armadas alemanas· exclusivamente desde Rusia causaría de por sí la muerte por hambre de «varios millones de personas» [60].

En la época anterior al ataque contra la Unión Soviética las tareas encomendadas a la Wehrmacht y las SS, incluso en Polonia en 1939, parecían deslindadas todavía con relativa claridad, en términos generales, y, en consecuencia, las fuerzas armadas alemanas habían hecho la guerra hasta entonces contra sus adversarios, sobre todo las potencias occidentales, ateniéndose a las reglas de la Convención de La Haya; ahora en cambio, Hitler, por los plenos poderes de que gozaba, dejó sin vigencia para la guerra contra la Unión Soviética este y otros principios del derecho internacional ya antes de inciarse el ataque. Su intención de suprimir la línea de separación entre las SS y la *Wehrmacht* y hacer de ésta un instrumento inmediato de su guerra racista en el este se mostró con inequívoca claridad el 30 de marzo de 1941 en sus declaraciones expuestas ante un grupo de 200 a 250 comandantes y altos oficiales, aprobadas en parte y en parte acogidas con reserva [61]: «Una lucha entre sí de dos concepciones del mundo. Juicio aniquilador sobre el comunismo. Equiparado a un crimen asocial. El comunismo, un monstruoso peligro para el futuro... Se trata de una lucha de aniquilación. Si no lo entendemos así, derrotaremos al enemigo pero en treinta años tendremos de nuevo frente a nosotros a un enemigo comunista... Los comisarios y gente de la KGB son criminales y deben ser tratados como tales... La lucha será muy diferente de la mantenida en el oeste. En el este la dureza significa clemencia para el futuro.»

La misión encomendada por Hitler a Himmler de encargarse con

---

[60] IMT, vol. XXXI, doc. 2718 (nota de las actas del «Stab Oldenburg», del 2 de mayo de 1941).
[61] Capitán general Halder, *Kriegstagebuch*, vol. II, pp. 335 y ss.

cuatro «grupos de intervención» de la policía de seguridad y el SD, con un total de unos 3.000 hombres, de «tareas especiales» en la retaguardia en las regiones soviéticas conquistadas fue decisiva para el carácter de la guerra en el este [62]. Según un acuerdo entre la dirección del ejército de tierra y las SS del 28 de abril de 1941 [63], estas unidades de la policía de seguridad y del SD estaban sometidas a los ejércitos «en lo relativo a la marcha, avituallamiento y alojamiento», pero habrían de realizar sus tareas «bajo su propia responsabilidad». La orden de fusilamiento de todos los judíos en el territorio soviético conquistado —su principal cometido— fue comunicada oralmente en mayo de 1941 por Heydrich, jefe del Departamento Superior de Seguridad del Reich, a los mandos de los «grupos de intervención». La orden incluía también la ejecución de los funcionarios comunistas, los denominados «seres inferiores asiáticos» y los gitanos. Las consecuencias que derivaban de las declaraciones de Hitler del 30 de marzo de 1941 se plasmaron en el terreno militar mediante el «Decreto del Führer» de 13 de mayo de 1941 sobre el ejercicio de la justicia de guerra en el territorio «Barbarroja» y mediante las «Líneas directrices» del OKW «para el trato a los comisarios políticos» del Ejército Rojo del 6 de junio de 1941 [64]. El primero de estos documentos derogaba la obligación legal de procesamiento en el caso de crímenes o faltas de los miembros de la *Wehrmacht* contra civiles soviéticos. La orden de los «comisarios» determinaba que se «procediera al momento y sin más dilaciones, con toda severidad» contra los comisarios políticos del Ejército Rojo. «Por tanto, si son apresados en combate o en la resistencia, serán pasados enseguida por las armas».

Sin la ayuda —a veces directa y a veces indirecta— de altos oficiales de la *Wehrmacht* (fueron pocos los que se negaron inequívocamente a ejecutar estas «órdenes criminales») [65] y sin la colaboración

---

[62] Sobre este punto puede consultarse ahora la exposición detallada de Krausnick, H. y Wilhelm, H.-H., *Die Truppe des Weltanschauungskrieges. Die Einsatzgruppen der Sicherheitspolizei und des SD 1938-1942*, Stuttgart 1981.

[63] Jacobsen, H.-A., «Kommissarbefehl und Massenexekutionen sowjetischer Kriegsgefangener», en Broszat, M., Buchheim, H., Jacobsen, H.-A. y Krausnick, H., *Anatomie des SS-Staates*, vol. II., Friburgo/Br.-Olten 1964, pp. 204 y s.

[64] Krausnick, H., «Kommissarbefehl und 'Gerichtsbarkeitserlaß Barbarossa' in neuer Sicht», en *Vierteljahrshefte für Zeitgeschichte*, 25 (1977), pp. 682 y ss.

[65] Cfr. una detallada exposición sobre la cooperación de la Wehrmacht, en Streit, Chr., *Keine Kameraden. Die Wehrmacht und die sowjetischen Kriegsgefangenen 1941-1945*, Stuttgart 1978.

de los funcionarios de la administración civil alemana de los «comisariados del Reich», no habría podido llevarse a cabo el propósito de Hitler (cumplido en gran medida durante los años 1941-1944 en las zonas soviéticas ocupadas) de aplicar en un enfrentamiento entre dos grandes potencias europeas los métodos de una guerra bárbara, utilizados hasta entonces sólo en las guerras coloniales fuera de Europa, junto con las prácticas de aniquilación en el territorio del propio Estado (como las que se ejercieron desde 1917/18 en la Rusia bolchevique y desde 1933/34 en la Alemania nacionalsocialista).

«La novedad» consistía en que la gran potencia enemiga no sólo debía ser reducida al nivel de una potencia media, incapaz de desarrollar en adelante una «gran política» y, por tanto, sometida por un tiempo más o menos largo a la dependencia del «vencedor» mediante anexiones de zonas marginales, recortes de partes del territorio o una estrecha vinculacion económica del Estado residual a la potencia «victoriosa» (como ya se había practicado en los «programas» políticos de la época del imperialismo desde comienzos de la Primera Guerra Mundial), sino que había de ser rebajada por entero y en todos los aspectos al nivel de una colonia. Se había alcanzado así una última intensificación de los objetivos imperialistas.

Capítulo IV
LAS DECISIONES EN LA POLÍTICA MUNDIAL DEL 22 DE JUNIO DE 1941 AL 11 DE DICIEMBRE DE 1941

El tiempo transcurrido desde el comienzo del ataque alemán a la Unión Soviética, el 22 de junio de 1941, hasta el de Japón contra Pearl Harbor y las posesiones de EEUU, Gran Bretaña y Holanda en el sureste asiático, el 7 de diciembre de 1941, y la declaración de guerra de Hitler y Mussolini contra EEUU, el 11 de diciembre de 1941, debe considerarse decisivo para el curso ulterior y resultado final y para la confirmación y nueva fijación de los objetivos de guerra y estrategia de todas las grandes potencias. En estos meses fracasó el intento de Hitler de derrotar a la Unión Soviética mediante una rápida campaña y eliminarla como factor en la continuación de la guerra. Pero, al concluir la operación «Barbarroja» sin haber cumplido sus plazos fracasó también su concepción de *Blitzkrieg* mundial, cuyas metas iban mucho más lejos. Al final del mencionado plazo se formó una constelación de fuerzas caracterizada en un primer momento por una gran indecisión e inestabilidad, aunque luego se mantendría hasta el final de la guerra, en 1945: por un lado las «potencias del Pacto tripartito», Alemania y Japón en la práctica, pues Italia había dejado ya de ser un factor independiente digno de mención; por otro, la alianza provocada *de facto* por el ataque de Hitler a la Unión Soviética (y no antes), la «coalición antihitler» de las tres potencias mundiales, Gran Bretaña, la Unión Soviética y EEUU, que nunca se transformó en coalición formal —al menos por lo que respecta a las relaciones entre EEUU y la Unión Soviética—. Esta «coalición anti-hitler (!)» presentaba, sin embargo, una importante brecha: Japón no era enemigo común de EEUU y la Unión Soviética. Entre Japón y este último país no hubo declaración de guerra hasta el 9 de agosto de 1945. Desde diciembre de 1941 ambas potencias se mantenían, más bien, espalda contra espalda: la Unión Soviética, con su frente contra Alemania, miraba al oeste; Japón, en cambio, tenía su frente hacia el este y el sur, contra EEUU y Gran Bretaña. Es decir, la Unión Soviética luchó siempre en un único frente por tierra, aunque muy extenso, mientras que las potencias angloamericanas sostuvieron una guerra que en un primer momento se desarrolló esencialmente sólo por mar y aire contra Alemania, Italia y Japón, en dos y hasta tres océanos, pues el Índico fue también teatro de operaciones durante la mayor parte del tiempo. El resultado del curso de la guerra en los meses de junio a diciembre de 1941 no estuvo en absoluto decidido desde un principio. Al contrario: en este período se dieron muchas alternativas en el ámbito de lo realmente posible, que luego fueron evolucionando en un solo sentido cada vez más limitado. El ataque alemán [1] no cogió totalmente por sorpresa al Ejército Rojo. Se inició el 22 de junio de 1941 en el frente que corría entre el Báltico y los Cárpatos, y luego, hasta mediados de julio, fue ampliado en toda la zona desde el norte de Finlandia hasta el Mar Negro; en este territorio se habían congregado tres cuartas partes de lo que era entonces el ejército de tierra y dos tercios de la Luftwaffe alemana, es decir, más de tres millones de hombres en 153 divisiones, entre ellas 15 motorizadas y 19 de blindados, 600.000 vehículos de motor, 3.600 tanques y más de 2.700 aviones, a los que se unieron las fuerzas armadas de finlandeses, rumanos, húngaros, eslovacos e italianos, con diverso potencial.

---

[1] El desarrollo de la operación «Barbarroja» desde la perspectiva del mando alemán aparece reflejado en Schramm, P. E. (ed.), *Kriegstagebuch des Oberkommandos der Wehrmacht (Wehrmachtführungsstab)*, vol. 1 (1940/41) (citado en adelante como KTB OKW). Recopilado y comentado por Jacobsen, H.-A., Fráncfort/M. 1965; Capitán general Halder, *Kriegstagebuch*, edición preparada por von Jacobsen, H.-A. vol. III, Stuttgart 1964. La mejor exposición sobre la guerra en el este —con valoraciones tanto de la investigación alemana como de la soviética— es la de Seaton, A., *Der russisch-deutsche Krieg 1941-1945*, Fráncfort/M. 1973. Una visión general de las operaciones desde la perspectiva alemana, en Philippi, A. y Heim, F., *Der Feldzug gegen Sowietrußland 1941-1945*, Stuttgart 1962. Una exposición soviética: *Geschichte des Großen Vaterländischen Krieges der Sowjetunion*, en 6 tomos, vol. II, Berlín (este) 1963, pp. 9 y ss.; Gosztony, P., *Die Rote Armee*, Viena-Múnich-Zúrich-Nueva York 1981.

Stalin, no obstante, había esperado lograr un nuevo arreglo con Hitler y eludir la guerra en ese preciso momento hasta casi el último instante [2]. Al producirse el ataque alemán, el Ejército Rojo contaba con unos efectivos que rondaban los 4,7 millones de hombres, de los cuales, sin embargo, sólo alrededor de 2,5 millones se encontraban en el frente occidental ante Alemania, mientras que otros 2,2 millones se hallaban en el Cáucaso (frente a Gran Bretaña, como adversario potencial) y en el lejano Oriente (frente a Japón, como posible enemigo). La Luftwaffe logró acabar en una semana con la mitad, aproximadamente, de los aviones soviéticos mediante ataques por sorpresa, de modo que en un primer momento la flota aérea roja dejó en buena medida de ser una adversaria. La sorpresa táctica por tierra fue de diversa magnitud. Desde el punto de vista militar resultó decisivo que el mando soviético lograra movilizar y conducir al frente a los reservistas, a pesar del rapidísimo avance inicial de la cuña de tanques alemanes hacia el interior del Unión Soviética —para el 16 de julio había caído en manos alemanas Smolensk, a medio camino entre lo que hasta entonces había sido el límite de zona de intereses germano-soviéticos, Brest Litowsk, y Moscú—. A pesar de las inmensas pérdidas sufridas en las primeras batidas, los reservistas soviéticos, que sumaban más de diez millones de hombres, reforzaron así el Ejército Rojo hasta un punto que el Estado Mayor alemán no había creído posible. Las instalaciones industriales de la Rusia europea, amenazadas por los alemanes, pudieron también ser puestas a buen recaudo en su mayor parte trasladándolas al este de manera improvisada.

En términos generales, el lado alemán tuvo en las primeras semanas la impresión de que la campaña estaba ya decidida en su favor —como consecuencia, por así decirlo, del quimérico diseño de la campaña (se suponía que el enemigo se situaría cerca de la frontera y podría ser allí «estrangulado por paquetes», procediéndose luego a una rápida ofensiva hasta la línea Arcangelsk-Astracán)—. El 3 de julio de 1941, el jefe del Estado Mayor del ejército alemán, Halder,

---

[2] Werth, A., *Rußland im Krieg 1941-1945*, Múnich-Zúrich 1965, pp. 104 y ss.; Nekritsch, A. M. y Grigorenko, P., *Genickschuß. Die Rote Armee am 22.6.1941*, Viena 1969; Schtemenko, S. M., *Im Generalstab*, Berlín (este) 1970; Erickson, J., *The Soviet High Command. A. Military-political History 1918-1941*, Londres-Nueva York 1962, pp. 565 y ss.; sobre el problema de la «sorpresa», Sella, A. «'Barbarossa': Surprise Attack and Communication», en *Journal of Contemporary History*, 13 (1978), pp. 555 y ss.

anotaba en su diario [3]: «Sin duda, no exagero al afirmar que la campaña contra Rusia se ha ganado en 14 días» y que «(pronto) pasarán a ocupar el primer plano y podrán iniciarse ya las próximas tareas de guerra contra Inglaterra», sobre todo la ofensiva «contra el puente de tierra entre el Nilo y el Éufrates», tanto desde Libia como a través de Anatolia y Siria, y «quizá, también desde el Cáucaso contra Irán». Hitler mismo opinaba un día después FT[4]: «Intento constantemente ponerme en la situación del enemigo, que, prácticamente, ha perdido ya la guerra».

Todos los elementos de alguna especial calidad que pueden definir el carácter de la «hegemonía mundial» del Reich, pretendida directamente por Hitler, aparecen compendiados en las decisiones y manifestaciones de unos pocos días de julio de 1941, resultando así especialmente clara la imbricación de los diferentes aspectos del concepto de «guerra mundial» racista. Así pues, vamos a exponer aquí en sucesión cronológica los más importantes. En la noche del 5/6 de julio, Hitler manifestó por primera vez su pretensión de establecer la frontera de su Reich en los Urales [5]. El 8 de julio anunció su «decisión de principio» [6] de arrasar Leningrado y Moscú «para impedir que permanezcan en ellas personas a las que habríamos de alimentar al llegar el invierno». Su deseo era provocar una «catástrofe étnica» que privase de sus centros no sólo al bolchevismo, sino también al moscovismo.

El 14 de julio hizo Hitler pública una instrucción [7] por la que el centro de gravedad del rearme se habría de desplazar del ejército de tierra a la marina y, sobre todo, a la Luftwaffe y, por tanto, a la gran guerra contra EEUU y Gran Bretaña, como inmediata continuación de la anterior. En la introducción a la mencionada instrucción se daba por supuesto el «dominio del espacio europeo tras la derrota de Rusia». Ese mismo 14 de julio, Hitler recibió al embajador japonés Oshima y le propuso de la forma más sucinta una alianza ofensiva global de Alemania y Japón contra EEUU [8]: «Llevada de su nuevo espíritu imperia-

    [3] Capitán general Halder, *Kriegstagebuch*, vol. II, *ibid.,* p. 38.
    [4] KTB OKW, vol. I, p. 1050.
    [5] Hitler, A., *Monologe im Führerhauptquartier 1941-1944. Die Aufzeichnungen Heinrich Heims*, edición de Jochmann, W., Hamburgo 1980, p. 39.
    [6] KTB OKW, vol. I, p. 1021.
    [7] Hubatsch, W. (ed.), *Hitlers Weisungen für die Kriegführung 1939-1945, Dokumente des Oberkommandos der Wehrmacht*, Fráncfort/M. 1962, pp. 136 y ss.
    [8] *Akten zur deutschen auswärtigen Politik 1918-1945*, serie D, vol. XIII, Gotinga 1970, pp. 829 y ss.

lista, América estaría presionando tan pronto sobre el espacio vital europeo como sobre el asiático. Desde nuestro punto de vista, Rusia amenazaría en el este y América en el oeste, o, visto desde Japón, Rusia en el oeste y América en el este. Por eso [Hitler] es de la opinión de que debemos aniquilarlas conjuntamente». Hitler se incorporaba así al mismo tiempo a los esfuerzos realizados por Ribbentrop desde el 22 de junio para incitar a Japón a emprender acciones contra la Unión Soviética: Debería mantenerse «el objetivo natural» —según Ribbentrop, con fecha del 10 de julio— [9] «de que, antes de comenzar el invierno, Japón y nosotros nos demos la mano en el ferrocarril Transiberiano». (Al hablar de este encuentro se pensaba en el territorio en torno a Omsk, hasta donde los japoneses habrían de avanzar desde Vladivostok [10].)

El 15 de julio, el director del departamento de planificación de la oficina del Estado Mayor del «Comisariado del Reich para el fomento de la nacionalidad alemana», Meyer-Hetlich, presentó por encargo de Himmler el 24 de junio de 1941 el proyecto para un «plan general en el este» [11] que preveía la colonización por alemanes de todos los territorios polacos, incluida Polonia oriental, el Báltico, Bielorrusia y partes de Ucrania en un plazo de 30 años. Treinta y un millones de personas de la población indígena deberían ser desplazados a Siberia occidental y sólo 14 millones de individuos «racialmente buenos» permanecerían en sus lugares de origen. En relación con las dimensiones previstas y debido a la marcha de la guerra en la zona, este «plan general para el este» sólo se ejecutó finalmente en una mínima parte, consistente en una acción de evacuación en Zamosz, en la Galitzia occidental. El mismo 15 de julio de 1941, el departamento de operaciones del Estado Mayor del ejército alemán concluyó un informe detallado de propuesta de ocupación y salvaguarda del territorio ruso por 56 divisiones alemanas y de reestructuración del ejército de tierra tras la conclusión de la campaña en el este, plan que estaba determinado además por el desplazamiento de la guerra al oeste [12].

---

[9] *Ibíd.*, pp. 94 y ss.

[10] Hillgruber, A., «Japan und der Fall «Barbarossa». Japanische Dokumente zu den Gesprächen Hitlers und Ribbentrops mit Botschafter Oshima von Februar bis Juni 1941», en *Id., Deutsche Großmacht- und Weltpolitik im 19. und 20. Jahrhundert,* Düsseldorf 1977, p. 233 (con testimonios particulares).

[11] Eisenblätter, G., *Grundlagen der Politik des Reichs gegenüber dem Generalgouvernement, 1939-1945,* tesis doctoral de Fil., Fráncfort/M., 1969, pp. 205 y ss.

[12] KTB OKW, vol. I, pp. 1022 y ss.

El 16 de julio, Hitler expuso en presencia de Göring, Rosenberg, Keitel, Lammers y Bormann sus ideas de la futura «política alemana en el este», en los «comisariados del Reich», bajo el lema de «partir el gigantesco pastel correctamente para poder, primero, controlarlo, segundo, administrarlo y tercero, explotarlo» [13]. «La formación de una potencia militar al oeste de los Urales no debe plantearse jamás». «Este gigantesco espacio ha de pacificarse lo más pronto posible, cosa que se logrará de la mejor manera fusilando a cualquiera que se atreva siquiera a mirar de reojo». El 17 de julio, con el decreto sobre la «Administración de los nuevos territorios orientales ocupados», el «Ministro del Reich para los territorios ocupados del este», Rosenberg, estableció el marco formal para ello [14]. No obstante, mediante un nuevo decreto del mismo día dirigido a Himmler (sobre la «salvaguarda policial de los nuevos territorios ocupados en el este»), las competencias ejecutivas de carácter decisivo se transfirieron significativamente a las SS, que se convertía ahora de manera general en centro del sistema de dominio nacionalsocialista ampliado para ocupar un gran espacio [15].

El 21 de julio, Hitler desveló al ministro croata de defensa, Kvaternik, su plan de extender a toda Europa la aniquilación sistemática de los judíos, aplicado ya en el este por los «grupos de intervención» de la policía de seguridad y el SD desde el comienzo de la guerra, el 22 de junio, en el territorio conquistado de la Unión Soviética —hasta finales del año 1941 el número de víctimas de este plan superó el medio millón de personas [16]—, pues [17]: «Con que un solo Estado consienta en su interior, por el motivo que sea, la presencia de una familia judía, ésta se convertirá en un foco de bacilos para una nueva corrupción». Diez días después, el 31 de julio, Göring encargó a Heydrich [18], «con la participación de los correspondientes departamentos

---

[13] IMT, vol. XXXVIII, doc. L-221, pp. 86 y ss.

[14] KTB OKW, vol. I, pp. 1027 y s.

[15] *Ibid.*, pp. 1028 y s.

[16] Krausnick, H., «Judenverfolgung», en Broszat, M., Buchheim, H., Jacobsen, H.-A. y Krausnick, H., *Anatomie des SS-Staates*, vol. II, Olten-Friburgo/Br. 1965, pp. 360 y ss. Hillgruber, A., «Die 'Endlösung' und das deutsche Ostimperium als Kernstück des rassenideologischen Programms des Nationalsozialismus», en *Id., Deutsche Großmacht- und Weltpolitik im 19. und 20. Jahrhundert, ibid.*, pp. 252 y ss.

[17] *Akten zur deutschen auswärtigen Politik 1918-1945*, serie D, vol. XIII, *ibid.*, pp. 835 y ss.

[18] Nürnberg-Dok. NG-2586, reimpresa, entre otros, por Krausnick, H., *Judenverfolgung, ibid.*, pp. 372 y s.

centrales alemanes, todos los preparativos requeridos para hallar una
solución general al problema judío en Europa». En el punto culminante de la ilusión de victoria, en el momento en que tiunfaba ya, al
parecer, sobre la Unión Soviética y la máquina de guerra alemana comenzaba a variar su rumbo, dirigiéndose hacia el oeste, contra las potencias marítimas de Gran Bretaña y EEUU, en julio de 1941, Hitler
tomó, así, la fundamental decisión de exterminar a los judíos en todo
el ámbito de influencia alemana en Europa, es decir, extender a Centroeuropa y Europa occidental la acción de aniquilación aplicada ya
en el este. (El resultado de todas las reflexiones y planes de carácter
organizativo y técnico para la realización de esta fundamental orden
culminó, en noviembre/diciembre de 1941, en la decisión de efectuar esta liquidación en las cámaras de gas de los campos de exterminio de Polonia. Dicha orden fue comunicada, a su vez, por Heydrich
a los jefes más destacados de las autoridades superiores del Reich el
20 de enero de 1942, en la llamada conferencia de «Wansee», en forma a medias abierta y a medias velada: Europa sería «limpiada de judíos sistemáticamente de oeste a este» [19].)

---

[19] *Ibid.;* Hilberg, R., *Sonderzüge nach Auschwitz*, Maguncia 1981. Es un problema
debatido entre los investigadores la cuestión de *si* hubo una orden de Hitler (por escrito u oral) para la «solución final», en el sentido de una matanza sistemática de
todos los judíos en la Europa dominada por los alemanes; también lo es la cuestión
de cuándo se tomó tal decisión (fuera cual fuese su origen). En contra de Adam, U.
D., *Judenpolitik im Dritten Reich*, Düsseldorf 1972, quien acepta como fecha para la
toma de dicisón de la «solución final» el fracaso de la operación «Barbarroja», en noviembre de 1941, y en contra de Broszat, M., «Hitler und die Genesis der 'Endlösung'. Aus Anlaß der Thesen von David Irving», en *Vierteljahrshefte für Zeitgeschichte*,
25 (1977), pp. 739 y ss., quien duda de la existencia de una orden de Hitler para la
«solución final», al tiempo que considera dicha «solución final» como la consecuencia de la constante radicalización de la persecución nacionalsocialista contra los judíos, el autor mantiene la tesis de que hubo, muy posiblemente, una orden de Hitler
(dada probablemente de forma verbal) y, precisamente, ya en julio de 1941, que introdujo en las zonas del oeste y centro de Europa la «solución final», practicada ya en
territorio soviético desde el comienzo del ataque alemán a la Unión Soviética. Esta
orden fundamental se puso en práctica, después de consideraciones y planes sobre su
mejor aplicación posible, a partir de diciembre de 1941/enero de 1942 en los campos
de exterminio de Polonia. Chr. Browning adopta una postura similar en «Eine Antwort auf Martin Broszats Thesen zur Genesis der 'Endlösung'», en *Vierteljahrshefte für
Zeitgeschichte*, 29 (1981), pp. 97 y ss. En sus memorias (*Ich, Adolf Eichmann. Ein histo-
rischer Zeugenbericht*, ed. de R. Aschenauer, Leoni 1980, pp. 177/78) Eichmann pre-
senta como factor desencadenante de la «aniquilación física del enemigo judío» una
orden de Hitler transmitida oralmente a través de Heydrich «hacia finales de 1941 y
principios de 1942». Sobre el desarrollo completo de la «política» nacionalsocialista
aplicada a los judíos, cfr. Hilberg, R., *The Destruction of the European Jews*, Chicago
1961; Dawidowicz, L., *Der Krieg gegen die Juden 1939-1945*, Múnich 1979, así como

Mientras esta decisión fundamental tomada en julio de 1941 y considerada por Hitler como la realización de su «misión histórica» se ejecutaba en el interior del espacio europeo dominado por Alemania y se proseguía de manera consecuente en los siguientes años al margen del curso de la guerra, hasta que Himmler ordenó interrumpir la «solución final» por propia decisión el 2 de noviembre de 1944, después de que hubieran muerto como víctimas de este asesinato masivo sistemático más de cinco millones de judíos europeos, los objetivos de la política de fuerza previstos simultáneamente en julio de 1941 —la estrategia hitleriana de «guerra mundial»— quedaron paralizados en sus comienzos. Es posible que el pretexto para la ya mencionada oferta de alianza ofensiva contra EEUU presentada por Hitler el 14 de julio al embajador Oshima fuera la ocupación de Islandia por tropas americanas el 7 de julio; no obstante, las causas de este paso se han de buscar en la convicción de principio mantenida desde muy atrás por el mismo Hitler de que, a largo plazo, EEUU sería el enemigo principal de Alemania como «potencia mundial» y que la lucha entre los continentes, una lucha para la que Alemania debería haber conseguido antes bajo su guía la posición dominante en Europa, estallaría en cualquier caso. Así parecía ser, tras la rápida victoria supuestamente obtenida sobre la Unión Soviética. «En la vida de los pueblos hay tareas duras» —así justificaba sus conclusiones ante Oshima— [20], y ahora ambos «unidos» tenían que «aniquilar» a EEUU. «Estas tareas no pueden resolverse prestándoles oídos sordos o aplazándolas para un momento posterior».

Hitler no sospechaba que, mientras presentaba a Oshima esta propuesta de alianza global ofensiva entre Alemania y Japón, en Tokio se había tomado ya la decisión de actuar en contra del ministro de Asuntos Exteriores, Matsuoka, la única persona entre los principales mandatarios japoneses dispuesta a aceptar dicha alianza [21]. Desde el comienzo del ataque alemán a la Unión Soviética, el 22 de junio,

---

—sobre todo— *Der Mord an den Juden im Zweiten Weltkrieg*, Jäckel, E. y Rohwer, J. (eds.), Stuttgart 1985.

[20] Cfr. nota 8.

[21] Libal, M., *Japans Weg in den Krieg. Die Außenpolitik der Kabinette 1940/41*, Düsseldorf 1971, pp. 152 y ss.; una obra reciente, con fuentes más abundantes, es la de Herde, P., *Pearl Harbor, 7. Dezember 1941. Der Ausbruch des Krieges zwischen Japan und den Vereinigten Staaten und die Ausweitung des europäischen Krieges zum Zweiten Weltkrieg*, Darmstadt 1980, pp. 73 y ss.; Tsunoda, J., «Matsuoka und Singapore», en *Wehrwissenschaftliche Rundschau*, 19 (1969), pp. 69 y ss.

los estamentos dirigentes japoneses se habían reunido de manera prácticamente permanente hasta el 2 de julio con el fin de encontrar una solución a la cuestión de si se debía mantener la resolución tomada en relación con la firma del «Pacto tripartito» de septiembre de 1940 de proseguir por etapas la expansión de Japón hacia el sur y continuar postergando la alternativa de dirigir el avance hacia el lejano Oriente soviético, olvidando el profundo cambio de circunstancias provocado por el ataque alemán contra Rusia, o si, aprovechando esa nueva situación, no habría que dar «preferencia» ahora a la solución «norte». El resultado fue que sólo Matsuoka se declaró favorable a una participación inmediata de Japón en la guerra contra la Unión Soviética, sin perder de vista el enfrentamiento bélico entre Japón y EEUU que derivaría de esa decisión o la acompañaría, en el caso de que este país ejerciera presiones contra el imperio como reacción ante el avance militar japonés en Siberia. Matsuoka opinaba que había llegado el momento más favorable para la acción; si se prolongaba la espera, la situación sólo podría empeorar. Desde la nota enviada por Norteamérica el 21 de junio (en el marco de las negociaciones secretas entre japoneses y americanos), que concluía con la demanda de una retirada total japonesa de China, es decir, con una limitación de su zona de influencia anterior a 1931, el ministro japonés de Asuntos Exteriores consideró fracasados los esfuerzos por alcanzar un *modus vivendi* con EEUU. Los argumentos expuestos por Matsuoka ante los estamentos dirigentes contenían en germen la concepción de una guerra global en dos fases en coalición con Alemania —en una real asociación según su punto de vista—: en un primer momento, contra la Unión Soviética, y luego contra EEUU, en correspondencia, aunque con diversidad de matices, con los objetivos concebidos por Hitler (Japón sería el socio menor sometido a su guía).

Los representantes de la marina y el ejército japoneses, que por lo demás seguían manteniendo opiniones diferentes, se volvieron, no obstante contra Matsuoka de manera decidida, junto con el primer ministro, Konoye, y abogaron por la idea de atenerse exclusivamente a los intereses de Japón. Esta fundamental decisión adoptada en contra de Matsuoka y mantenida en secreto ante los aliados alemanes en todo su alcance se tomó en la Conferencia Imperial del 2 de julio. La Conferencia se declaró en general favorable a la creación de una «gran esfera de bienestar asiática» bajo la dirección de Japón, «al margen de los cambios en la situación internacional», y sólo fue concreta en relación con la ocupación del sur de Indochina, fijada para fechas próximas: en el caso de que EEUU y Gran Bretaña respondieran a la penetración japonesa en esta región con medidas adversas que significaran una amenaza para la existencia de Japón, el Imperio debería estar preparado para la guerra. El 15 de julio, un día después del ofrecimiento de Hitler de alianza global a Japón, Matsuoka fue excluido del gobierno en el curso de una remodelación del gabinete de Konoye. Las negociaciones secretas con EEUU continuaron adelante.

El 24 de julio comenzó el avance de los japoneses hacia la zona próxima a Saigón. Aunque la reacción de EEUU —que enseguida expondremos— ofreció a los japoneses una posibilidad de repensar su política de alianzas, el gobierno de Konoye siguió guiándose por el «sagrado egoísmo» de una política de intereses de carácter estrictamente nacionalista —debido también, en buena medida, a la impresión que le dominaba desde finales de julio de 1941 de que la ofensiva alemana en el este se había estancado en una fase intermedia especialmente importante (batalla de Smolensk)—. En las semanas decisivas de la guerra falló, según Hitler, el socio de la alianza previsto en la zona del Pacífico.

¿Cuál era el aspecto que presentaba para el mando norteamericano la situación de la política mundial después del 22 de junio de 1941? Hasta entonces, según hemos señalado, Rusia había ejercido una función de contrapeso —de eficacia limitada— frente a las potencias «agresivas» de Alemania y Japón. La importancia sólo relativa concedida al factor que representaba la Unión Soviética era resultado de la escasa consideración, compartida también por Roosevelt, que se otorgaba a la capacidad ofensiva del Ejército Rojo. La suposición de que las fuerzas armadas soviéticas no podrían ofrecer una resistencia larga en caso de un ataque alemán se vio confirmada inmediatamente después del inicio de la agresión en los pronósticos de los Estados Mayores norteamericanos. Las estimaciones oscilaban entre uno y tres meses, siendo, por tanto, aún «más pesimistas» que las hipótesis de Hitler y de los militares alemanes [22]. El Estado Mayor

---

[22] Langer, W. L. y Gleason, S. E., *The Undeclared War 1940/41*, Nueva York-Londres 1953, pp. 538; Shirer, W. L., *Aufstieg und Fall des Dritten Reiches*, Múnich-Zúrich 1963, p. 1216; Hillgruber, A., *Der Zenit des Zweiten Weltkrieges: juli 1941*, Wiesbaden, 1977, pp. 26 y ss.

General entregó ya a comienzos de julio de 1941 a los corresponsales en Washington y a las redacciones de los periódicos informaciones confidenciales según las cuales el hundimiento de la Unión Soviética era «sólo cuestión de unas pocas semanas».

La dirección política y militar de EEUU partía, así, en julio de 1941, de la previsión de que en breve plazo se vería ante un «hemisferio oriental», Europa-África-Asia, dominado exclusivamente por Alemania y Japón. Según esta estimación de la situación, sólo podrían mantenerse en lucha Gran Bretaña y algunas partes de su Imperio. Las conclusiones de Roosevelt a partir de estos cálculos fueron un conjunto de decisiones militares y económicas, de política de alianzas, programáticas e ideológicas —las más importantes, a la larga—. El 7 de julio, para adelantarse al giro militar de Alemania hacia el oeste, esperado inmediatamente después del colapso de la Unión Soviética, Roosevelt ordenó, como ya hemos dicho, ocupar Islandia, que se encontraba dentro del espacio de operaciones ilimitadas de la guerra naval alemana, declarado por una disposición oficial alemana del 25 de marzo de 1941 zona de alarma para el tráfico marítimo de los países neutrales; a partir de ese momento los Estados Unidos incluían, así, las aguas que rodean Islandia en la zona de seguridad panamericana. De esa manera, EEUU, que formalmente seguía manteniendo la «neutralidad», penetraba de forma directa, desde el punto de vista militar, en la zona de guerra del Atlántico norte delimitada con claridad; previamente, en las semanas anteriores, había adelantado ya considerablemente hacia el este la zona de seguridad panamericana en el flanco oriental del doble continente americano, incluyendo también a las Azores en dicha zona del «hemisferio occidental» [23]. Cuando, el 7 de julio, Raeder anunció a Hitler la ocupación de Islandia, éste decidió entenderla como una «provocación que debería ser ignorada», pues «tenía el máximo interés en aplazar dos meses más la entrada en guerra de EEUU, ya que... la campaña victoriosa en el este tendría un enorme influjo en la situación general y, probablemente, también en la actitud de EEUU» [24]. (El 25 de julio precisó a Raeder que, una vez concluida la campaña del este,

---

[23] Langer, W. L. y Gleason, S. E., *The Undeclared War 1940/41, ibid.,* pp. 443 y ss.; Matloff, M. y Snell, E. M., *Strategic Planning for Coalition Warfare 1941-42,* Washington, D.C., 1953, pp. 50 y ss.

[24] Wagner, G. (ed.), *Lagevorträge des Oberbefehlshabers der Kriegsmarine vor Hitler 1939-1945,* Múnich 1972, pp. 264 y ss.

«tenía previsto actuar de manera enérgica» también contra EEUU) [25].

El 9 de julio, al establecer las líneas directrices para un *Victory Programm*, el presidente Roosevelt extrajo del análisis del previsto hundimiento total de la Unión Soviética la consecuencia [26] de que, además de proseguir de manera acelerada la construcción de una flota americana para los dos océanos, iniciada ya en junio de 1940 tras el derrumbamiento de Francia, debía explotarse también plenamente la capacidad industrial de EEUU para equipar un ejército masivo de unos 9 millones de hombres (unas 215 divisiones) y formar unas imponentes fuerzas aéreas, apropiadas para una guerra estratégica en el aire de gran amplitud con cuya intervención habría de emprenderse la liberación del «hemisferio oriental, Europa-África-Asia, dominado por Alemania y Japón.

Ante la previsible victoria alemana sobre la Unión Soviética, EEUU reaccionó aplicando ciertas medidas ideadas, en parte, por Roosevelt para provocar a Hitler, con el fin de incitarlo a tomar en el conflicto naval decisiones antiamericanas que, acto seguido, posibilitaran una entrada en guerra de los Estados Unidos tras haberse logrado así un cambio importante en el estado de ánimo de la población —ése fue, principalmente, el caso de la «orden de abrir fuego» contra barcos de las «potencias del Eje» que se aventuraran a navegar en zonas marinas cuya protección se considerara necesaria para la «defensa» americana, dada el 11 de septiembre de 1941—. Dichas medidas no suscitaron en el lado alemán la respuesta calculada por Roosevelt, pues Hitler deseaba evitar categóricamente cualquier extensión de la guerra en el oeste antes de haber concluido la campaña del este y, por tanto, transmitió a la marina de guerra órdenes estrictas para evitar, dentro de lo posible, incidentes con EEUU. En el Atlántico no se produjo, pues, ninguna situación que posibilitara al presidente la entrada en guerra de EEUU.

En cambio, la respuesta de Roosevelt a la ocupación del sur de Indochina por Japón, cuyos dirigentes —a diferencia de Hitler en Europa— pensaban que, a consecuencia de la inmovilización de Rusia en la guerra contra Alemania tenían estratégicamente las espaldas cubiertas, a excepción de su situación en China, entrañaba en sí el

---

[25] *Ibíd.*, pp. 271 y ss.
[26] Matloff, M. y Snell, E. M., *Strategic Planning for Coalition Warfare 1941/42, ibíd.*, pp. 58 y ss.

estallido inminente de una guerra en el Pacífico [27]. El 26 de julio, el presidente anunció la retención de todos los bienes japoneses en EEUU y la constitución, además, de un Alto Mando estadounidense para el lejano Oriente. Gran Bretaña y los dominios británicos interrumpieron sus relaciones comerciales con Japón ese mismo día. El 28 de julio, la India holandesa se unió a las medidas de embargo. Todos estos países interrumpieron sus envíos de cinc, caucho y petróleo a Japón. De este modo, el Imperio, debido a su total dependencia de las importaciones petrolíferas, se encontraba de hecho ante la alternativa de una capitulación política frente a Norteamérica o una apropiación por la fuerza de las materias primas en el sureste asiático, es decir, una guerra de agresión contra EEUU y sus aliados. En otras palabras: con estas reacciones de EEUU y sus aliados se traspasaban de manera más clara y rápida de lo que entonces se supuso los límites fijados por la Conferencia imperial del 2 de julio, que interpretaba las medidas de las potencias hostiles como una amenaza a la existencia de Japón. Las medidas debieron de tener unos efectos devastadores, sobre todo, entre los mandos que dirigían la guerra en China. Puesto que los dirigentes japoneses eran de la opinión de que la guerra contra China sólo podía concluir con una victoria total —las últimas posibilidades de un arreglo con Chang Kaichek se habían desvanecido desde el otoño de 1940—, esa amenaza supuso para las operaciones de guerra japonesas en el continente un factor fundamental que marca la línea de unión que llevó del «conflicto» chino-japonés (desde 1931) a la guerra del Pacífico en 1941. Puesto que las reservas de petróleo japonesas eran limitadas, a finales de julio de 1941 había comenzado a avanzar el temporizador, por llamarlo así, que en un tiempo previsible provocaría no la capitulación política ante Norteamérica, sino el estallido de la decisión de un ataque a EEUU, como era de esperar de la mentalidad de los dirigentes japoneses.

Roosevelt tenía, así, la oportunidad de llevar a efecto sus objetivos que, al igual que los de Hitler, eran de alcance global. Su aspiración para EEUU era nada menos que el desempeño de una función hegemónica indirecta en el mundo. A los demás Estados, tanto grandes como pequeños, se les dejaba un campo de acción autónomo relativamente grande, de acuerdo con los principios liberal-democráti-

---

[27] Herde, P., *Pearl Harbor, 7. Dezember 1941, ibid.*, pp. 111 y ss.

cos. De este modo el papel de EEUU podía ajustarse y acomodarse de manera flexible a situaciones nuevas y circunstancias imprevistas, a diferencia de las decisiones de Hitler, derivadas de axiomas racistas, quien sólo conocía en su «programa» global soluciones extremas (el dominio directo sobre los países sometidos; «el poder mundial» o el ocaso; el «todo o nada»).

Aunque las decisiones militares y económicas tomadas por Roosevelt en julio de 1941 eran pasos claros hacia la guerra —pues no era posible emprender otro camino, tal como se le presentaba el dilema en que se hallaba en su propio país en política interior a consecuencia de la creciente ola de «aislacionismo» desde el inicio de la guerra germano-soviética—, a la larga resultó de mucha mayor importancia la declaración pública de los objetivos de guerra americanos; más exactamente, el esbozo de una futura *Pax Americana* global en forma de una «Carta Atlántica» [28], hecha pública después de un encuentro entre Roosevelt y Churchill a bordo de un buque de guerra norteamericano en la bahía de Placentia (Terranova) el 14 de agosto de 1941. Su contenido sólo puede entenderse desde la idea que en ese momento se hacía Roosevelt de la situación política mundial, pues en ella no se consideraban de ninguna manera los intereses de la Unión Soviética. Los puntos 2 y 3 de la Carta, opuestos a cualquier modificación territorial [29] «no acordada por el deseo libremente expresado de los pueblos afectados» y que hablaban de los derechos de «todos los pueblos a elegir la forma de gobierno bajo la cual deseaban vivir», podían interpretarse como declaradamente antisoviéticos, o —como realmente era— en el sentido de que sus redactores partían simplemente de la idea de que la Unión Soviética no existiría ya tras la victoria sobre Alemania y Japón. Por otra parte, las conversaciones previas mostraron que EEUU no consideraba tampoco a Gran Bretaña como una potencia de rango realmente igual sino sólo como «socio menor», pues la concepción americana de un orden económico de posguerra fue objeto de una defensa tenaz y acabó por imponerse en lo esencial. La parte americana exigía el restablecimien-

---

[28] Texto en alemán: *Europa-Archiv* 2 (1947), p. 343; Wilson, Th. A., *The First Summit. Roosevelt and Churchill at Placentia Bay 1941*, Boston 1969.
[29] Langer, W. L. y Gleason, S. E., *The Undeclared War 1940/41, ibid.*, pp. 682 y ss.; Woodward, L., *British Foreign Policy in the Second World War*, vol. II, Londres 1971, p. 200; una interpretación general en Martin, B., *Friedensinitiativen u. Machtpolitik im Zweiten Weltkrieg 1939-1945*, Düsseldorf ²1976, pp. 459 y s.

to de un mercado libre y sin trabas en todo el mundo, en el sentido de la *Open Door Policy* por la que abogaba EEUU en provecho de su superior potencial económico, lo cual, junto con la eliminación del «gran espacio» relativamente autárquico de Alemania y Japón en Europa y Asia oriental, implicaba también, sobre todo, la supresión de las aduanas preferenciales en la Commonwealth británica.

La relación entre la Unión Soviética y Gran Bretaña (y EEUU), que había cambiado por así decirlo de la noche a la mañana a consecuencia del ataque alemán del 22 de junio de 1941, estuvo determinada por la desconfianza. El acuerdo británico-soviético firmado el 12 de julio y compuesto únicamente de dos artículos, con la obligación por ambas partes [30] «de no tratar durante la presente guerra sobre ningún armisticio o tratado de paz ni firmarlos sin acuerdo mutuo», fue expresión de la desconfianza británica ante una supuesta disposición de Stalin a capitular, y también, en no menor medida, fruto de la desconfianza de Stalin frente a Gran Bretaña, considerablemente acrecentada por el «caso Heß», pues creía a sus dirigentes muy capaces de cambiar de frente y coincidir luego con Hitler.

Esta relación entre los antiguos antagonistas de la política europea en el período de entreguerras, afectada por el pesado lastre previo del reciente pasado —política de *appeasement* y compromiso de «Múnich» en 1938, por un lado; pacto de Hitler y Stalin, en 1939, por otro—, se vio además profundamente perturbada durante mucho tiempo por la pasividad militar de Gran Bretaña, desde el punto de vista soviético, en el verano de 1941 —los británicos no emprendieron una ofensiva en Libia contra el grupo de blindados germano-italiano a las órdenes del general Rommel hasta el 18 de noviembre de 1941— [31], cuando la existencia de la Unión Soviética se hallaba en una situación de máximo peligro debido al rapidísimo avance de los ejércitos alemanes. Puesto que los británicos no estaban dispuestos a establecer cabezas de puente en el norte de Francia o al menos en Noruega para aliviar al Ejército Rojo con una especie de «segundo

---

[30] Traducción al alemán en *Kriegsdokumente über Bündnisgrundlagen, Kriegsziele und Friedenspolitik der Vereinten Nationen*, ed. por Manegoldt, H. von, Hamburgo 1946, p. 49.
[31] Sobre el desarrollo de esta ofensiva desde el punto de vista del mando alemán, cfr. KTB OKW, vol. I, pp. 799 y ss.; Taysen, A. von, *Tobruk*, Friburgo/Br. 1976, pp. 220 y ss.; para la perspectiva británica, cfr. Playfair, J. S. O., *The Mediterranean and Middle East*, vol. III, Londres 1960, pp. 6 y ss.

frente», como no cesaba de solicitar Stalin desde el 18 de julio de 1941 [32] —las razones militares aducidas se consideraban por parte soviética meros pretextos—, en Moscú reinaba inevitablemente la impresión de que el mando británico había «descartado» ya a la Unión Soviética y que, según los británicos, era evidente que no merecía la pena intervenir en su ayuda sino, más bien, guardar las propias fuerzas para otros propósitos. En efecto, Gran Bretaña se dispuso para el caso de que el ejército alemán superara el Cáucaso a comienzos del otoño de 1941 y se preparó en el Próximo Oriente en posición de interceptación.

La evaluación de la situación por parte de los dos aliados comenzó a cambiar en parte sólo cuando, a finales de julio de 1941, se supo que el avance alemán se había detenido a medio camino en dirección a Moscú y que —como luego se vería— quedó interrumpido más de mes y medio, demostrándose así que los alemanes no estaban en condiciones de continuar en un solo impulso hasta la derrota total del Ejército Rojo (como habían esperado hasta entonces los mandos británicos y americanos) el ataque iniciado en forma de abanico a lo ancho de todo el gigantesco frente. Este cambio se puso de manifiesto en la visita de Hopkins, el hombre de confianza de Roosevelt, a Stalin en Moscú, el 30/31 de julio de 1941, si bien en lo sucesivo, hasta el invierno de 1942/43, habría constantes recaídas en el pesimismo en la apreciación de la capacidad de resistencia soviética.

En su primer discurso por radio tras el comienzo del ataque alemán, el 3 de julio de 1941 [33], Stalin hizo la afirmación fundamental de que la «gran guerra patria» que la Unión Soviética se había visto obligada a emprender a causa del asalto alemán debería superarse victoriosamente mediante la movilización de todas las fuerzas tanto en las zonas no ocupadas del país como en las ocupadas por el enemigo (llamada a la guerra partisana tras las líneas alemanas). Esto implicaba no sólo que el conflicto poseía una cualidad diferente del de la guerra en el oeste, sino también que debía ser ganado esencialmente en solitario por los pueblos de la Unión Soviética mediante un esfuerzo y un sacrificio imponentes.

La extensa lista enviada a EEUU el 8 de julio de 1941 por la

---

[32] *Briefwechsel Stalins mit Churchill, Attlee, Roosevelt und Truman 1941-1945*, Berlín (este), pp. 14 y ss.; Hillgruber, A., «Das Problem der Zweiten Front in Europa», en *Id., Deutsche Großmacht- und Weltpolitik im 19. und 20. Jahrhundert, ibid.,* pp. 332 y ss.

[33] Werth, A., *Rußland im Krieg 1941-1945, ibid.,* pp. 134 y ss.

Unión Soviética con las primeras peticiones urgentes de material (entre otras cosas, 3.000 aviones de caza y 3.000 bombarderos) no supuso ningún cambio en la situación [34]. Al no haber llegado rápidamente la ayuda (como no podía ser de otro modo, dadas las posibilidades de Roosevelt), Stalin se reafirmó en su impresión de tener que contar sólo con sus propias fuerzas. Es indudable que la experiencia esencial que supuso en el verano de 1941 la actitud de las potencias occidentales —que si no fue hostil, sí pudo interpretarse como de clara y total indiferencia ante el destino de la Unión Soviética— contribuyó decisivamente a plasmar su voluntad de conducir la guerra de acuerdo con sus objetivos propios, guiados sobre todo por la idea de salvaguardar en el futuro la Unión Soviética en el oeste (Europa) y el este (Extremo Oriente) protegiéndola con un gran espacio a fin de impedir para siempre que se repitiera la situación de junio/julio de 1941. Esto significaba en primer lugar no añadir de ninguna manera un «segundo frente» al gigantesco que lo oponía a los alemanes, con el propósito de aliviar a Gran Bretaña y EEUU en su guerra contra Japón.

En el frente ruso se había percibido un endurecimiento de la resistencia del Ejército Rojo desde finales de julio de 1941. Por esas fechas, a más tardar, había calado entre los soviéticos de manera general la información de que la lucha de aniquilación emprendida por los alemanes contra algunos sectores de la población soviética civil no era un mero fenómeno concomitante del conflicto militar, sino que formaba parte del sistema de una «política» de ejecuciones y exterminio [35]. La guerra de aniquilación de Hitler, que no dejaba a los soldados del Ejército Rojo ni a la población —que en un primer momento había recibido a la *Wehrmacht* amistosamente, hasta cierto punto— ni, por supuesto, a los dirigentes soviéticos más alternativa que el rechazo decidido del enemigo, liberó ahora en Rusia energías profundas que, junto con la voluntad de rechazar la amenaza de esclavitud por un conquistador extranjero, confluyeron en la defensa de

---

[34] Feis, H., *Churchill, Roosevelt, Stalin*, Princeton 1966, pp. 10 y s.
[35] Hillgruber, A., *Hitlers Strategie, ibid.,* pp. 516 y ss., 536 y ss.; Streit, Chr., *Keine Kameraden. Die Wehrmacht und die sowjetischen Kriegsgefangenen 1941-1945*, Stuttgart 1978; Jacobsen, H.-A., «Kommissarbefehl und Massenexekutionen sowjetischer Kriegsgefangener», en Broszat, M., Buchheim, H., Jacobsen, H.-A. y Krausnick, H., *Anatomie des SS-Staates*, vol. II, *ibid.,* pp. 135 y ss.; Krausnick, H. y Wilhelm, H.-H., *Die Truppe des Weltanschauungskrieges*, Stuttgart 1981.

la «patria» y, por tanto, en la consolidación del régimen de Stalin, que en las primeras semanas de la guerra se había visto clara y gravemente afectado. El elevado número inicial de desertores del Ejército Rojo —más de 70.000 en las tres primera semanas— descendió al mínimo al cabo de poco tiempo. El carácter de aniquilación de las acciones de guerra alemanas fue lo que dio a la ya citada llamada de Stalin a la guerra partisana del 3 de julio de 1941 la oportunidad de imponerse de manera general. Además, la actividad de los partisanos tras las líneas alemanas, desplegada con fuerza creciente de mes en mes, respondía tanto a la teoría soviética de la guerra como a la tradición rusa. No obstante, las dimensiones alcanzadas por la guerra de partisanos en el este [36] sólo pueden explicarse como una consecuencia de la idea de guerra de aniquilación del mando alemán; en efecto, al cabo de pocas semanas esta «política alemana en el este» estuvo «inequívocamente caracterizada por el asesinato en masa de prisioneros de guerra y por la sistemática campaña de aniquilación realizada por el SD» [37]. Hasta diciembre de 1941 cayeron como prisioneros de guerra de los alemanes más de 3 millones de hombres del Ejército Rojo, y 5,75 millones en total hasta 1945. Unos 3,3 millones de ellos perdieron la vida bajo custodia alemana [38]. (De los alemanes que cayeron en cautiverio soviético en número aún mayor desde principios de 1943, un total de 3,155 millones de soldados, murieron en los campos soviéticos 1,2 millones [39].) Se había destruido cualquier oportunidad política de cierta envergadura en Rusia —por más importante que pudiera considerarse, de haber sido distintas la «política en el este» y la marcha de la guerra.

El endurecimiento de la resistencia soviética exigió ya a finales de julio de 1941 un primer retraso en el calendario alemán planeado para el curso de la campaña del este. Este retraso tuvo consecuencias

[36] Hesse, E., *Der sowjetrussische Partisanenkrieg 1941 bis 1944 im Spiegel deutscher Kampfanweisungen und Befehle*, Gotinga 1969; Howell, E. M., *The Soviet Partisan Movement 1941-1944*, Washington, D. C., 1956; Armstrong, J. A. (ed.), *Soviet Partisans in World War II*, Madison/Wis. 1964.

[37] Dallin, A., *Deutsche Herrschaft in Rußland 1941-1945*, Düsseldorf 1958, p. 71. Sobre los países bálticos en particular, cfr. Myllyniemi, S., *Die Neuordnung der baltischen Länder 1941-1944. Zum nationalsozialistischen Inhalt der deutschen Besatzungspolitik*, Helsinki 1973.

[38] Streit, Chr., *Keine Kameraden, ibid.,* pp. 9 y ss.

[39] Böhme, W., *Die deutschen Kriegsgefangenen in sowjetischer Hand. Eine Bilanz* (= E. Maschke (ed.), *Zur Geschichte der deutschen Kriegsgefangenen des Zweiten Weltkrieges*, vol. VII), Múnich 1966, p. 151.

para el resto de la planificación estratégica debido al apretadísimo programa de «*Blitzkrieg* mundial», al tener que renunciar a los avances desde Libia hacia Egipto y desde Bulgaria-Turquía sobre las posiciones británicas en el Próximo Oriente, previstos para el año 1941 [40]. El lento progreso de las operaciones en el este en el mes de agosto exigió a continuación nuevas renuncias. En el «Memorial del OKW» de 27 de agosto de 1941 [41] se expresaba por primera vez con claridad la imposibilidad de contar para el otoño de 1941 con una intervención de las unidades alemanas del este en otros espacios; es decir, se renunciaba ahora a la proyectada conquista de Gibraltar y a la obtención de un bastión alemán en África noroccidental (incluidas las islas españolas y portuguesas situadas en posición adelantada). Esto habría de tener consecuencias importantísimas para la guerra en los años sucesivos, pues británicos y americanos lograban así la oportunidad de iniciar en noviembre de 1942 el «asalto a la fortaleza de Europa» desde ese flanco abierto del imperio continental alemán.

Terminada la gran batalla de la bolsa del este de Kíev, en la que cayeron en cautiverio alemán más de 600.000 soldados soviéticos, Hitler ordenó por fin el avance del cuerpo central del ejército hacia Moscú, iniciado el 2 de octubre (operación «Tifón») [42]. Todavía se consiguió encerrar y tomar prisioneros en otras dos ocasiones en dos bolsas, Briansk y Viasma, a un número similar de soldados del Ejército Rojo (más de 600.000 hombres), de modo que Hitler tuvo la convicción de que el camino a Moscú estaba expedito y que en el este se había dado ya realmente, en términos generales, el paso decisivo. El 12 de octubre decidió [43] «que no se aceptara una capitulación de Moscú... Cuanto mayor sea el número de personas de las ciudades de la Rusia soviética que huyan hacia el interior, tanto mayor será el caos en el país y tanto más fácil nuestra administración y aprovechamiento de las regiones orientales ocupadas».

El mismo día 3 de octubre, es decir, inmediatamente después del inicio de la ofensiva, Hitler había dado a conocer públicamente en

---

[40] Warlimont, W., *Im Hauptquartier der deutschen Wehrmacht 1939-1945*, Fráncfort/M . ²1963, p. 206.

[41] *Akten zur deutschen auswärtigen Politik 1918-1945*, serie D, vol. XIII, pp. 345 y ss.

[42] Reinhardt, K., *Die Wende vor Moskau. Das Scheitern der Strategie Hitlers im Winter 1941/42*, Stuttgart 1972.

[43] KTB OKW, vol. I, p. 1070.

un discurso [44] que «hoy» podía decir ya que «ese adversario [Rusia] está quebrantado y no volverá a levantarse nunca más». El jefe de prensa del Reich, Dietrich, declaró a la prensa nacional y extranjera el 9 de octubre [45]: «La campaña en el este se ha decidido con la destrucción del cuerpo de ejército Timoshenko (en Briansk y Viasma)».

El 16 de octubre de 1941, ante la aproximación de las tropas alemanas, se produjeron en Moscú escenas de pánico [46]. El 19 de octubre, Stalin, que permanecía en la ciudad mientras el gobierno soviético se había retirado a Kuibishev, a orillas del Volga, declaró el estado de excepción en Moscú. Por un momento, y a consecuencia de una brecha en el frente soviético, pareció que realmente no estaba excluida una penetración hasta Moscú. Pero a finales de octubre la llegada del periodo de los barros de otoño puso un remate provisional a todos los movimientos importantes del Cuerpo del Centro del ejército alemán.

En esta situación, en su última orden de ofensiva del año 1941, el 11 de noviembre [47], Hitler propuso que «antes de comenzar las grandes nevadas, estaría justificada una última intervención en el sur, mediante un avance sobre Stalingrado o una rápida conquista de Maikop (región petrolífera en el noroeste del Cáucaso), y en el norte, tomando posesión de Vologda (en la línea ferroviaria hacia Arcangelsk), a fin de cortar las dos líneas de aprovisionamiento de material de guerra angloamericano (a través de Irán, ocupado desde el 25 de agosto de 1941 por tropas soviéticas y americanas, y de los puertos de Murmansk y Arcangelsk, en el Ártico) y mejorar y asegurar nuestros suministros de petróleo». Se producía así una situación completamente nueva en el plan de operaciones alemanas en el este. En efecto, el 5 de noviembre, tras largas negociaciones con el gobierno soviético y después de pelear esforzadamente con el Congreso, el presidente Roosevelt había logrado incluir a la Unión Soviética en el grupo de Estados a los que se debía suministrar ayuda militar americana de acuerdo con la ley de «Préstamo y arriendo» [48]. Por lo de-

---

[44] Domarus, M. (ed.), *Hitler. Reden und Proklamationen*, vol. II, *ibid.,* p. 1763.
[45] *Ibid.,* p. 1767.
[46] Werth, A., *Rußland im Krieg 1941-1945, ibid.,* pp. 174 y ss.
[47] Sobre este punto, cfr. Hillgruber, A., *Hitlers Strategie, ibid.,* pp. 551 (con testimonios particulares).
[48] Dawson, R. H., *The Decision to Aid Russia 1941-Foreign Policy and Domestic Politics*, Chapel Hill/N. C. 1959; sobre la práctica de la ayuda a la Unión Soviética, cfr. Herring, G. C., *Aid to Russia. Strategy, Diplomacy, and the Origins of the Cold War*, Nueva

más, por falta de tonelaje y debido a la insuficiencia de las rutas de comunicación en Irán [49], no fue posible en un primer momento enviar ayuda a gran escala. La Unión Soviética rechazó la ofensiva alemana de 1941 por sus propias fuerzas —un dato decisivo en la realidad y también para la autoestima del mando soviético y del Ejército Rojo.

Aunque Hitler ordenó reanudar el 15 de noviembre de 1941 el ataque en dirección a Moscú —una vez concluido el período del barro y tras hacer su aparición los primeros hielos—, desistiría por primera vez pocos días después, el 19 de noviembre. En declaraciones hechas en círculos íntimos, Hitler manifestó —como señaló Halder [50]— su «esperanza» de que el reconocimiento de que ninguno de los adversarios principales (es evidente que se refería a Alemania y Gran Bretaña) hubiera conseguido «golpear al otro hasta aniquilarlo o derrotarlo definitivamente» podría conducir al establecimiento de «negociaciones de paz». Esta «esperanza» conectaba con la ilusión de alcanzar todavía un «compromiso con Gran Bretaña por la renuncia a obtener las posiciones pretendidas frente a Occidente (las posiciones británicas en Próximo Oriente y noroeste de África). Al pensar así esperaba lograr que la clase dirigente conservadora estuviera dispuesta a firmar una paz con él como consecuencia de supuestas tensiones sociales en Gran Bretaña [51]. El 7 de diciembre de 1941, mientras se efectuaba el ataque japonés a Pearl Harbor (dato desconocido aún en el «cuartel del Führer»), Hitler habló aún de la esperanza de «entablar negociaciones con Inglaterra a costa de Francia» [52].

A principios de diciembre de 1941, la situación era en realidad mucho más seria. El 29 de diciembre, Fritz Todt, ministro del Reich para Armamento y Munición, pidió a Hitler que pusiera un fin político a la guerra, pues estaba perdida en materia de economía armamentista [53]. Con el inicio de la gran contraofensiva soviética en la región de

---

York 1973; sobre la ayuda armamentista a la URSS: Beaumont, J., *Comrades in Arms: British Aid to Russia 1941-1945*, Londres 1980.

[49] Geyer, D., *Die Sowjetunion und Iran. Eine Untersuchung zur Außenpolitik im Nahen Osten*, Tubinga 1955, pp. 47 y ss.; Motter, T. H. V., *The Persian Corridor and Aid to Russia*, Washington, D.C., 1952; Jones, R. H., *The Roads to Russia: United States Lend-Lease to the Soviet Union*, Norman/Okla. 1969.

[50] Capitán general Halder, *Kriegstagebuch*, vol. III, *ibid.*, p. 295.

[51] KTB OKW, vol. I, p. 35 E.

[52] Capitán general Halder, *Kriegstagebuch*, vol. III, *ibid.*, p. 333.

[53] Reinhardt, K., *Die Wende vor Moskau, ibid.*, p. 84 (con testimonios particulares).

Moscú, el 5/6 de diciembre, Hitler dio por sentado no sólo que la operación «Barbarroja» no había logrado su objetivo en el plazo considerado necesario para consolidar con éxito su Reich por medio de la guerra, sino que, además, por tal motivo, la «*Blitzkrieg* mundial» concebida en el invierno de 1940/41 había fracasado por completo. Según una afirmación de Jodl, jefe de la junta de jefes de Estado Mayor, poco después de la capitulación alemana en 1945, Hitler había comprendido entonces «claramente» [54] que a partir del «punto culminante de principios del año 1942 no podía lograrse ya una victoria». Sin embargo, la alternativa extrema de su consigna: «Alemania será una potencia mundial, o no será», siguió marcando su línea de acción [55]. Con esfuerzos «fanáticos» en todos los terrenos procuró hacer frente al alud que se le venía encima —figuradamente hablando—. En primer lugar aplicó dichos esfuerzos al frente del este, donde prohibió cualquier retirada a gran escala al ejército alemán allí destacado que padecía por el agotamiento y el frío del invierno y había perdido ya una tercera parte de sus contingentes del comienzo de la guerra el 22 de junio de 1941 [56].

Cuando se preparaba esta «media vuelta ante Moscú», se produjo en el este de Asia el acontecimiento decisivo. Con el ataque japonés a la flota americana en Pearl Harbor y a las colonias de Gran Bretaña y Holanda en el sureste asiático, el 7 de diciembre de 1941, la guerra europea y el conflicto de Extreno Oriente confluyeron definitivamente en la «Guerra Mundial» que Hitler había querido eludir, por así decirlo, con su estrategia de sucesivas «*Blitzkriege*». En cualquier caso, esta estrategia había finalizado a las puertas de Moscú. Los japoneses habían continuado sus negociaciones secretas con EEUU —por un tiempo sorprendentemente largo para un observador posterior—, aunque, como ya hemos dicho, en la nota americana del 21 de julio se había exigido de forma

---

[54] KTB OKW, vol. IV, introducción y comentarios de P. E. Schramm, Fráncfort/M. 1961, 503. Sobre este punto son aún más precisos los comentarios de Jodl a un oficial de marina en la prisión de Núrenberg: «En esta situación catastrófica... Hitler fue el primero en sentir la inquietud de que esta guerra en dos frentes podría aplastarlo, que la guerra podría llegar a perderse» (Schramm, P. E., *Hitler als militärischer Führer*, Fráncfort/M.-Bonn ²1965, p. 68, nota 68).

[55] Hitler, A., *Mein Kampf*, Múnich ¹²1943, pp. 741 y s.

[56] KTB OKW, vol. II. Introducción y comentarios de A. Hillgruber, Fráncfort/M. 1963, pp. 38 y ss.

apenas velada, aunque indirecta, la capitulación política de Japón [57].

La observación del curso de la guerra germano-soviética pudo, quizá, haber tenido en todo esto un importante papel. De haber concluido a su debido tiempo la operación «Barbarroja» y haberse establecido el contacto entre las tropas alemanas y japonesas en el ferrocarril transiberiano, el «temporizador» del que hablamos al referirnos al embargo petrolífero americano de finales de julio de 1941, se habría «desactivado», pues el restablecimiento de las comunicaciones entre las dos potencias más importantes del «pacto tripartito» habría posibilitado el suministro de petróleo a Japón desde la Rusia conquistada. El hecho mismo del fracaso de la operación «Barbarroja» hacía la situación explosiva con el paso de las semanas. El curso cambiante de la «batalla de Smolensko» (8 de julio-5 de agosto de 1941), que llevó a la paralización del avance del cuerpo del ejército del Centro en dirección a Moscú hizo que el mando japonés llegara a la conclusión de que no podía contarse con el fin de la guerra germano-soviética en 1941. Hasta entonces había dejado abierta la posibilidad de dar al ejército de Kuangtung, concentrado en Manchuria, la orden de marchar hacia Siberia, si se atisbaba el hundimiento de la Unión Soviética; pero, el 9 de agosto de 1941, el cuartel general imperial decidió definitivamente [58] no proceder ya en ese año contra la Unión Soviética, que, como era evidente, no se había derrumbado. Cuando el consejo japonés de la Corona resolvió la apertura de hostilidades contra EEUU y Gran Bretaña en el caso de que las negociaciones secretas con EEUU no llegaran con éxito a una conclusión para el 10 de octubre, una parte del ejército de «Kuangtung» quedó liberada para las operaciones en el sur. La ofensiva alemana contra Moscú, iniciada en un primer momento con gran éxito, contribuyó a que esa decisión de guerra se revisara una vez más; el nuevo gabinete, formado el 18 de octubre bajo la presidencia del general Tojo, recibió el encargo de continuar las negociaciones con EEUU dentro de unos límites temporales e intensificar, simultáneamente, los preparativos de guerra. El 20 de octubre se añadió al marco de los planes militares un ataque por sorpresa contra Pearl Harbor todavía no considerado hasta entonces.

---

[57] Cfr. *supra*, p. 73. Sobre el asunto siguiente, cfr. también Butow, R. J. C., *Tojo and the Coming of the War*, Princeton/N. Y. 1961; Ike, N., (ed.), *Japan's Decision for War*, Stanford, Calif. 1967.

[58] Hillgruber, A., *Japan und der Fall «Barbarossa», ibid.,* p. 234 (con testimonios particulares).

Al paralizarse a finales de noviembre la ofensiva alemana en el este, el gobierno americano, que en algunos momentos había jugado con la idea de alcanzar un *modus vivendi* con Japón, abandonó esta alternativa y transmitió el 26 de noviembre una «nota de diez puntos» totalmente inaceptable para Japón —pues en ella se presentaba como *conditio sine qua non* para un arreglo el abandono de la totalidad de China—. La nota hizo que el Consejo de la Corona japonés tomara el 1 de diciembre la resolución definitiva de ir a la guerra. Previamente, el 28 de noviembre, los japoneses habían sondeado a su aliado alemán respecto a su comportamiento en el caso de una guerra entre ellos y los americanos, aunque el gobierno del Japón no expuso tampoco ahora con claridad a los alemanes la situación de las negociaciones con EEUU, si bien éstos sabían ya por informaciones de su embajada en Washington que no existía ya posibilidad alguna para un acuerdo entre Japón y Estados Unidos. Los japoneses propusieron ahora un nuevo pacto militar para una guerra común de Alemania y Japón contra EEUU y Gran Bretaña [59] que, según el deseo de Hitler, debería excluir cualquier paz por separado de uno de los socios. En la tarde del 4 de diciembre, Hitler había resuelto ir a la guerra contra EEUU al lado de Japón. El 7 de diciembre, cuando aún no se había llegado a firmar el «acuerdo de no conclusión de una paz por separado», aunque con la certeza de la participación de Alemania (e Italia) en la guerra contra EEUU, los japoneses iniciaron las hostilidades no sólo en el sureste asiático —como se había esperado por parte americana, pues así se deducía de numerosas informaciones japonesas descifradas—, sino también con el ataque por sorpresa contra la flota americana del Pacífico, fondeada en Pearl Harbor (archipiélago de las Hawai), al que habían aludido sólo unos pocos mensajes de radio japoneses que no hallaron, por tanto, la atención necesaria [60].

La situación que ahora se presentaba, en la que el agresor no era EEUU, sino Japón, no estaba prevista en el «Pacto tripartito». Por tanto, Hitler no quedaba formalmente obligado a declarar por su parte la guerra a EEUU [61]. No obstante, la tesis —mantenida, entre otros, por

---

[59] Martin, B., *Deutschland und Japan im Zweiten Weltkrieg. Vom Angriff auf Pearl Harbor bis zur deutschen Kapitulation*, Gotinga- Zúrich-Fráncfort/M.1969, pp. 34 y ss.
[60] Rohwer, J., «Die Pearl-Harbor-Frage in der historischen Forschung», en *Europa und Übersee. Festschrift für E. Zechlin*, Hamburgo 1961, pp. 241 y ss.; Wohlstetter, R., *Pearl Harbor. Warning and Decision*, Stanford/Calif. 1962.
[61] Sobre el debatido problema de los motivos que impulsaron a Hitler a declarar

el entonces ministro británico de Asuntos Exteriores, Eden— de que con su declaración de hostilidades contra EEUU el 11 de diciembre de 1941 Hitler había rechazado una gran oportunidad de evitar la guerra con Norteamérica, al menos a largo plazo, pues las emociones de la opinión pública americana se dirigían, tras Pearl Harbor, unilateralmente contra Japón, olvida la situación de la política mundial y la interpretación que de ella hacía Hitler. Aunque el gran éxito del golpe japonés contra Pearl Harbor había dejado fuera de combate los barcos de guerra americanos, núcleo hasta entonces de la flota del Pacífico (mientras que los portaaviones, que no se hallaban en puerto, quedaron perfectamente intactos y pasaron a formar el nuevo núcleo de esa misma flota), Hitler tenía de la capacidad militar de Japón en una gran guerra contra EEUU la estima suficiente como para confiar en que su aliado de Extremo Oriente pudiera valerse por sí solo contra Estados Unidos. El desplazamiento temporal de toda la potencia militar americana al Pacífico, contra los japoneses, habría supuesto, sin duda, un alivio en Europa, pero el peligro inherente de que Japón se derrumbara rápidamente ante la fuerza de EEUU, que Hitler consideraba muy elevada, y que la maquinaria de guerra americana se dirigiese a continuación con todo su ímpetu contra Alemania, le parecía muy grande. Por eso, al decidirse a declarar la guerra de inmediato a EEUU, estaba eligiendo el mal menor de acuerdo con sus ideas sobre la situación política mundial, fundamentalmente distinta de la del verano de 1941. De este modo, los Estados Unidos se veían obligados desde un principio a mantener una guerra en ambos océanos que les obligaba a dividir sus fuerzas, aun cuando quisiesen situar el centro de gravedad en uno de los dos grandes escenarios bélicos. Eso es lo que ocurrió con el teatro de operaciones Europa-Atlántico, tal como estaba previsto en los planes británico-americanos y según lo habían decidido Roosevelt y Churchill a finales de diciembre de 1941 en un encuentro en Washington.

¿Cómo había imaginado el mando japonés la guerra contra

---

la guerra a EEUU, a pesar de todo, cfr. los recientes escritos de Weinberg, G. L., «Germany's Declaration of War on the United States: A New Look», en Trefousse, H. L. (ed.), *Germany and America: Essays on Problems of International Relations and Immigration*, Nueva York 1980, pp. 54 y ss., y Jäckel, E., «Die deutsche Kriegserklärung an die Vereinigten Staaten von 1941», en *Im Dienste Deutschlands und des Rechts*, obra en homenaje a Wilhelm G. Grewe en su 70 aniversario, Baden Baden 1981, pp. 17-137.

EEUU y Gran Bretaña? [62] El plan de guerra japonés significaba un compromiso entre los mandos superiores del ejército de tierra y la marina en el que el plan parcial de un golpe contra Pearl Harbor, añadido posteriormente, tuvo su origen en una autoridad subordinada, el famoso jefe de la flota, el almirante Yamamoto. El ejército japonés estaba inmovilizado en su mayor parte por la guerra contra China y, por tanto, sólo se podía disponer de un contingente relativamente débil para las operaciones planificadas en el sureste asiático. La marina, en cambio, participó con la masa de sus fuerzas navales y aéreas. (No existía un arma aérea como parte independiente del ejército.) En la primera fase de la guerra, tras la ocupación sin lucha de Tailandia, estaba previsto que desde la Indochina francesa se conquistaran la península británica de Malaya y Singapur, así como las Filipinas, en poder de EEUU, y posteriormente Hongkong y las islas americanas de Guam y Wake; en la Fase II debería seguirle la India holandesa, la región de mayor importancia para la economía japonesa, y a continuación, en la zona occidental, Birmania (para bloquear el envío de suministros de británicos y americanos a la China de Chang Kai-chek a través de la carretera de Birmania y amenazar desde allí a la India), así como, en el sureste, el archipiélago de las Bismarck (como potencial amenaza a Australia).

Tras la conquista de estas regiones, de importancia vital para el abastecimiento de materias primas a Japón, todas las fuerzas armadas japonesas deberían pasar a una posición estratégica defensiva y establecer en las zonas externas un sistema de defensa en profundidad en el que habría de ser interceptado cualquier contraataque británico o americano. Como un ataque de estas características sólo podría realizarse por mar, la flota de guerra japonesa constituía el pilar del conjunto defensivo del «gran espacio» dominado por los japoneses. Esto correspondía a una concepción estratégica básica desarrollada ya en la década de 1920 y puesta bajo la divisa «Batalla marina al acecho», lo cual significaba que la flota de guerra japonesa no

---

[62] Hattori, T., «Japans Operationsplan für den Beginn des Pazifischen Krieges», en *Wehrwissenschaftliche Rundschau*, 7 (1957), pp. 247 y ss.; Ohmae, T., «Die strategischen Konzeptionen der japanischen Marine im Zweiten Weltkrieg», en *Marine-Rundschau*, 54 (1957), pp. 79 y ss.; un resumen, en Rohwer, J., «Die See-Luftschlacht bei Midway 1942», en Jacobsen, H.-A. y Rohwer, J. (eds.), *Entscheidungsschlachten des Zweiten Weltkrieges*, Fráncfort/M. 1960, pp. 189 y ss.; Collier, B., *The War in the Far East, 1941-1945. A Military History*, Londres 1969; Thorne, C., *Allies of a Kind: The United States, Britain and the War against Japan, 1941-1945*, Oxford/Nueva York 1979.

debería salir en actitud ofensiva del espacio dominado por Japón
para buscar al adversario en sus escondrijos, sino que habría de estacionarse en el centro, más o menos, de la zona marítima controlada
por ella y estar siempre en condiciones de atajar el ataque del enemigo desde una posición favorable. Como resultado de la lucha naval,
que, según la convicción de los japoneses, se decidiría en beneficio
propio y supondría para al adversario la pérdida, a ser posible, de la
mayor parte de su flota, el enemigo se percataría, según se esperaba,
de la inutilidad del intento de reconquistar el «gran espacio» japonés
y, finalmente, se hallaría dispuesto a aceptar una paz que reconociera
el dominio de Japón sobre el sureste asiático.

Aunque estas metas previstas por los japoneses se vieron notablemente ampliadas (India, Australia, el Pacífico central) bajo la impresión causada por los considerables y rápidos éxitos de los primeros
meses de guerra [63], se diferencian claramente del «programa» de Hitler. A pesar de su extensión territorial, eran regionalmente limitadas.
A diferencia de Hitler, el mando japonés no había pensado en aniquilar a ninguna otra gran potencia. Ni siquiera consideraba posible
obligar a capitular a su principal adversario, EEUU. Su objetivo se
dirigía a conseguir de América el reconocimiento del «gran espacio»
de hegemonía japonesa como su propia esfera de intereses, es decir,
el dominio sobre regiones que, según entendía Japón, no eran parte
auténticamente vital de otras grandes potencias. El planteamiento de
objetivos japonés carecía, además, del rasgo dinámico característico
de Hitler por el que cualquier éxito político o militar representaba
siempre un mero punto de partida para otro nuevo impulso.

¿Cómo se desarrolló —por dirigir una breve ojeada a la otra parte— la relación entre las potencias de la «coalición antiHitler» en
estos primeros meses tras su creación (de junio a diciembre de 1941),
provocada por el mismo Hitler? Fue decisivo que el mando británico
y norteamericano no comprendieran el carácter especial de la guerra
de Hitler en el este. No reconocieron que no se trataba simplemente
de una extensión del conflicto, como en el caso de la ocupación de
Dinamarca y Noruega, la incorporación de Holanda, Bélgica y Luxemburgo o la conquista de Yugoslavia y Grecia, sino que la nueva
«campaña» de Hitler constituía la «auténtica» guerra, y no incluyeron
en sus consideraciones políticas este dato fundamental. En conse

---

[63] Cfr. *infra,* p. 94.

cuencia, no comprendieron que —con total independencia de cómo
lo viera Stalin, cuyos cálculos tras el vuelco de la guerra germano-soviética desde el otoño de 1942 expondremos más adelante— [64], esa
concepción definitiva y radical hitleriana de la guerra de aniquilación
era precisamente la que excluía plenamente en este caso un *renverse-
ment des alliances* —cosa perfectamente habitual en las «guerras nor-
males» europeas— y que los aliados occidentales no tenían por qué
temer, por tanto, una repetición, una «reedición, del pacto Hitler-Sta-
lin. A pesar de sus temores al respecto, los gobiernos de Gran Bretaña y EEUU pensaban poder obviar los intereses específicos soviéticos en Europa, sobre todo los de carácter territorial, pues, según sus
cálculos, la Unión Soviética no podría resistir la acometida alemana.
Una vez que la Unión Soviética hubo superado su crisis más grave y
se entrevió el fracaso alemán ante Moscú, Stalin se expresó sin disi-
mulos en una carta a Churchill del 8 de noviembre [65]: «No hay entre
nuestros países ningún convenio preciso sobre los objetivos de la
guerra y las regulaciones de paz tras el conflicto. No existe acuerdo
alguno entre la URSS y Gran Bretaña sobre un apoyo militar mutuo
contra Hitler en Europa. Mientras no se llegue a un pacto en estas
dos principales cuestiones, no existirá claridad en las relaciones an-
glo-soviéticas, sino que, francamente hablando, faltará la confianza re-
cíproca».

Churchill no envió a Moscú a su ministro de Asuntos Exteriores
Eden hasta mediados de diciembre de 1941, cuando, con el éxito de
la contraofensiva soviética en la periferia de Moscú —y debido también, en buena parte, a la entrada de EEUU en la guerra, lo cual garantizaba *de facto* la victoria final de los aliados—, fue evidente que la
Unión Soviética se mantendría como factor de primera magnitud [66].
En las explicaciones dadas por Stalin a Eden en las conversaciones
del 16 al 20 de diciembre, que pusieron al descubierto al menos parcialmente los objetivos de guerra de aquél, se perfiló una continuidad en sus objetivos tal como se conocían ya desde las conversaciones de Molotov con Hitler y Ribbentrop en Berlín, en noviembre de
1940. Las exigencias planteadas a los aliados occidentales se presen-

[64] Cfr. *infra*, p. 101.
[65] *Briefwechsel Stalins mit Churchill, Attlee, Roosevelt und Truman 1941-1945, ibid.*,
pp. 41s.; Beitzel, R., *The Uneasy Alliance. America, Britain, Russia 1941-1943*, Nueva
York 1972.
[66] Woodward, L., *British Foreign Policy*, vol. II, *ibid.*, pp. 230 y ss.

taron en tres etapas sucesivas: 1. Reconocimiento por parte de las potencias occidentales de las fronteras occidentales soviéticas del 22 de junio de 1941, es decir, de la anexión de Polonia oriental, los países bálticos y el este de Rumanía; 2. Anexión adicional de la región finlandesa de Petsamo en el océano Ártico y establecimiento de bases soviéticas en el oeste de Rumanía (concebidas claramente como una primera etapa para la imposición del dominio soviético sobre la península de los Balcanes); 3. Partición de Alemania, esbozada todavía de manera vaga mediante los objetivos de guerra de dejar sin efecto el *Anschluß*, la «anexión» de Austria, crear una Baviera independiente, separar Renania del resto de Alemania y entregar Prusia oriental a Polonia. La región del Memel y de Tilsit deberían cederse a la Unión Soviética. (Esto último constituyó el punto de partida de la demanda de cesión de todo el norte de Prusia, con su capital de Königsberg, a la Unión Soviética, planteada más tarde en Teherán, en 1943). Los aliados occidentales soslayaron por iniciativa de Roosevelt considerar en detalle las cuestiones planteadas por Stalin en las conversaciones con Eden, pues el presidente americano deseaba dejar en principio para más tarde la problemática concreta de los objetivos de guerra. Por un lado, según hemos dicho, las exigencias soviéticas presentaban para la fase final de la guerra el mismo programa esbozado por Molotov ante los dirigentes alemanes. Sin embargo, los planteamientos soviéticos enlazaban ahora con el objetivo más amplio de impedir en el futuro una repetición de la situación del 22 de junio de 1941 destruyendo la unidad estatal del Reich alemán y su condición de gran potencia. Desde el punto de vista de Stalin esto representaba una inversión, por así decirlo, de los objetivos políticos de Hitler quien, por su parte, quería evitar para siempre la recomposición de una potencia fuerte en el borde oriental de su imperio continental al oeste de los Urales mediante la demolición de la Unión Soviética. Como los aliados occidentales no respondieron a este «programa» de Stalin, que preveía en líneas generales una partición de Europa en un ámbito de dominio soviético y otro británico (Noruega, Holanda/Bélgica y Francia), el dirigente de la URSS se reservó hasta el otoño de 1943 una alternativa —con mayor énfasis en la política alemana— sobre la que volveremos cuando tratemos del curso de la guerra en los años 1942/43, pues sólo entonces se puso de manifiesto [67].

---

[67] Cfr. *infra*, p. 124.

El resultado más importante de todos los acontecimientos políticos y militares de estos meses de junio a diciembre de 1941 para la historia mundial fue el hecho de que Stalin superara la crisis de su imperio en el verano y el otoño de 1941 sin verse obligado a aceptar, a causa de la impresión producida por la amenaza temporal de hundimiento de la capacidad de resistencia del Ejército Rojo, una dependencia política de EEUU y Gran Bretaña al objeto de poder recibir por fin ayuda militar efectiva y a gran escala de los aliados occidentales. Stalin logró mantener en la guerra una posición independiente de la Unión Soviética como premisa para alcanzar sus objetivos bélicos y conseguir para su imperio el ascenso político al rango de potencia mundial.

Capítulo V
LA GUERRA MUNDIAL DE PEARL HARBOR A STALINGRADO
(diciembre 1941-febrero 1943)

Al confluir la guerra europea y el conflicto en Extremo Oriente en una «guerra mundial» (en el sentido literal de la palabra) se alteraron las escalas de la política y la actividad bélica de todos los implicados —o, mejor dicho, deberían haberse alterado—. El año 1942 fue el único de la guerra en que las potencias del «Pacto tripartito» pusieron en práctica, al menos de forma incipiente, o se propusieron una estrategia global, una actuación conjunta de Alemania y Japón aproximadamente similar a los planes británico-americanos. Se trataba —o así parece desde una perspectiva histórica posterior, y así es también como lo vieron entonces sus adversarios, los Estados Mayores generales británico y norteamericano— de explotar la única posibilidad que les quedaba: los problemas generales de EEUU para iniciar las actividades bélicas, que se prologarían aún previsiblemente durante meses, y los particulares provocados por la acción de Pearl Harbor. De ese modo, las potencias aliadas de Alemania y Japón, con sus campos de operaciones separados en Europa/África y Asia oriental/Pacífico, podrían establecer un enlace seguro por tierra y mar a través de Asia occidental y la India, donde la población no consideraba al menos con total rechazo ni estaba decidida a oponer gran resistencia a una «liberación» traída por alemanes y japoneses, sino que más bien aspiraba abiertamente, al menos en parte, a deshacerse del dominio colonial británico. Desde el punto de vista espacial, se trata ba de ocupar todo el territorio al sur de la Unión Soviética desde Birmania hasta Irán y Turquía, pasando por la India, con el fin, al mismo tiempo, de aislar a la Unión Soviética de los aliados occidentales, expulsar totalmente a EEUU y Gran Bretaña del continente euroasiático y privarles de cualquier posibilidad de afianzar y ampliar el ámbito de poder del que disponían aún allí o establecerse en otros nuevos, o, al menos hacérselo imposible a largo plazo.

El 3 de enero de 1942, en consonancia con lo anterior, Hitler expuso así al embajador japonés en Berlín, Oshima, su concepción estratégica [1]: Sería, «sin duda, la primera vez en la historia que..., dos potencias militares tan imponentes y separadas por una gran distancia se unieran en la lucha. Si se determinaran con precisión las operaciones militares, esta situación les permitiría crear en sus acciones de guerra un efecto de palanca con consecuencias considerables sobre el enemigo, pues se vería obligado a desplazar constantemente su centro de interés y, de esa manera, dispersar su fuerza sin persepectivas de éxito. No creía [Hitler] que, en ese caso, los Estados Unidos tuvieran aún valor para llevar a cabo operaciones de ofensiva en el espacio de Asia oriental». Si gracias a esa colaboración germano-japonesa en un marco global «Inglaterra perdía la India, se derrumbaría todo un mundo. La India es el núcleo del Imperio inglés». «Es necesario que Alemania y Japón traten sobre planes comunes en 1942/43». Opina [Hitler] «que hay que aniquilar a Inglaterra. (Sin embargo) no sabe aún cómo se habrá de vencer a EEUU».

Si se piensa en la declaración, mucho más optimista, a Oshima el 14 de julio de 1941 —en el punto culminante de las ilusiones de victoria en el este— [2], esta última observación contiene en sí la confesión de que Hitler ignoraba en definitiva cómo debería acabar con su principal adversario, EEUU, en las condiciones del momento, completamente alteradas por el fracaso de la operación «Barbarroja».

El «Acuerdo militar entre Alemania, Japón e Italia», firmado en Berlín el 18 de enero de 1942, no era nada convincente, si se compara con el planteamiento de objetivos estratégicos globales para las actividades de guerra germano-japonesas en 1942, reconocidos con perfecta claridad [3]. En vez de hacer ante todo alguna propuesta sobre

---

[1] *Akten zur deutschen auswärtigen Politik 1918-1945*, serie E, vol. I, Gotinga 1969, pp. 57 y ss.
[2] Cfr. *supra*, p. 70.
[3] Martin, B., «Die 'Militärische Vereinbarung zwischen Deutschland, Italien und

cooperación mutua, la principal resolución de este «Acuerdo» fue una división de las zonas de operaciones para las operaciones bélicas de las dos potencias por mar y aire. La línea de separación, coincidente con los 70 grados de longitud este (que corría a través del océano Índico y la India, más o menos por el cauce del Indo), no habría de tener un mero carácter operativo provisional, sino que debería marcar ya además las fronteras entre el futuro «gran espacio» alemán y japonés, como lo mostró en las negociaciones previas la disputa sobre la prolongación de la línea en el continente asiático en la zona de la Unión Soviética —se trataba de la asignación de algunos centros industriales soviéticos siberianos a Alemania o a Japón—. Como idea directriz para las actividades de guerra comunes, se previó en el «Acuerdo» que «si la flota de guerra americana e inglesa se concentran mayoritariamente en el Atlántico, Japón intensificará su guerra comercial en toda la zona del Pacífico y el Índico y enviará, además, una parte de sus fuerzas navales al Atlántico, para colaborar allí con las marinas de guerra alemana e italiana». Alemania e Italia declararon, por su parte, su voluntad de «destruir importantes bases de Inglaterra y Estados Unidos en el Próximo y Medio Oriente y en el Atlántico y atacar y ocupar allí las regiones que les pertenecieran. Su pretensión era acabar con las fuerzas de tierra, mar y aire inglesas y norteamericanas en el Atlántico y el Mediterráneo y destruir el comercio enemigo. Si las flotas de guerra inglesa y norteamericana se concentraban mayoritariamente en el Pacífico, Alemania e Italia enviarían allí una parte de sus fuerzas navales para colaborar de inmediato con la marina japonesa».

La concreción de las líneas directrices, fijadas muy vagamente en este «acuerdo», debería encomendarse a una comisión mixta permanente germano-italo-japonesa con sede en Berlín. Dicha comisión no llegó en la práctica a tener efectos pues, como confirmó después de la guerra en un análisis su representante japonés, almirante Nomura [4], Japón, Alemania e Italia tenían muchos secretos pero pocos problemas en común.

Tanto en Alemania como en Japón había pocas personas que consideraran fundamental para el éxito en la nueva «Guerra Mun-

Japan' vom 18. Januar 1942», en Hillgruber, A., (ed.), *Probleme des Zweiten Weltkrieges*, Colonia-Berlín 1967, pp. 34 y ss.
    [4] KTB OKW, vol. II, *ibid.,* p. 5.

dial» la cooperación entre las dos potencias decisivas del «Pacto tripartito». En el lado alemán, el representante de esta actitud era sobre
todo el comandante en jefe de la marina de guerra, Raeder, deseoso
de aprovechar en beneficio de su concepción, cuyo primer objetivo
era siempre Gran Bretaña, la nueva situación mundial creada por la
entrada en guerra de Japón (y EEUU) y poner así en primer plano el
enfrentamiento contra las potencias marinas —en contra de la planificación continental de Hitler, dirigida contra la Unión Soviética—.
El 13 de febrero de 1942, Raeder explicaba a Hitler [5]: «Las posiciones de Suez y Basora son los pilares occidentales del dominio británico en la zona del Índico. Si se consigue derribar estas posiciones por
la presión conjunta de las potencias del Eje, las consecuencias estratégicas para el Imperio británico serán aniquiladoras. Un pronto
avance germano-italiano (desde Libia) contra la posición clave británica de Suez tendría, estratégicamente, la máxima importancia (clari-
ficación total de la situación en el Mediterráneo, fuentes petrolíferas
de Mosul, repercusiones en la actitud de Turquía, Próximo Oriente,
movimientos árabe e indio, repercusiones en el frente del este, Cáucaso). Los mismos ingleses consideran... extraordinariamente intensa
la actual amenaza en el ámbito egipcio y temen el establecimiento de
una conexión estratégica entre las operaciones de guerra germano-ita-
lianas y japonesas.» (En efecto, cuando, a principios de febrero de
1942, el grupo de blindados germano-italiano de África se puso de
nuevo en movimiento a las órdenes de Rommel desde la posición de
Marsa-el-Brega, en las Sirtes, hacia la frontera egipcia —movimiento
que, sin embargo, se detuvo el 7 de febrero en la posición de Gazala,
al oeste de Tobruk—, los británicos consideraron tan seria la situación en Egipto que el 4 de febrero de 1942 obligaron al rey Faruk,
que mantenía contactos secretos con Hitler y aguardaba la llegada de
los alemanes a El Cairo, a nombrar un nuevo gobierno de su agrado
bajo la presidencia de Naha Pachá —con el resultado de que la mayoría de los oficiales egipcios expresó sus sentimientos antibritánicos
con tanta claridad que el ejército egipcio sólo pudo recurrir en la etapa británica a auxiliares de rango inferior [6].)
     Un memorándum del mando alemán de la marina de guerra del

---

[5] *Ibid.*, pp. 5 y s.
[6] Sobre este asunto, Abu Zekry, N., *Die britische Ägypten-Politik im Zweiten Weltkrieg* (en preparación).

20 de febrero de 1942 concluía aconsejando posponer todas las operaciones en el este, con la excepción de un avance hacia el Cáucaso y la ocupación de Murmansk a fin de dificultar la comunicación de la Unión Soviética con los aliados occidentales, e intentar una ofensiva en Próximo Oriente [7]. Según su contenido, se presentaba la «oportunidad histórica» de conquistar, mediante la colaboración con Japón, las posiciones clave británicas en Próximo Oriente con fuerzas relativamente reducidas y en un tiempo previsible. Sin embargo, no sólo Hitler sino también el Estado Mayor del ejército de tierra alemán seguían decididos a mantener el este como su pilar central de las actividades bélicas y a aprovechar el tiempo restante hasta la entrada efectiva de EEUU en la guerra europea para realizar un nuevo esfuerzo destinado, si no a vencer totalmente a la Unión Soviética —como repitió Hitler en una declaración pública (discurso del Día de los Héroes, 15 de marzo de 1942) [8]: «Las hordas bolcheviques... serán derrotadas por nosotros el próximo verano»)—, sí a provocar la retirada del Ejército Rojo del Volga inferior mediante una ofensiva de verano en el sur del frente —objetivo al que apuntaban sus decisiones militares—, penetrar hasta el Cáucaso y seguir avanzando luego hasta Irán e Irak.

Hitler consideraba que la única posibilidad realista de introducirse en las posiciones británicas del Próximo Oriente y establecer allí contacto con los japoneses era la de avanzar por tierra a través del sur de Rusia, y no por Italia y el Mediterráneo. En opinión de Hitler, la Rusia soviética, privada de sus más importantes bases de materias primas y líneas de contacto con el mundo exterior, podría, sin duda, seguir combatiendo aún durante un tiempo relativamente largo en lo que quedara del frente este, pero ello no supondría ya grandes problemas geoestratégicos. El plan de campaña del este para 1942, concebido por Hitler en la «Instrucción núm. 41» del 5 de abril de 1942, decía en su parte esencial [9]: «El objetivo es aniquilar definitivamente las fuerzas que actualmente les quedan a los soviéticos y privarles en la medida de lo posible de las fuentes de energía para su economía de guerra... Manteniendo los rasgos fundamentales originales de la campaña del este, se trata ahora de hacer caer Leningrado en el nor-

---

[7] KTB OKW, vol. II, pp. 6 y s.
[8] Domarus, M., (ed.), *Hitler. Reden und Proklamationen*, vol. II, *ibid.*, p. 1850.
[9] Hubatsch, W., (ed.), *Hitlers Weisungen für die Kriegführung 1939-1945, ibid.*, pp. 183 y ss.

te, dejando en sus posiciones al ejército de la zona centro, y establecer conexiones por tierra con los finlandeses y, en el sur, forzar la penetración en la región del Cáucaso». El avance desde la región de Jarkov y Kursk debería realizarse en primer lugar hacia el este, en dirección al Volga, junto a Stalingrado, pasando por el meandro del Don, y continuar luego en un frente amplio hacia el sur, en dirección al Cáucaso. (Así pues, la operación principal no era el asalto a Stalingrado; esta ofensiva estaba destinada únicamente a encubrir el avance principal hacia la región del Cáucaso.)

Se ha de considerar un factor determinante el que, en la primavera de 1942 y a consecuencia de la batalla de invierno de 1941/42, que había durado meses y causado grandes pérdidas, el ejército alemán del este se hallara en tan mal estado que la reanudación de la ofensiva alemana en el sector meridional del frente no fue posible hasta el 28 de junio de 1942 [10]. Ese mismo día —28 de junio de 1942—, el departamento de Ejércitos Extranjeros del Este, del Estado Mayor del ejército de tierra, constataba en un memorándum dirigido a Hitler [11] que, aun lográndose plenamente el éxito de todas las operaciones de ataque previstas, «el número de soldados en combate del Ejército Rojo... en el año 1942 no resultaría debilitado, al parecer, de manera tan decisiva como para hacer probable un hundimiento militar». En cambio, contando con unas pérdidas iguales a las de la campaña del verano de 1941, el ejército alemán del este acabaría considerablemente más debilitado que al inicio de la nueva ofensiva, quedando así excluida para 1943 una tercera ofensiva de gran alcance en el este. En otras palabras: la iniciativa pasaría a más tardar en ese momento al Ejército Rojo. Por tanto, al comenzar la ofensiva del verano de 1942 estaba ya bien claro para el mando supremo alemán lo desesperado de la situación general de la guerra. Disponía sólo de unos pocos meses para alcanzar por lo menos los objetivos propuestos, de modo que Hitler, en su deseo de lograrlo todo y con el fin de llegar al Cáucaso lo más rápidamente posible, ordenó el 23 de julio [12], cuatro semanas después haber iniciado con éxito la ofensiva, acometer simultáneamente los objetivos de las operaciones de

---

[10] Sobre el desarrollo de las operaciones de la ofensiva de verano de 1942: KTB OKW, vol. II, pp. 50 y ss.

[11] KTB OKW, vol. II, pp. 51 y s.

[12] Hubatsch, W., (ed.), *Hitlers Weisungen für die Kriegführung 1939-1945, ibid.*, pp. 196 y ss.

Stalingrado y el Cáucaso, en vez de hacerlo de manera sucesiva, y emprender al mismo tiempo la conquista de Leningrado (incluida la aniquilación de la ciudad) [13]. El resultado fue una dispersión de las fuerzas a gran escala y la iniciación de operaciones excéntricas de dimensiones desconocidas que casi invitaban al adversario a penetrar por los amplios huecos del frente alemán en el sur y cercar las fuerzas comprimidas en la zona de Stalingrado (que nunca pudo ser conquistada por completo) y el Cáucaso (que, a pesar de todos los esfuerzos, no se logró superar, de manera que los puertos de la orilla este del Mar Negro permanecieron en manos soviéticas, a excepción de Novosibirsk).

Por lo que respecta a la proyectada actuación conjunta de Alemania y Japón en 1942 y al encuentro entre fuerzas armadas alemanas y japonesas en la zona de la India tuvo aún mayor importancia el curso desfavorable de las operaciones japonesas, ocultado a los alemanes, después de concluidas las conquistas previstas en origen, que se habían llevado a cabo con prontitud y según lo planeado. También fallaron las condiciones políticas para una colaboración entre las dos principales potencias del «Pacto tripartito». No obstante, en la primavera de 1942, los signos políticos de la India británica presagiaban tormenta [14]. Los dirigentes del partido del Congreso indio, Gandhi y Nehru, plantearon la exigencia de que se garantizara ahora la independencia total a la India, pues sólo así podría identificarse su país con los objetivos de la «coalición antihitler»; pero sir Stafford Cripps, enviado a Nueva Delhi y hasta entonces embajador británico en Moscú —y nombrado entre tanto ministro del gabinete de coalición de Churchill—, se obstinó durante las negociaciones en mantener la posición fijada en Londres, según la cual sólo se podría conceder la independencia después de la guerra. El 11 de abril de 1942, tras varias semanas de discusiones, se conoció el fracaso de la misión de Cripps, que parecía ofrecer una gran oportunidad política a las potencias del «Pacto tripartito». En efecto, ese mismo día, el gobier-

---

[13] Sobre los planes para Leningrado en 1942 (no realizados finalmente debido a una ofensiva soviética en la retaguardia de las fuerzas alemanas que se habían puesto ya en marcha), cfr. Hillgruber, A., «'Nordlicht'-Die deutschen Pläne zur Eroberung Leningrads im Jahre 1942», en *Id., Deutsche Großmacht- und Weltpolitik im 19. und 20. Jahrhundert, ibid.,* pp. 295 y ss.

[14] Voigt, J. H., *Indien im Zweiten Weltkrieg,* Stuttgart 1978, pp. 96 y ss.; Hauner, M., *India in Axis Strategy. Germany, Japan, and Indian Nationalists in the Second World War,* Stuttgart 1981.

no japonés sugirió que Alemania y Japón presentaran una declaración conjunta sobre la India en la que debería hablarse expresamente de un apoyo a su independencia. Ribbentrop estaba dispuesto a ello, pero Hitler frenó la iniciativa. Es cierto que el 27 de mayo de 1942 recibió al dirigente nacionalista Subhas Chandra Bose [15], que se hallaba en Alemania tras haber huido de la India a la Unión Soviética y que desde diciembre de 1941 hacía propaganda desde Berlín en favor de un movimiento antibritánico en su país; sin embargo, a pesar de las declaraciones verbales de simpatía por la lucha de liberación india, Hitler perseveró en su aversión hacia los indios por motivos de ideología racista e, incluso ahora, dio curso libre en círculos íntimos a sus ilusiones sobre la posibilidad de que los británicos se inclinaran por la paz si los alemanes amenazaban las posiciones de Gran Bretaña en la periferia de la India (tras un avance hacia Irán por el Cáucaso).

El objetivo de un arreglo con Gran Bretaña no debería perderse de vista —en opinión de Hitler— por una posición favorable a la independencia de la India. Por otra parte, una declaración sobre la India sólo beneficiaría a los japoneses, que buscaban atar el movimiento de independencia indio al carro de sus objetivos políticos. (Los «Acuerdos» del 18 de enero de 1942 habían asignado de hecho la mayor parte de la India a la zona de operaciones japonesa.) Cuando, el 9 de agosto de 1942, los británicos dieron el paso de encarcelar a Gandhi y Nehru, provocando grandes demostraciones de protesta («levantamiento de agosto»), las «potencias del Pacto tripartito» no tenían un programa unitario para la India ni, dada la marcha de la guerra, que expondremos más adelante, la posibilidad de influir desde fuera en las revueltas del país, que continuaron hasta noviembre de 1942. El traslado de Bose a la zona de influencia japonesa, aceptado por Hitler, fue retrasado por los alemanes hasta abril de 1943. (El 27 de abril de 1943, Bose pasó de un submarino alemán a otro japonés y no sería recibido en Tokio por Tojo hasta el 16 de junio de 1943.)

Tampoco se llegó a presentar una declaración sobre Arabia [16], ni común a las potencias del «Pacto tripartito» ni exclusivamente alema-

[15] *Akten zur deutschen auswärtigen Politik 1918-1945*, serie E, vol. II, Gotinga 1972, pp. 422 y ss.
[16] Schröder, Ph. B., *Deutschland und der Mittlere Osten im Zweiten Weltkrieg*, Gotinga 1975; Schröder, J., *Die Beziehungen der Achsenmächte zur Arabischen Welt*, en Funke, M. (ed.), *Hitler, Deutschland und die Mächte, ibid.*, pp. 365 y ss.; Tillmann, H., *Deutschlands Araberpolitik in Zweiten Weltkrieg*, Berlín (este) 1965.

na, a pesar de la influencia propagandística favorable a Alemania que ejercieron en los países árabes tanto Ghailani, anterior primer ministro iraquí, huido a la zona de influencia alemana tras el fracasado levantamiento en Irak (mayo de 1941) y recibido por Hitler el 15 de julio de 1942, como el «Gran Mufti» de Jerusalén, Husseini (quien, a pesar de una visita a Hitler el 28 de noviembre de1941 [17], apostaba más por Italia que por Alemania). Es indudable que la tendencia antisionista o antisemítica de los nacionalistas árabes los vinculaba con la Alemania nacionalsocialista, pero en la mayoría de ellos los lazos entre Alemania e Italia, cuyos objetivos en el ámbito árabe eran vistos —según hemos dicho— con la más profunda desconfianza, constituían un obstáculo; otro tanto sucedía en el caso de Hitler con las posturas antibritánicas de los árabes que se cruzaban, por así decirlo, en el camino de sus esperanzas, nunca abandonadas, de que Gran Bretaña se decidiera a cambiar de rumbo. En cualquier caso —como siempre subrayó Hitler— la rebelión del mundo árabe no debía comenzar hasta que las tropas alemanas estuvieran en condiciones de penetrar allí desde Libia o el Cáucaso. En conformidad con esta circunstancia se hizo pública una «declaración germano-italiana sobre Egipto» el 3 de julio de 1942, cuando el ejército de blindados dirigido por Rommel había penetrado hasta El Alaméin (90 kilómetros al oeste de Alejandría) y se esperaba —en vano— la continuación del avance hacia Egipto (anticipado de forma propagandista en el informe del 2 de julio de las fuerzas armadas alemanas con la afirmación: las tropas italo-germánicas «persiguen a las fuerzas británicas derrotadas, que se retiran al delta del Nilo») [18]. En la declaración se decía que Alemania e Italia se comprometían a «respetar y asegurar la independencia de Egipto y su soberanía». El objetivo de la entrada en Egipto era «arrojar a los ingleses del territorio egipcio y proseguir contra Inglaterra las operaciones destinadas a liberar el Próximo Oriente del dominio británico».

Aunque todo esto era muy importante, aún tuvo mayor peso el cambio de la situación en la zona de influencia japonesa. Según hemos explicado [19], el objetivo original de Japón, de acuerdo con el

---

[17] *Akten zur deutschen auswärtigen Politik 1918-1945*, serie D, vol. XIII, *ibid.,* pp. 718 y ss.
[18] KTB OKW, vol. II, p. 107.
[19] Cfr. *supra,* pp. 84 y s. Sobre la cuestión siguiente, Rohwer, J., *Die See-Luftschlacht bei Midway 1942, ibid.,* pp. 189 y ss.

plan de operaciones, consistía en pasar de manera general a la estrategia defensiva tras la conquista de las regiones del sureste asiático, de Birmania al archipiélago de las Bismarck pasando por la India holandesa, a fin de mantenerse a la espera de la contraofensiva norteamericana por mar. Tras la conquista de los mencionados territorios, concluida en pocas semanas sin apenas pérdidas dignas de mención, el Estado Mayor japonés quería continuar con este plan debido a la carga que soportaba en China el ejército de tierra. En cambio, tanto el Estado Mayor de la marina como el de la Flota Unida, que gozaba de hecho de una gran independencia a las órdenes del almirante Yamamoto, el vencedor de Pearl Harbor, presionaron para que la zona de influencia japonesa se ampliara de nuevo considerablemente a fin de disponer de una baza para inducir a EEUU a buscar cuanto antes una paz negociada. El Estado Mayor de la marina se proponía conquistar toda Australia o, al menos, algunas bases importantes en el país; el Estado Mayor de Yamamoto abogaba por proseguir el avance hacia el este, sobre la línea de bases americanas en el Pacífico central. Tras la toma de Guam y Wake en diciembre de 1941, los siguientes objetivos de conquista serían Midway y, finalmente, el archipiélago de las Hawai. Puesto que las fuerzas japonesas se consideraban todavía demasiado débiles para esa acción, se alcanzó un último acuerdo con metas completamente distintas: un avance de la flota hacia el océano Índico. La «Eastern Fleet» británica, dueña del océano, debía ser aniquilada, consiguiéndose así para Japón la supremacía marítima en el océano Índico. Se trataba de conquistar la isla de Ceilán y construir allí una base para la flota japonesa. También se planeó, en negociaciones con el gobierno de Vichy, el establecimiento de bases en Madagascar, a pesar de que la isla estaba situada al oeste del meridiano 70, es decir, en la zona de operaciones alemana. (El 5 de mayo de 1942, las fuerzas armadas británicas ocuparon la importantísima base naval de Diego Suárez y conquistaron a continuación, hasta principios de noviembre de 1942, la totalidad de Madagascar).

El ataque a Ceilán, emprendido por la flota japonesa a comienzos de abril de 1942, acabó siendo un fracaso, tras algunos éxitos iniciales, pues la «Eastern Fleet» inglesa consiguió escapar a tiempo de allí a los puertos situados en la costa oriental africana. Además, dado que los alemanes no habían pasado aún a la ofensiva en el sur de Rusia en dirección al Cáucaso y que Rommel se hallaba también detenido con su ejército en la posición de Gazala (hasta el 26 de mayo no co-

menzó en el norte de África la ofensiva que concluiría en El Alaméin), se tomó en Tokio la decisión de retrasar el avance en la zona
de la India y pasar previamente a la ofensiva contra Australia [20]. A
primeros de mayo de 1942, una serie de avances japoneses en Nueva
Guinea, es decir, en la periferia de Australia, indujeron al mando
americano a enviar una flota de portaaviones (EEUU no disponía
aún de buques de guerra desde la catástrofe de Pearl Harbor) al Mar
del Coral. Los japoneses lograron allí éxitos parciales de importancia,
pero, a consecuencia del primer gran choque en una batalla por mar
y aire en el Pacífico, abandonaron el intento de seguir avanzando hacia Australia. A ello contribuyó, además, el ataque aéreo por sorpresa
(lanzado desde portaaviones norteamericanos) contra Tokio el 18 de
abril de 1942, que no tuvo ninguna gran repercusión en sentido estrictamente militar pero tanto estratégica como psicológicamente fue
de un extraordinario éxito. A partir de ese momento estaba claro que
la seguridad del flanco oriental del territorio japonés, en el este de
las islas principales, era notablemente insuficiente. En consecuencia,
se tomó la resolución de pasar ahora a ocupar tanto las Aleutianas
occidentales como la isla Midway. Se había vuelto así al punto de
partida tras dos avances fracasados en dirección al océano Índico y
Australia: el proyecto de desplazar la propia línea de seguridad hacia
el este, en el Pacífico central, sobre la cadena de bases americanas.

En la batalla de la isla de Midway, que se desarrolló por mar y
aire de manera muy azarosa desde el 4 al 6 de junio de 1942, los
americanos consiguieron hundir cuatro de los mejores portaaviones
japoneses, con la pérdida de solo uno por su parte [21]. El propósito de
conquistar la isla fue abandonado. Esta catástrofe militar representó
para los japoneses el punto de inflexión en la guerra del Pacífico. La
iniciativa pasó, en términos generales, a manos americanas y resultaron vanos todos los sucesivos esfuerzos japoneses por recuperarla. El
7 de agosto de 1942, los americanos desembarcaron en la isla de
Guadalcanal, del archipiélago de las Salomón, ocupada por Japón [22].
Como los japoneses respondieron con constantes contraataques, re-
nunciando a emprender operaciones en otros puntos, se desarrolló

---

[20] Rohwer, *ibid.,* pp. 193 y ss.
[21] *Ibid.;* Fuchida, M. y Okumiya, M., *Die entscheidendste Seeschlacht der Weltgeschi-
chte,* Oldenburg 1957.
[22] Steele, R. W., *The First Offensive, 1942. Roosevelt, Marshall and the Making of American Strategy,* Bloomington/Ind. 1973.

en la zona de esa isla una batalla de desgaste a gran escala hasta su abandono por Japón el 8 de febrero de 1943, pocos días antes de la conquista total de Stalingrado por el Ejército Rojo. Por lo demás, esta batalla de desgaste de varios meses por las islas Salomón tuvo como consecuencia que EEUU enviara tantas fuerzas al escenario del Pacífico que se debilitó el principio *Germany first*; es decir, en el Atlántico no se estableció ya con claridad un centro para llevar a cabo una intervención en Europa («Segundo Frente»). Al concluir la batalla de Guadalcanal, las fuerzas americanas en la zona del Pacífico eran casi iguales a las destacadas en el norte de África y Gran Bretaña para el escenario de guerra europeo [23].

En su balance del 16 de febrero de 1945, fundamental para entender el curso de la guerra, Tojo —que desde julio de 1944 no ocupaba ya el cargo de Primer Ministro— constataba retrospectivamente [24] que en abril de 1942 el mando japonés había tomado una decisión errónea de grandes proporciones al no explotar le situación favorable derivada de la crisis del dominio británico en la India, y dar, en cambio, un golpe de timón a la propia dirección de las operaciones llevándolas primero contra Australia y, luego, contra Midway. Los dirigentes políticos japoneses sobreestimaron la fuerza de su propia flota y se dejaron imponer por ella la dirección de la ofensiva. Según él, había sido un error esperar los avances alemanes hacia el canal de Suez y sobre el Cáucaso. En 1942, los japoneses deberían haber intentado el avance hacia la India «en solitario».

Desde el punto de vista de Hitler, las cosas se hallaban en tal situación que la ofensiva en el sector sur del frente este, iniciada el 28 de junio de 1942, y el ataque a Egipto (detenido ya el 30 de junio de 1942 en El Alaméin y que en origen no se había planeado así, sino que estaba previsto para después de la conquista de Malta, programada pero, luego, no emprendida), se realizaron pensando en correr,

---

[23] Dunn Jr., W. Sc., *Second Front Now-1943*, Alabama 1980, recoge mucho material, no sólo para probar que el concepto «Germany first» quedó relegado de forma temporal y, por tanto, la invasión a Europa se hubo de aplazar a consecuencia del traslado de numerosos contingentes americanos al Pacífico, sino que también para fundamentar su tesis de que no fue únicamente Churchill, sino también Roosevelt quien, por motivos políticos (intención de apoyar a China implicando a EEUU en la zona del Pacífico y del este asiático), retrasó el «segundo frente» prometido a Stalin. La invasión a Francia podía haberse llevado a cabo en 1943. Böttger, P., *Winston Churchill und die Zweite Front*, Fráncfort/M. 1973, hace hincapié en el aspecto militar.
[24] Cfr., Voigt, J. H., *Indien im Zweiten Weltkrieg, ibid.*, p. 294.

por así decirlo, al encuentro de los japoneses. Hitler advirtió pronto que algo no marchaba bien con sus aliados, pero no se dio cuenta de que la ofensiva de verano en Rusia comenzaba demasiado tarde, es decir, en un momento en que Japón no se hallaba ya en condiciones de dar la mano al ejército alemán, aunque hubiese penetrado hasta Irán. La desconfianza de Hitler hacia su silencioso aliado oriental, al que —según declaraba en círculos íntimos— habría preferido enfrentarse con algunas divisones alemanas para proteger la posición británica en la India en el momento de sus grandes éxitos en la conquista de Birmania y Singapur (que había capitulado el 15 de febrero de 1942) [25], aumentó hasta lo indecible tras conocerse su incapacidad estratégica de movimientos. En un análisis de la situación realizado el 5 de marzo de 1943 explicaba [26]: «No hay que hacer ningún caso de lo que dicen los japoneses. No les creo una palabra... Le llenan a uno la cabeza de mentiras y todas sus explicaciones van dirigidas a algo que posteriormente resulta ser un engaño». En esos momentos la cooperación germano-japonesa se había reducido ya al mínimo, limitándose a algunas rupturas del bloqueo [27] para abrir rutas por las que transportar valiosas materias primas, principalmente caucho, desde el sureste asiático dominado por los japoneses a los puertos del oeste francés ocupados por los alemanes. El resultado de la unión nunca consumada de las ofensivas alemana y japonesa en la zona de Oriente Medio y la India sería definitorio para el posterior curso de la guerra: los ámbitos de influencia alemán y japonés continuaron aislados, de modo que EEUU y Gran Bretaña pudieron derrotar uno tras otro a los Estados del «Pacto tripartito» —a Alemania, con la cooperación decisiva de la Unión Soviética, y a Japón por sí solos.

En septiembre de 1942 dio Hitler un giro definitivo al abandonar sus esperanzas de una victoria alemana mediante grandes operaciones ofensivas del ejército de tierra y obstinarse en una «estrategia de resistencia» a gran y pequeña escala. Desde el punto de vista militar, tal estrategia no tenía en la mayoría de los casos ningún sentido; pero, además, tampoco podía entenderse partir de argumentos milita-

[25] Diarios de Hassell, 1938-1944. Ulrich von Hassell, *Aufzeichnungen vom Anderen Deutschland. Nach der Handschrift revidierte und erweiterte Ausgabe*, Berlín 1988, p. 305.

[26] Heiber, H., (ed.), *Hitlers Lagebesprechungen. Die Protokollfragmente seiner militärischen Konferenzen 1942-1945*, Stuttgart 1962, p. 169.

[27] Michaux, Th., «Rohstoffe aus Ostasien. Die Fahrten der Blockadebrecher», en *Wehrwissenschaftliche Rundschau* 5 (1955), pp. 485 y ss.

res. Correspondía más bien a la alternativa política extrema de «potencia universal o hundimiento» y a la decisión de Hitler de seguir luchando hasta ese hundimiento, pues en tal caso quedaría «demostrado» que el pueblo alemán era demasiado débil para subsistir en la contienda permanente de las «potencias mundiales» [28]. La «estrategia de resistencia» servía igualmente para cumplir con la «misión histórica» que Hitler —de acuerdo con su dogma racista— consideraba la tarea propia de su vida: el exterminio de los judíos en toda la Europa sometida al dominio alemán. La preferencia dada a los transportes destinados a la «solución final» se mantuvo incluso en el verano de 1942, durante la fuerte sobrecarga de las líneas de tráfico destinadas al suministro y provisión de refuerzos a los ejércitos que participaban en la ofensiva del sur de Rusia.

Una vez que Hitler hubo reconocido, a principios de septiembre de 1942, que la ofensiva del Cáucaso no alcanzaría su objetivo de Bakú, destituyó a Halder como jefe del Estado Mayor general —sus sucesores fueron Zeitzler (hasta julio de 1944) y, tras él, Guderian (hasta marzo de 1945)— y se alejó de su entorno militar aún más de lo que lo había hecho hasta entonces [29]. Una serie de órdenes de inmovilización intentó fijar las tropas alemanas en los puntos donde se hallaban [30]. Sus razonamientos estaban guiados por el recuerdo de los combates con material pesado característicos de la guerra en el frente occidental de 1916/18. Asimismo, cuando el 19 de noviembre de 1942 comenzó la gran contraofensiva soviética en la región de Stalingrado, que culminó en cuatro días con el cerco de más de 250.000 hombres del 6.º Ejército (y unidades anejas) en la zona situada entre los meandros del Volga y el Don, Hitler se mantuvo en su exigencia de no ceder ni un palmo de terreno [31].

El cerco del ejército de Stalingrado era ya el tercer golpe grave sufrido por los alemanes en un periodo de pocas semanas en la campaña del otoño de 1942. Le habían precedido la penetración del 8.º Ejército británico a través de la posición de El-Alaméin a las órdenes

---

[28] Así se expresaba ya Hitler ante el ministro de Asuntos Exteriores danés, Scavenius, el 27 de noviembre de 1941 (*Akten zur deutschen auswärtigen Politik 1918-1945*, serie D, vol. XIII, pp. 703 y ss.); y en su conversación de sobremesa del 27 de enero de 1942 (Hitler, A., *Monologe im Führerhauptquartier 1941-1944, ibid.,* p. 239).

[29] Cfr., KTB OKW, vol. II, pp. 12 y s.

[30] *Ibid.,* pp. 68 y ss. y 292 y ss.

[31] Kehrig, M., *Stalingrad. Analyse und Dokumentation einer Schlacht,* Stuttgart 1974.

del general Montgomery, diez días antes del inicio de su gran ofensiva contra el ejército de Rommel (el 23 de octubre), y el desembarco de las fuerzas armadas británico-americanas en África noroccidental francesa (Argelia y Marruecos) a las órdenes del general Eisenhower, el 8 de noviembre de 1942 [32], sin que los submarinos alemanes hubieran hundido un solo barco de transporte norteamericano en la ruta marítima de EEUU al norte de África. (No obstante, el año 1942 había sido en conjunto el de más éxito para las acciones de guerra de la flota submarina alemana [33]. Las toneladas hundidas por mes seguían siendo aún mayores que las repuestas por nueva construcción y la proporción no se invertiría hasta marzo de 1943.) La invasión del norte de África se había realizado con éxito; tras una breve resistencia militar, los franceses abandonaron la lucha por orden del almirante Darlan, representante del mariscal Pétain, con la aprobación secreta de éste. El 11 de noviembre de 1942, Hitler respondió con la ocupación de la parte de Francia «libre» hasta entonces —el gobierno francés (presidido desde 1942 por Laval) continuó en Vichy— y con el establecimiento de una cabeza de puente en Túnez [34]. Por lo demás, con estas campañas de réplica sólo se consiguió aplazar unos pocos meses la inminente crisis final de la Italia fascista.

En vista de la tensa situación en el Mediterráneo, Mussolini intentó hacer que Hitler abandonara la guerra en el este contra la Unión Soviética y concentrara todas las fuerzas de las «potencias del Eje» contra la invasión británico-americana en la zona del Mediterráneo con el fin de impedir un desembarco aliado en Italia. Pero esta propuesta era diametralmente contraria a las ideas por las que se guiaba Hitler. A una pregunta directa del conde Ciano, ministro italiano de Asuntos Exteriores, enviado al «cuartel general del Führer» (en Rastenburg/Prusia oriental), Hitler respondió el 18 de di-

---

[32] Howe, G. F., *Northwest Africa: Seizing the Initiative in the West*, Washington, D. C., 1957.

[33] Rohwer, J., «Der U-Boot-Krieg und sein Zusammenbruch 1943», en Jacobsen, H.-A. y Rohwer, J. (eds.) *Entscheidungsschlachten des Zweiten Weltkrieges, ibid.,* pp. 327 y ss.; Rohwer, J., *U-Boot-Erfolge der Achsenmächte 1939-45*, Múnich 1968; Costello, J. y Hughes, T., *Atlantikschlacht. Der Krieg zur See 1939-1945*, Bergisch Gladbach 1978 (aborda el asunto «Ultra»); Piekalkiewicz, J., *Der Seekrieg 1939-1945*, Múnich 1980; Morison, S. E., *The Battle of the Atlantic*, Londres ²1955.

[34] Jäckel, E., *Frankreich in Hitlers Europa*, Stuttgart 1966, pp. 239 y ss.; Neugebauer, K.-V., *Die deutsche Militärkontrolle im unbesetzten Frankreich und in Französisch-Nordwestafrika 1940-1942*, Boppard am Rhein 1980.

ciembre de 1942 [35] que en esta guerra no era factible una «paz ideal» como la de Brest-Litovsk de 1918, según imaginaba Mussolini. «Hoy, la situación es tal que, si los rusos consiguen medio año para reorganizar sus fuerzas, por ejemplo mediante un armisticio, se constituiría una nueva potencia rusa contra la que Alemania se vería obligada a intervenir de nuevo. Además, no existía línea alguna sobre la que Alemania y Rusia pudieran ponerse de acuerdo en relación con sus necesidades de aprovisionamiento de recursos alimenticios y materias primas». Las razones socialdarwinianas y geoestratégicas aportadas por Hitler recogían sólo una parte de su verdadero pensamiento. Pero concordaban con el rechazo que opuso a una primera sugerencia de paz soviética insinuada por esas mismas fechas (14 de diciembre de 1942) [36]. (Volveremos a ocuparnos de la *ratio* de Stalin en este asunto.)

Hitler se expresó con mayor claridad que con Ciano al exponer sus argumentos ante el jefe del estado rumano, mariscal Antonescu, el 10 de enero de 1943 (dos ejércitos rumanos habían sido arrastrados a la catástrofe de Stalingrado) [37]: «La diferencia determinante entre la situación en Centroeuropa en el momento del derrumbe de 1918 y la que resultaría de un hundimiento del "Eje" y sus aliados consistía en que en el espacio ruso se había producido en el año 1918 un vacío a consecuencia de la caída del imperio zarista, mientras que ahora las cosas no eran así. Por otra parte, a pesar del hundimiento militar de Alemania en 1918, en el ámbito ruso había surgido un orden que, básicamente, contenía elementos de Brest-Litovsk. Finlandia, Estonia, Letonia, Lituania y Polonia se habían convertido en Estados independientes y Rumanía había conseguido agrandarse precisamente porque la Rusia de entonces había salido de la guerra totalmente debilitada. De producirse un hundimiento del «Eje» y sus aliados, la situación sería, en cambio, completamente distinta. Aparecería un poderoso imperio bolchevique con una industria fuerte, abundantes fuentes de materias primas y grandes masas humanas de

[35] *Akten zur deutschen auswärtigen Politik 1918-1945*, serie E, vol. IV, Gotinga 1975, pp. 538 y ss.
[36] Cfr. sobre este punto Martin, B., «Verhandlungen über separate Friedensschlüsse 1942 bis 1945. Ein Beitrag zur Entstehung des Kalten Krieges», en *Militärgeschichtliche Mitteilungen*, 20 (1976), pp. 95 y ss., que recoge y amplía el estado de la investigación.
[37] *Akten zur deutschen auswärtigen Politik 1918-1945*, serie E, vol. V, Gotinga 1978, pp. 88 y ss.

las que echaría mano para proseguir con energía los antiguos objetivos expansionistas de Rusia: hacia el norte, hasta llegar al océano Atlántico y las salidas del Mar Báltico al Mar del Norte; hacia el oeste, por toda Europa occidental, y hacia el sur, en dirección al Mediterráneo». Según admitía Hitler, en 1918 se había podido aún «salir del paso con habilidad política y tretas diplomáticas», pero esta vez no había «una salida semejante». Sólo existía —según recalcó en este caso, como lo había hecho ya a menudo— la alternativa de «una victoria clara o una aniquilación radical».

Así pues, los pueblos centroeuropeos entre el Mar Báltico y el Mar Negro se encontraban ante un dilema insoluble entre Hitler y Stalin, lo cual es fundamental para comprender el curso de la lucha, su dureza y su tenacidad en el este entre 1943 y 1945. Por miedo a lo que pudiera sobrevenir tras un hundimiento alemán en el este, los dirigentes de los Estados de estos países, desde Finlandia a Rumanía, no veían otra solución que «seguir adelante» con Hitler —en la esperanza (ilusa, como acabaría por mostrarse) de que los aliados occidentales quizá estuvieran dispuestos a garantizarles protección—. Algo similar se podía decir de la mayoría de los mandos del ejército alemán del este, que no veían ningún sentido en oponer a Hitler una resistencia que amenazaba con el hundimiento del mismo y la invasión del este alemán por el Ejército Rojo.

Aunque a lo largo de 1942 los resultados habían sido contrarios, en términos generales, a Alemania y Japón, o precisamente por ello, las tensiones entre las potencias de la «coalición contra Hitler» aumentaron a lo largo de ese mismo año. La cuestión de la parte de esfuerzo y sacrificios que debería corresponder a cada cual en la guerra contra los «agresores» se vinculó pronto estrechamente con el problema de la fuerza o debilidad previsible de cada una de las potencias victoriosas en la posguerra. El 1 de enero de 1942 se fundaron en Washington las «Naciones Unidas» con la firma de los representantes de 26 Estados aliados, incluida la Unión Soviética. La referencia formal a los principios de la «Carta Atlántica» ocultó apenas de manera provisional el conflicto latente entre los tres principales aliados sobre los objetivos bélicos en Europa, conflicto surgido en la exposición de las exigencias soviéticas con motivo de la visita de Eden a Moscú en diciembre de 1941, según hemos explicado. El gobierno británico se mostró dispuesto a hacer considerables concesiones a costa de los países bálticos y Polonia, pero, en las negociaciones iniciadas seguidamente para un tratado de alianza británico-soviético, Roosevelt se negó a transigir, pues le parecía equivocado adoptar una postura tan favorable a la Unión Soviética en un momento en que no era seguro si podría resistir el segundo ataque alemán que se esperaba para el verano de 1942. Por consideración hacia su aliado norteamericano, el gobierno británico se echó atrás de las promesas ya dadas y Stalin, a quien el fracaso de las negociaciones le parecía un riesgo excesivo teniendo en cuenta la próxima ofensiva alemana, ordenó a Molotov el 26 de mayo de 1942 firmar el pacto en Londres sin cláusulas territoriales (de manera análoga a lo ocurrido con el protocolo secreto añadido al pacto de no agresión germano-soviético del 23 de agosto de 1939) [38]. Los dos firmantes se comprometían, más bien, a «no pretender expansiones territoriales para sí mismos ni a inmiscuirse en los asuntos internos de otros Estados». El tratado de alianza rechazaba cualquier idea de un armisticio o una paz por separado con Alemania y sus aliados y preveía para el período de posguerra la renovación automática de las alianzas militares de ambas potencias en el caso de que uno de los firmantes «incurriera en hostilidades» con Alemania o alguno de sus aliados.

En las conversaciones con Molotov, Churchill había evitado tomar una decisión clara para la formación de un «segundo frente» en Europa occidental destinado a aliviar al Ejército Rojo en relación con la nueva e inminente ofensiva alemana en el este. No obstante, en un comunicado hecho público el 11 de junio de 1942, tras la siguiente visita de Molotov a Washington, se decía prometedoramente [39]: «En el curso de las negociaciones se alcanzó un total acuerdo sobre la urgente tarea de abrir en 1942 un segundo frente en Europa». Habida cuenta de las considerables dificultades por las que pasó —según parecía— el Ejército Rojo durante el rápido avance alemán en dirección a Stalingrado y el Cáucaso, la operación británico-canadiense de desembarco en Dieppe, en la costa francesa del canal de La Mancha, iniciada el 19 de agosto de 1942 e interrumpida ese mismo día, debió de parecer un intento mezquino, vacilante y con la mirada puesta de antemano en una retirada, destinado a mostrar la apariencia, al menos, de cumplimiento de aquella promesa.

---

[38] Esta cuestión aparece tratada con detalle en Hillgruber, A., *Sowjetische Außenpolitik im Zweiten Weltkrieg*, Königstein/Ts.-Düsseldorf 1979, pp. 76 y ss.
[39] Tomado textualmente de *Europa-Archiv* 2 (1947), pp. 1045 y ss.

En efecto, en las negociaciones entre los Estados Mayores militares británico y americano mantenidas cuatro semanas antes se había
tomado ya la determinación de no luchar por establecer una cabeza
de puente aliada en Francia (con fuerzas más bien escasas) en el otoño de 1942 para aliviar al Ejército Rojo, como habrían querido los
americanos, sino en desembarcar en África noroccidental francesa
(que desde el punto de vista del derecho internacional se hallaba al
margen de la guerra desde el armisticio germano-francés del 22 de junio de 1940), convirtiendo así en teatro de operaciones la región del
Mediterráneo. La creación en aquel punto de una posición fuerte bri-
tánico-norteamericana se ajustaba a las intenciones de Gran Bretaña
no sólo militares sino también políticas —vistas a largo plazo—. Los
motivos de esta decisión, expuestos por Churchill a Stalin en su visita a Moscú del 12 al 16 de agosto de 1942 (posibilidad de una penetración de los aliados occidentales en el Mediterráneo oriental, incorporación de Turquía a la «coalición antihitler»), debieron de
aumentar más que disminuir la desconfianza del dictador soviético.
Stalin vio confirmada su impresión de que británicos y americanos
temían intervenir con todas sus fuerzas contra Alemania. Si continuaban con esta táctica, fueran cuales fuesen los motivos concretos, la
victoria del Ejército Rojo en el «frente principal» (como consideraban los soviéticos al escenario bélico del este —y con razón, en lo referente a Europa—) habría de conseguirse al coste de sacrificios tan
elevados que, al concluir la guerra, la Unión Soviética quedaría completamente agotada, mientras que EEUU se hallaría en condiciones
de dictar la paz, por ser con mucho la potencia «imperialista» más
fuerte. Así pues, a pesar de la guerra nacionalsocialista de aniquilación contra la Unión Soviética, Stalin, movido por sus ideas extraordinariamente realistas y sensatas, pensó en la posibilidad de intentar
alcanzar un acuerdo con Hitler en el punto álgido de la contienda,
que se perfilaba con la batalla de Stalingrado, y restablecer así la
composición de fuerzas existente en 1939/41. Éste fue, sin duda, el
sentido de los sondeos de paz dirigidos por Stalin a Hitler desde diciembre de 1942 [40]. Un regreso a la delimitación de las esferas de interés alemana y soviética (primero en forma de variantes de la línea
Ribbentrop-Molotov de 1939, que posteriormente se retrasaría hasta
las fronteras de 1914 en función del cambio de la situación bélica en

---

[40] Como en nota 36.

favor de la Unión Soviética —septiembre de 1943—) debería conducir a que el ejército alemán del este, que a pesar de algunas grandes
derrotas parciales seguía en conjunto imbatido, se alejara de la Unión
Soviética y se volviera de nuevo hacia el oeste, lo cual permitiría que
la guerra de Alemania contra británicos y americanos estallase con
toda su intensidad. (Se comprende que a los aliados occidentales,
desconocedores del rígido rechazo con que Hitler recibía todas las
«insinuaciones» soviéticas, nada le resultara entonces más temible que
una paz germano-soviética por separado.)

Un indicio de la vehemencia de las tensiones entre las principales potencias aliadas fue la negativa de Stalin a participar en la conferencia celebrada en Casablanca del 14 al 26 de enero de 1943 entre
Roosevelt y Churchill con la excusa de que que no estaba «disponi-
ble» por tener que dirigir las operaciones militares en la zona de Stalingrado [41]. Así, esta conferencia quedó limitada a que Roosevelt y
Churchill armonizaran los planes militares británicos y americanos y
pusieran en claro de manera general sus objetivos políticos. Un cometido secundario fue el intento de llegar a un compromiso entre el
general De Gaulle, líder de la «Francia Libre», a quien americanos y
británicos querían alejar de la planificación y ejecución de la invasión a Argelia y Marruecos por su carácter independiente y que ahora deseaba imponer también aquí sus pretensiones de mando, y el general Giraud (escapado del cautiverio alemán, donde se hallaba
como prisionero de guerra), que residía en el África septentrional
francesa como jefe de facto del Estado francés y sucesor del almirante
Darlan, asesinado en Argelia el 24 de diciembre de 1942 por un se-
guidor fanático de De Gaulle. Giraud gozaba claramente del favor de
los americanos, sobre todo porque, además, dudaban de la legitimi-
dad de De Gaulle para hablar como representante de la mayoría de
los franceses. (Las relaciones diplomáticas entre el régimen de Vichy
y EEUU no se rompieron hasta noviembre de 1942, fecha del desembarco en el África septentrional francesa). Sin embargo, en el caso
Giraud-De Gaulle, no se pasó de una reconciliación «aparente». Para
el verano de 1943, De Gaulle había logrado hacerse con todo el poder en Argelia y marginar a Giraud, desinteresado de la política.

Una nueva apreciación de la situación general por parte de la

---

[41] *Foreign Relations of the United States, The Conferences at Washington, 1941-1942, and Casablanca, 1943,* Washington, D. C., 1968.

«coalición antihitler» fue el fundamento de las principales decisiones militares: intensificar la lucha contra los submarinos alemanes en el Atlántico, complementar la ofensiva aérea británica contra Alemania (realizada desde marzo de 1942 con bombardeos nocturnos masivos de superficie contra las ciudades alemanas) [42] mediante ataques diurnos americanos contra objetivos industriales escogidos y de importancia estratégica [43], penetrar en el Mediterráneo (Túnez, Sicilia, la península itálica), con el fin de dejar fuera de combate a Italia (la «el vientre bajo débil» del «Eje» [Churchill]) y aplazar para 1944 la invasión de Francia. Según un balance provisional, la Unión Soviética no se había hundido en 1941 y 1942 sino que había demostrado ser notablemente más fuerte de cuanto todos sospechaban antes del 22 de junio de 1941. Según los cálculos, seguiría soportando el peso principal de la guerra contra Alemania. Ya no tenía validez la premisa en que se había basado el *Victory Programm* de julio de 1941 (formación de un ejército americano masivo compuesto por 215 divisiones): que EEUU y Gran Bretaña deberían reconquistar finalmente por sí solos la zona de influencia alemana y japonesa en Europa-Asia-África. Por eso, parecía ahora admisible reducir el número de divisiones del ejército de tierra previstas para la obtención de la victoria —hasta junio de 1943 su cifra se rebajó de 215 a 89— y desplazar el centro de interés del rearme americano a la marina y la aviación [44]. Entraba dentro de lo posible que la Unión Soviética seguiría siendo después de la guerra un factor importante en la política mundial, que, como era muy probable, saldría de ella, incluso, esencialmente reforzada y que, además, el Ejército Rojo llegaría a dominar directa o indirectamente grandes partes de Europa y Asia oriental al concluir el conflicto, pues los esfuerzos de Churchill por poner en marcha una invasión de los aliados occidentales en el sureste europeo desde la zona oriental del Mediterráneo [45] habían fracasado por el rechazo de Roosevelt. En tal caso, sería interesante para la seguridad a gran escala de EEUU en la posguerra conseguir bases navales y aéreas, una especie

[42] Hastings, M., *Bomber Command*, Londres 1979.
[43] *The United Strategy Bombing Survey. With an Introduction by D. MacIsaac*, 10 vols., Nueva York-Londres 1976.
[44] Matloff, M., *Strategic Planning for Coalition Warfare 1943/44*, Washington, D. D., 1959, pp. 285 y s.
[45] Minuth, K.-H., «Britische Balkanstrategie 1942/43. Betrachtungen zu Churchills 'The Second World War'», en Jürgensen, K. y Hansen, R. (eds.), *Historisch-Politische Streiflichter*, Neumünster 1971, pp. 221 y ss.

de posición de cabeza de puente, tanto en la otra orilla del Atlántico, en la zona costera de Europa occidental, como al otro lado del Pacífico, en la zona frontal del este de Asia, pero no ir más allá ni presentarse con un fuerte contingente de fuerzas norteamericanas de tierra y penetrar en profundidad en el interior del continente europeo y Asia oriental.

La decisión militar tomada en función de todo lo anterior habría de tener una importancia política fundamental, pues, por razones de técnica y equipamiento militar, no era ya prácticamente posible ninguna otra modificación del centro de interés del rearme y de la planificación estratégica americana, al menos hasta acabar la guerra. El historiador militar norteamericano Greenfield resume así las consecuencias de esta fundamental resolución tomada por el mando americano a principios de 1943 [46]: «Aunque los americanos se hallaron (más tarde) en la primavera de 1945 en condiciones de perseguir victoriosamente a los alemanes, no pudieron emplear en Europa suficientes contingentes de combate por tierra como para aceptar sin grandes riesgos las propuestas de Churchill de oponerse con decisión al avance de los rusos, ni siquiera en el caso de que Roosevelt hubiera estado convencido de la oportunidad de una actitud resuelta frente a ellos. (Además), es también posible que, si en 1944/45 hubiésemos dispuesto de más divisiones preparadas para entrar en combate, no habríamos considerado necesario solicitar en Asia el apoyo activo de las armas rusas para inmovilizar el ejército japonés en Manchuria. En esos años nos faltaron, también por la misma razón, los medios para detener a los comunistas de Mao Tse-tung o para enfrentarnos a ellos con eficacia». Con estas palabras se describía una tendencia que se mantuvo más allá de la Segunda Guerra Mundial (la de unas fuerza terrestres americanas de dimensiones insuficientes —a la espera de que la marina y las fuerzas aéreas y, más tarde, las armas intercontinentales adquirieran mayor importancia en la estrategia global).

Pero, más importante aún que esta decisión de carácter militar, cuyas consecuencias no podían calcularse por completo a principios de 1943, fue la proclamación del objetivo de la guerra bajo la fórmula de «capitulación incondicional» (*Unconditional Surrender*), a la que

---

[46] Greenfield, K. R., «Die acht Hauptentscheidungen der amerikanischen Strategie im Zweiten Weltkrieg», en Hillgruber, A. (ed.), *Probleme des Zweiten Weltkrieges, ibid.,* p. 273.

se debería obligar a Alemania, Italia y Japón, anunciada públicamente por Roosevelt y Churchill en una conferencia de prensa en Casablanca el 24 de enero de 1943 [47]. Este objetivo tiene unos antecedentes remotos que se inician con el debate mantenido ya entre los grupos dirigentes americanos muy poco después de la entrada de EEUU en el conflicto sobre los objetivos de guerra y la política de posguerra que se habían de aplicar a Alemania. Del «Comité consultivo para la política exterior después de la guerra» surgió una subcomisión para los problemas de seguridad. En ella se debatieron, hasta finales de 1942, cuestiones relativas a un armisticio, a las condiciones de la capitulación y a la instauración de un ordenamiento de paz, sobre todo bajo la perspectiva de la seguridad. La comisión, apelando a «experiencias históricas» en conflictos internacionales, abogó por el principio de la «capitulación incondicional»: el fracaso del ordenamiento de paz de 1919/20 pareció, desde ese punto de vista, una consecuencia de la prematura fidelidad norteamericana a los «Catorce puntos» de Wilson, que había ofrecido a los alemanes la posibilidad de apelar a ellos en las negociaciones previas al armisticio. De ese modo, el mando americano se había visto privado más tarde de una plena libertad de decisión. Roosevelt estaba completamente convencido de lo correcto de esta argumentación. Pretendía una libertad de acción absoluta para la construcción de un mundo lo más acorde posible con los criterios americanos y no quería dejarse atar por ningún tipo de condición a la que pudieran apelar de nuevo los vencidos, pero tampoco por intereses especiales de los aliados. Así, los alemanes no contarían con la posibilidad de remitirse a la «Carta Atlántica» del 14 de agosto de 1941, que podía ser interpretada como una reedición de los «Catorce Puntos».

El anuncio público de la fórmula de la «capitulación incondicional» debía mejorar también, sin duda, la relación con la Unión Soviética, expuesta a tensiones muy fuertes, y crear las condiciones para una cooperación más estrecha en la guerra y la posguerra. Con la exigencia de «capitulación incondicional», Gran Bretaña y EEUU se habían reafirmado irrevocablemente en su postura de no tratar de con-

---

[47] Sobre este punto y los siguientes, Moltmann, G., «Die Genesis der Unconditional Surrender-Forderung», en Hillgruber, A., (ed.), *Probleme des Zweiten Weltkrieges, ibid.,* pp. 171 y ss.; Kecskemeti, P., *Strategy Surrender: The Politics of Victory and Defeat,* Stanford/Calif. 1958; sobre los antecedentes: Moltmann, G., *Amerikas Deutschlandpolitik im Zweiten Weltkrieg. Kriegs- und Friedensziele 1941-1945,* Heidelberg 1957.

diciones de armisticio o paz con ningún gobierno alemán, japonés o italiano, fuera cual fuese su composición. Así se evitaría —al menos en opinión de Roosevelt y Churchill— dar un fundamento a las sospechas de Stalin sobre la posibilidad de que, retomando las tendencias antisoviéticas del período de 1941, accedieran, a pesar de todo, a firmar un armisticio o una paz por separado. Stalin, sin embargo, correspondió de forma muy poco satisfactoria a esta decisión adoptada en interés de la Unión Soviética. Es cierto que en su orden del día del 1 de mayo de 1943 aceptó —aunque bastante tarde— el principio de la «capitulación incondicional» como guía de la política común de la «coalición antihitler»; ello, sin embargo, no le impidió tratar de avanzar por diversos caminos en su política posterior respecto a Alemania (como aún hemos de ver) [48].

Está aún por resolver la cuestión de hasta qué punto la exigencia de «capitulación incondicional» desalentó en Alemania la resistencia civil y militar contra Hitler que había ido formándose de nuevo desde la catástrofe de Stalingrado —de hecho, en los meses siguientes volvió a adquirir por primera vez cierta amplitud mayor—, acentuando al mismo tiempo la decisión fanática de Hitler de «no capitular jamás» [49]. En sus declaraciones públicas, Hitler había adoptado ya con anterioridad al 24 de enero de 1943 un tono más fuerte que el empleado hasta entonces. Así, por ejemplo, en su proclama de Año Nuevo de 1943 al pueblo alemán pidió un vigoroso aumento del esfuerzo para la «victoria final». El 6 de enero, el *Gauleiter* Sauckel, responsable para la asignación del trabajo, invitó a movilizar todas las reservas productivas y el 17 de enero, en un artículo editorial de Goebbels en el semanario «Das Reich», aparecía ya el lema de «guerra total», que se repetiría luego de manera constante. Finalmente, el 18 de febrero de 1943, tres semanas depués del anuncio de la fórmula de Casablanca, Goebbels hizo que una delegación supuestamente representativa del pueblo alemán confirmara en el mitin tristemente famoso del Palacio de los Deportes de Berlín esta voluntad incondicional de «guerra total» y «victoria total» [50]. No es, pues, posible establecer una concatenación causal entre el anuncio de la fórmula de la

[48] Cfr. *infra*, p. 124.

[49] Moltmann, G., *ibid.*, p. 185; Hoffmann, P., *Widerstand, Staatsstreich, Attentat. Der Kampf der Opposition gegen Hitler*, Múnich ³1979.

[50] Moltmann, G., «Goebbels' Rede zum totalen Krieg am 18. Februar 1943», en *Vierteljahrshefte für Zeitgeschichte*, 12 (1964), pp. 13 y ss.

«capitulación incondicional» y la proclamación de la «guerra total» en Alemania. Podría decirse que fue más bien el endurecimiento de los objetivos —que, por otra parte, estaban fijados ya en esencia desde mucho antes—, constatable en ambas partes en un momento sentido como punto de inflexión en la guerra, el que generó con paralelismo cronológico formas de expresión similares en una propaganda de guerra cada vez más radicalizada.

¿Qué significaba exactamente aquella fórmula? Churchill habló repetidas veces de un «sometimiento incondicional a la voluntad del vencedor». El tipo de normas de pacificación y el contenido de la paz futura quedaron, en cualquier caso, totalmente indefinidos. Los objetivos del *Unconditional Surrender* iban, sin embargo, más allá de una capitulación militar de todas las fuerzas armadas de los tres Estados enemigos. Lo que se exigía —una novedad en el derecho internacional— era una «capitulación total estatal y política» (R. Hansen) [51]. «La exigencia de *Unconditional Surrender* consumó en el lado angloamericano la ruptura total con las naciones enemigas» (G. Moltmann) [52]. La destrucción de la dominación nacionalsocialista, así como la eliminación completa de Alemania como potencia militar —y, por tanto, el fin de la posición soberana de gran potencia y hasta del rango de potencia autónoma media— iban indisolublemente unidas en el caso de Alemania. Quedaba excluido cualquier otro final para la guerra que no fuera el de una capitulación total del Reich alemán. En Centroeuropa había que hacer, por así decirlo, *tabula rasa*.

---

[51] Hansen, R., *Das Ende des Dritten Reiches. Die deutsche Kapitulation 1945*, Stuttgart 1966.
[52] Moltmann, G., *Die Genesis der Unconditional-Surrender-Forderung, ibid.*, p. 174.

Capítulo VI

LA EUROPA DE HITLER Y LA «GRAN ESFERA DE BIENESTAR ASIÁTICA» DE JAPÓN

La «inalterable» pretensión de Hitler al dominio directo sobre su imperio continental no permitía estructuras hegemónicas tradicionales en ninguna clase de versión modificada, es decir, un conjunto de Estados que cediesen sólo parcialmente su soberanía y en lo demás siguieran siendo autónomos bajo Alemania como potencia dirigente. No había, pues, ninguna posibilidad para una auténtica cooperación con el conjunto de las muy distintas fuerzas políticas de la mayoría de países ocupados por Alemania o dependientes del Reich dispuestos a la colaboración, al «colaboracionismo» (como se diría más tarde en sentido peyorativo). Los motivos para este «colaboracionismo» eran en cada caso muy diversos. Iban desde una actividad entendida como necesidad patriótica hasta el oportunismo por motivos innobles. La inmensa mayoría de las personas de la Europa dominada por los alemanes eran en la práctica «colaboradoras» —activas, las menos, y pasivas en la generalidad de los casos— [1]. En cambio, el número de

[1] Rich, R., *Hitler's War Aims. The Establishment of the New Order*, vol. II, Nueva York 1974, ofrece una visión general y pormenorizada de la «Europa de Hitler» fiable y basada en una evaluación de las fuentes y la bibliografía, muy ramificada y de valor muy desigual; Lukacs, J., *Die Entmachtung Europas. Der letzte europäische Krieg 1939-1941*, Stuttgart 1978, pp. 145 y ss., sigue criterios personales; Rings, W., *Leben mit dem Feind. Anpassung und Widerstand in Hitlers Europa 1939-1945*, Múnich 1979, se sitúa entre la exposición científica y el reportaje y recoge el clima de la época; Foot, M. R. D., *Resistance: an Analysis of European Resistance to Nazism 1940-45*, Londres

combatientes de la resistencia fue extraordinariamente reducido hasta la última fase de la guerra, desde mediados de 1944, cuando era inminente la victoria de los aliados, con la excepción de Polonia, las zonas ocupadas de la Unión Soviética, donde la catastrófica «política» de aniquilación no dejaba, por otro lado, posibilidad a la «colaboración», y la mayor parte de Yugoslavia.

La falta de oportunidades para una auténtica cooperación con la Alemania nacionalsocialista podía aplicarse también a los grupos designados habitualmente de manera general (y, en realidad, improcedente) como «fascistas», representados en cada uno de los países en proporción desigual [2], que interpretaban falsamente la Segunda Guerra Mundial como una especie de «guerra civil» cuyos «frentes» cruzaban las naciones hostiles —interpretación que contradecía la tendencia dominante en la realidad, pues, a pesar de todas las florituras ideológicas, se trataba de una lucha entre las grandes potencias, de un nuevo reparto entre ellas o del mantenimiento de sus posiciones en el mundo, de esferas de interés estratégico o económico— [3]. Esos grupos, desde la idea que tenían de sí mismos como «compañeros de partido» de la Alemania nacionalsocialista, presionaban para hacerse con el poder en sus respectivos países y cooperar estrechamente con Alemania por razones ante todo ideológicas, si bien fueron rechazados de múltiples maneras por Hitler y considerados por él, en el mejor de los casos, como «objetos» —en el sentido de una *ultima ratio* a la que habría que recurrir en cada país—, una vez consumidas las fuerzas calificadas de útiles o cuando éstas volvían la espalda a Alemania (así se utilizaron, por ejemplo, en Hungría, los «Cruces flechadas» contra Horthy; en Rumanía, la «Guardia de Hierro», tras la caída de Antonescu, y en la Francia de Vichy, el grupo de Doriot y Déat, tras la renuncia de Laval y Pétain) [4]. Pese a los diversos esfuer-

---

1976. Lemberg, H., «Kollaboration in Europa mit dem Dritten Reich um das Jahr 1941», en Bosl, K., *Das Jahr 1941 in der europäischen Politik*, Múnich-Viena 1972, pp. 143 y ss., trata la cuestión de forma muy concienzuda.

[2] Nolte, E., *Die Krise des liberalen Systems und die Faschistischen Bewegungen*, Múnich 1968.

[3] Boveri, M., *Der Verrat im XX. Jahrhundert*, 4 vols., Hamburgo 1956-1960, ofrece un análisis profundo de esta problemática.

[4] Macartney, C. A., *October Fifteenth. A History of Modern Hungary*, 2 vols., Edimburgo [2]1961; Fenyo, M. D., *Hitler, Horthy, and Hungary. German-Hungarian Relations, 1941-1944*, New Haven-Londres 1972; Juhász, G., *Hungarian Foreign Policy, 1919-1945*, Budapest 1979; Hillgruber, A., *Hitler, König Carol und Marschall Antonescu. Die deutsch-rumänischen Beziehungen 1938-1944*, Wiesbaden [2]1965; Broszat, M., «Deutschland, Un-

zos propagandísticos por difundir una ideología nacionalsocialista «de Europa», incrementados significativamente tras el vuelco experimentado por la guerra en 1942/43 [5], no hubo en la práctica una *política* nacionalsocialista de Europa, a pesar de las recomendaciones en este sentido hechas al mando alemán por más de un representante de la «colaboración», o quizá precisamente por eso. En todo caso, sólo entre las SS [6], donde Himmler ocupaba cierta posición peculiar con su ideología germánica, se dio alguna pequeña divergencia parcial del principio hitleriano del dominio directo y exclusivo alemán.

A consecuencia de la obstinada negativa por parte alemana y debido también —*last but not least*— al curso de la guerra, varios antiguos exponentes de la «colaboración» acabaron adoptando una actitud de resistencia tras haber pasado por la fase intermedia de esperar quién saldría victorioso (el estadio de *attentisme*, como se decía en Francia); también en este caso pudieron ser diversos los motivos determinantes. En consecuencia, los conceptos de «colaboración» y «resistencia» no fueron opuestos absolutos en la realidad, como podría parecer desde una perspectiva contemporánea. Por lo demás, el proceso no se desarrolló sólo en una dirección, es decir, de la «colaboración» inicial a la «resistencia» pasando por el *attentisme*, sino también en la dirección contraria —esto vale en especial para los países del este y sureste de Europa central, colocados entre las pretensiones de dominio de Hitler y Stalin—: de una resistencia inicial al ocupante alemán hasta una cooperación casi siempre parcial con las tropas alemanas que se defendían contra el avance del Ejército Rojo o contra Tito, tras haber pasado por una posición de expectativa.

A pesar de la situación general que acabamos esbozar para la Europa dominada por los alemanes, debemos resaltar la diferencia entre las circunstancias de los países del norte y occidente de Europa y los del este bajo dominio alemán: Polonia y partes de la Unión Soviética.

---

garn, Rumänien. Entwicklung und Grundfaktoren nationalsozialistischer Hegemonial- und Bündnispolitik 1938-1941», en Funke, M. (ed.), *Hitler, Deutschland und die Mächte, ibid.,* pp. 524 y ss.; Aron, R., *Historie de Vichy, 1940-1946,* París [2]1960; Paxton, R. O., *Vichy France Old Guard and New Order 1940-1944,* Nueva York 1972. Tournoux, R., *Pétain et la France. La seconde guerre mondiale,* París 1980; Wolf, D., *Die Doriot-Bewegung,* Stuttgart 1967; A. Mallet, *Pierre Laval,* París 1955; Rousso, H., *Un Château en Allemagne. La France de Pétain en exil, Sigmaringen 1944,* París 1980.

[5] Kluke, P., «Nationalsozialistische Europaideologie», en *Vierteljahrshefte für Zeitgeschichte,* 3 (1955), pp. 240 y ss.

[6] Höhne, H., *Der Orden unter dem Totenkopf, Die Geschichte der SS,* Gütersloh 1967.

Los axiomas racistas inducían a que la lucha militar fuera de diferente dureza en el oeste y el este, con la correspondiente diversificación de formas de soberanía alemana en las regiones conquistadas. El único rasgo común era «sólo» su inclusión en la «solución final», es decir, la liquidación física de todos los judíos de Europa, y en el sometimiento servil de su potencial al servicio de la guerra de Hitler —conseguido, sin embargo, casi siempre mediante la aplicación de métodos parcialmente distintos en el este y el oeste—. Esta servidumbre ayudó en especial al rearme alemán, sobre todo por medio del suministro de «trabajadores extranjeros», con el fin de liberar así para el servicio de guerra en las fuerzas armadas el mayor número posible de trabajadores alemanes [7].

Las medidas tomadas por Hitler a partir del fracaso del concepto de «*Blitzkrieg* mundial» a finales de 1941 —pues hasta entonces todo se encontraba en estado de permanente mutación dinámica en «su» Europa—, contradictorias a menudo en lo concreto, derivaron de tres ideas directrices fundamentales de Hitler: 1. El reconocimiento de que ya no era posible lograr una victoria alemana y que, en función de la alternativa extrema de «poder mundial u ocaso» impuesta por él mismo, resultaba ineludible la catástrofe de su Reich. Este reconocimiento se puede constatar por primera vez en él en noviembre/diciembre de 1941 y, aunque lo rechazaba constantemente, resurgía siempre de nuevo. Por tanto, su interés primordial se dirigió al cumplimiento de su objetivo esencial racista de liquidar sistemáticamente a todos los judíos europeos en el tiempo que aún le quedaba, prolongado mediante el mantenimiento de los frentes en la medida de lo posible, y, por lo demás, a convertir Europa en un montón de ruinas (con la consigna de «tierra quemada»), sin detenerse a considerar el destino de su propia nación, por no hablar de los demás pueblos de «su» Europa. 2. De una segunda plataforma conceptual de Hitler partieron sus intentos de «modificar el destino, a pesar de todo» recurriendo a un esfuerzo fanático, a la tensión de todas las energías, a un agotamiento total de las capacidades alemanas y las posibilidades de las regiones conquistadas, al paso de la idea de «*Blitzkrieg*» a la de «guerra total», rechazada por él hasta ese momento y

───────────
   [7] Homze, E. L., *Foreign Labor in Nazi Germany*, Princeton/N. J. 1967; Pfahlmann, H., *Fremdarbeiter und Kriegsgefangene in der deutschen Kriegswirtschaft 1939-1945*, Darmstadt 1968.

propagada luego en una primera ocasión a principios de 1943 y, por segunda vez, en julio de 1944. 3. Finalmente, el pensamiento de Hitler se movió en un tercer plano especulando con una ruptura de la alianza enemiga, en la que depositaba su esperanza de poder retornar a la «gran política» «una vez pasado todo» y llevar adelante en mejores condiciones sus antiguos y amplios objetivos.

Estas tres tendencias básicas, en parte excluyentes y en parte complementarias, determinaron todas las decisiones fundamentales de Hitler y del grupo dirigente nacionalsocialista (en cuyo seno se produjeron múltiples desplazamientos del correspondiente «centro de gravedad» entre los años 1942-1945), dándose además a lo largo del tiempo numerosos cambios en el predominio de cada una de ellas. Cuanto más se aproximaba la catástrofe final, tanto más escapaban, por otra parte, al control del régimen las repercusiones de las decisiones tomadas, que adquirían un peso específico cuya importancia se haría sentir más allá del final del «Tercer Reich» —por ejemplo, en lo relativo a la recuperación de mayor libertad de acción en las organizaciones industriales o en el desarrollo de la situación en algunos territorios ocupados—. La decisión más importante derivada del primer teorema fue la de continuar con la liquidación de los judíos a pesar del cambio de situación en la guerra. Su exterminio estaba previsto por motivos racistas y se consideró originariamente, desde una perspectiva biologista, condición de la perdurabilidad del pretendido imperio mundial. Este «objetivo de guerra» debería tener prioridad sobre todas las demás necesidades, incluidas las militares [8]. La prioridad de las metas propuestas por la ideología racista se mantuvo hasta la interrupción de las acciones de exterminio ordenada independientemente por Himmler el 2 de noviembre de 1944, que fue un signo del hundimiento de la autoridad de Hitler y de la disolución interna del régimen.

Otra de las consecuencias derivadas de las teorías de Hitler fue la rigurosa exacerbación del secretismo en las resoluciones (incluso entre los diversos organismos centrales), destinada a contrarrestar el conocimiento y posibles conclusiones que pudieran sacar los propios grupos dirigentes sobre la situación general del Reich, abocada a la

---

[8] Reitlinger, G., *Die Endlösung. Hitlers Versuch der Ausrottung der Juden Europas 1939-1945*, Berlín ⁵1968; Hilberg, R., *The Destruction of the European Jews*, Chicago 1961; Dawidowicz, L. S., *Der Krieg gegen die Juden 1939-1945*, Múnich 1979.

catástrofe. La simultánea intensificación de la propaganda hacia el interior y la expansión del terror (mediante el aumento de las atribuciones
de poder de las SS) consiguieron con éxito su objetivo de mantener a
la masa de la población acorde con el régimen e ignorante de la situación general.

El programa de aniquilación de los judíos europeos, el fortalecimiento de la vigilancia policial y una notable ampliación del sistema de
informadores del SD en Alemania, así como las atribuciones ejecutivas
de los «altos jefes de las SS y la policía» en las regiones ocupadas y los
planes para los grupos de pueblos y asentamientos en el este, continua-
dos hasta 1943, habían dado origen a una preponderancia de las SS
(Himmler era también ministro del Reich desde agosto de 1943).
Himmler fue cuestionado desde mediados de 1944, al ganar nuevamente terreno la organización del Partido Nacionalsocialista a las órdenes de Bormann (que desde abril de 1943 ocupaba, como «secretario
del Führer», una posición clave en su círculo más íntimo) [9]. La preponderancia de las SS había perdido terreno, entre otras cosas, a consecuencia de las «maniobras de distanciamiento» efectuadas por Himmler
desde el verano de 1942 en forma de intentos a espaldas de Hitler para
lograr una paz por separado con las potencias occidentales, incluso al
«precio» de la entrega de algunos transportes de judíos. Junto a Himmler, Bormann y Göring, quien fue perdiendo crédito progresivamente
ante Hitler debido al fracaso de «su» Luftwaffe, que no estuvo a la altura de las exigencias planteadas, pasó a ocupar muy pronto una de las
primeras posiciones Albert Speer, desde su nombramiento como ministro del Reich para Armamento y Munición a comienzos de febrero de
1942, tras la muerte de Fritz Todt [10]; al cabo de un año sobrepujó a
todas las instituciones competidoras, como el «Plan cuatrienal» de
Göring y la organización para la «Economía del ejército» del OKW (a
las órdenes del general Thomas), o bien se hizo cargo de sus competencias y, en septiembre de 1943, alcanzó casi el rango de una especie de
«dictador de la economía» en su puesto de ministro del Reich para el
rearme y la producción de guerra.

    [9] Wulf, J., *Martin Bormann-Hitlers Schatten*, Gütersloh 1979.
    [10] Boelcke, W. A. (ed.), *Deutschlands Rüstung im Zweiten Weltkrieg. Hitlers Konfe-
renzen mit Albert Speer 1942-1945*, Fráncfort/M. 1969; Speer, A., *Erinnerungen*, Fránc-
fort/M.-Berlín 1969; Janssen, G., *Das Ministerium Speer. Deutschlands Rüstung im Krieg*,
Fráncfort/M.-Berlín 1968; Ludwig, K.-H., *Technik und Ingenieure im Dritten Reich*, Düsseldorf 1974, pp. 403 y ss. («Die deutsche Rüstung von 1942 bis 1945»).

No obstante, la función dirigente asumida por Speer sólo puede explicarse por el segundo teorema de Hitler: su propósito de agotar, a pesar de todo, esa supuesta «última» oportunidad en contra de sus anteriores ideas de que una «guerra total» no garantizaba la victoria de Alemania sino que, más bien, la hacía inviable en vista de la superior capacidad de las potencias enemigas, como había ocurrido en 1914/18; de ese modo podría también concluir la «misión» de la aniquilación de los judíos, al haber conseguido así la prolongación de la guerra. Desde 1942, Hitler y Speer se habían planteado el objetivo de la producción masiva de armamento con el fin de resistir lo más posible en la carrera de activación de las capacidades económicas iniciada tras el innegable fracaso del concepto de *Blitzkrieg»,* al haber pasado la iniciativa a manos del adversario. Para ello se requería explotar todas las posibilidades materiales y tecnológicas de forma no burocrática. En consecuencia, fue necesario dar de nuevo mayor libertad de acción a la iniciativa empresarial. A diferencia de las ideas rectoras del «Plan cuatrienal» [11], lo que posibilitaría el cumplimiento de los objetivos de producción planteados por la dirección política no sería ya el control estatal o del Partido; de ello se habrían de preocupar las mismas organizaciones industriales, a las que sólo se impuso un marco general. La consecuencia de la nueva situación fue un aumento progresivo de la importancia específica de las organizaciones industriales a medida que la guerra tendía a su fin.

¿Cómo hemos de concebir el trayecto recorrido desde la concentración de todos los esfuerzos para el incremento de la producción de guerra hasta las reflexiones planteadas en vista de la esperable situación de posguerra (tras una derrota del Reich hitleriano)? Un estudio de Ludolf Herbst, basado en una amplia documentación de fuentes, ofrece la siguiente interpretación [12]: «Si se relacionan los niveles de planificación, estatal y privado, todos los indicios hablan del proceso siguiente: en el verano de 1943, cuando Alemania pierde la iniciativa estratégica en el este, se hunde Italia, el terror de los bombardeos alcanza su punto álgido y EEUU y Gran Bretaña muestran a diario que son capaces de llevar la guerra al continente europeo, se

---

[11] Pezina, D., *Autarkiepolitik im Dritten Reich. Der nationalsozialistische Vierjahresplan,* Stuttgart 1968.
[12] Herbst, L., *Der Totale Krieg und die Ordnung der Wirtschaft. Die Kriegswirtschaft im Spannungsfeld zur Politik, Ideologie und Propaganda 1939-1945,* Stuttgart 1982, en especial pp. 275 y ss.

ve con claridad que Alemania no es capaz de ganar la contienda. Así pues, los consejos de dirección de las grandes empresas comienzan a ocuparse de los problemas de posguerra. A través de personas de confianza, como Ludwig Erhard, se clarifican algunos aspectos particulares del periodo de posguerra y se debaten seguidamente en círculos cerrados. Sin embargo, resulta evidente que sin una cooperación con las autoridades las previsiones para la posguerra sólo se pueden abordar de manera insuficiente. Así pues, Rohland sondea a Speer y Stahl se dirige al ministerio de Economía del Reich y a Otto Ohlendorf (el jefe de grupo de las SS y secretario de Estado con capacidad decisoria). El Grupo industrial del Reich y otros órganos de administración autónoma, cuyos principales representantes, como Zangen y Stahl, son al mismo tiempo jefes de empresa, desempeñan el papel de mediadores. Los primeros contactos cautelosos chocan con la esquizofrenia de las autoridades que, por un lado, proclaman la guerra total pero, por otro, piensan que la paz venidera no puede configurarse sin ellos. La cooperación se transforma poco a poco en colaboración a medida que se pierden las esperanzas en la guerra. Sectores importantes de la industria en colaboración con ministros del Reich como Speer, Funk, Backe, Dorpmüller, Schwerin-von Krosigk y la mayoría de los *Gauleiter* malogran la furia destructora de Hitler y la camarilla dirigente que lo rodea, a escondidas desde noviembre de 1944, y a las claras desde enero/febrero de 1945.» De ese modo se garantizó durante la guerra el paso al periodo de posguerra de la industria de la Alemania occidental, considerablemente ampliada a pesar de las pérdidas provocadas por los bombardeos (en 1945 estaba destruido alrededor del 20% de la capacidad del sector alemán occidental), debido sobre todo a la modernización y avanzada tecnificación lograda durante la guerra así como a la explotación de masa de trabajadores extranjeros «baratos».

A pesar de que algunos análisis retrospectivos consideran ilusoriamente que el recurso a la «guerra total» en 1939 habría aumentado las «posibilidades de victoria» del Reich, en esas fechas no habría sido posible realizarla con la intensidad con que se hizo en 1943: sólo la conquista de grandes partes de Europa creó las condiciones para una «totalización» de la guerra en el sentido pretendido en 1942. El aumento de la producción conseguido por Speer hasta el otoño de 1944 fue sorprendente si se calcula en números absolutos, si bien su caída relativa por comparación con la de los tres principales adversarios, EEUU, Gran Bretaña y la Unión Soviética, resultaba inevitable y, en todo caso, habida cuenta del potencial de que disponían en todo el mundo, sólo podía aplazarse. Pero esa producción no habría sido en definitiva posible sin el trasvase forzoso o semivoluntario de millones de trabajadores extranjeros a la industria alemana, ya que la Wehrmacht requería contingentes cada vez mayores para ocupar posiciones en una guerra de varios frentes entre el cabo Norte y Túnez, los Pirineos y el Volga (en 1943: 9,5 millones de hombres) [13]. Sauckel, *Gauleiter* de Turingia, hizo llevar a Alemania un total de 7,5 millones de «trabajadores extranjeros» en función de su cargo de «Delegado general para la asignación del trabajo» desde marzo de 1942. Los métodos utilizados para conseguir trabajadores extranjeros iban desde la pura caza de esclavos, en especial en las zonas soviéticas ocupadas, hasta las regulaciones por convenio con los gobiernos de los países dependientes, y en parte también mediante la permuta de trabajadores «voluntarios» por prisioneros de guerra. El intento de una parte de la dirección de las SS de transformar los campos de concentración en lugares productivos y convertirlos en prototipos de una nueva forma social de producción [14] apuntaba a un intento de superación del sistema de capitalismo privado. La historia del «Tercer Reich» desde 1942 hasta la catástrofe final está recorrida por el conflicto entre sectores de la dirección de las SS (Heydrich, Eichmann), ejecutores del programa de exterminio racista, y quienes querían construir un imperio económico de características propias, como el jefe del departamento central de la administración de las SS, Oswald Pohl.

El tercer teorema de Hitler, sus especulaciones sobre una ruptura de la alianza enemiga, estuvo, curiosamente, más ligado, hasta casi el final, a la expectativa de un conflicto entre EEUU y Gran Bretaña que a un enfrentamiento entre este y oeste [15]. En un segundo plano aparecía la idea, en la que Hitler creía con firmeza axiomática, de un conflicto inevitable entre Gran Bretaña y Rusia por la India. La idea de una ruptura entre la Unión Soviética y los aliados occidentales no pasó algo más a primer plano hasta la conferencia de Teherán de los

---

[13] Cfr. nota 7.

[14] Georg, E., *Die wirtschaftlichen Unternehmungen der SS*, Stuttgart 1963; Speer, A., *Der Sklavenstaat. Meine Auseinandersetzungen mit der SS*, Stuttgart 1981.

[15] Cfr., sobre este punto Hillgruber, A. (ed.), *Staatsmänner und Diplomaten bei Hitler*, vol. II: *1942-1944*, Fráncfort/M. 1970. Introducción, pp. 21 y ss.

«Tres Grandes» (finales de noviembre de 1943). En otras palabras: los antiguos puntos fijos heredados de la era guillermina: la oposición Gran Bretaña-Estados Unidos, que pretenderían «heredar el Imperio británico, y la importancia fundamental de la India tanto para Gran Bretaña como para Rusia, se mantuvieron con gran tenacidad en las especulaciones de Hitler hasta bien entrada la Segunda Guerra Mundial. Hitler rechazaba por principio un arreglo con Stalin, a pesar de verse empujado a él no sólo por Mussolini, como ya hemos dicho (diciembre de 1942), sino también por el gobierno japonés, que desde el otoño de 1942 se ofrecía una y otra vez como «mediador» [16], pues, debido al mantenimiento de relaciones diplomáticas con Moscú, se consideraba casi «predestinado» para ese papel.

Por otra parte, la exigencia de «capitulación incondicional» impedía un arreglo con Gran Bretaña o con los dos aliados occidentales, al menos desde enero de 1943. De ese modo —esquematizando un tanto las cosas—, la rigidez de Hitler y la flexibilidad de Stalin, que no encontraba ningún agarradero, se enfrentaban en el este como lo hacían en el oeste la flexibilidad (sin perspectivas) de Hitler y la rigidez de Roosevelt y Churchill. Los objetivos de guerra de los principales implicados en el conflicto europeo se bloqueaban, así, mutuamente. Hitler, además, consideró importante no emprender iniciativas de paz por su cuenta hasta la fase terminal de la guerra. Pensaba, más bien, que podría esperar como una «araña crucera» —imagen que repetía a menudo en sus declaraciones—, plantada en el centro de su tela, a que se produjera el conflicto entre los aliados, inevitable en su opinión, para entonces, en el momento decisivo de la quiebra de la coalición, imponer condiciones a la parte que él prefiriese.

De hecho, existían ciertas posibilidades de sacar partido a la oposición de intereses en el seno de la coalición enemiga, sobre todo en razón los conflictos surgidos entre los movimientos de resistencia comunistas y anticomunistas en la Europa dominada por los alemanes. Esta circunstancia era aplicable en especial a Ucrania y, aún más, a Polonia, Yugoslavia y Grecia. A diferencia de otros países, sobre todo en Europa occidental, no se había logrado aquí aunar, al menos militarmente, a los distintos grupos de resistencia. En el caso de Ucrania, los nacionalistas y los partisanos ucranianos soviéticos mantenían un

---

[16] Martin, B., *Deutschland und Japan im Zweiten Weltkrieg, ibid.,* pp. 110 y ss.

enconado enfrentamiento [17]. Mientras duraron los éxitos de Hitler, primó la oposición de ambas organizaciones a las prácticas brutales de la «política alemana en el este». Pero, cuando el ejército penetró hacia el oeste en 1943/44, la Unión Soviética se convirtió en el enemigo número uno para los partisanos anticomunistas en todo el territorio del avance alemán y la Wehrmacht, contra la que se había combatido en origen, pasó a ser involuntariamente un escudo protector ante la proximidad de los soviéticos. El comportamiento del «Ejército patriótico» polaco fue en 1943/44 un caso especial en este contexto [18], pues Hitler rechazó cualquier «colaboración» con los polacos, aun indirecta, de modo que a éstos no les quedó más remedio que unirse a los soviéticos en su avance (que finalmente disolvieron las fuerzas del «Ejército patriótico») o correr con el enorme riesgo de un levantamiento en solitario contra los alemanes, en la esperanza de lograr un peso específico propio incluso frente a los soviéticos (levantamiento de Varsovia).

Mayor aún que en el caso de los ucranianos fue el cambio de conducta respecto a Alemania y la Unión Soviética que supuso el sanguinario enfrentamiento, iniciado ya en noviembre de 1941, entre el movimiento nacionalista serbio chetnik, dirigido por Mihailovic, y la organización comunista de partisanos a las órdenes de Tito en Yugoslavia, disuelta como país por orden de Hitler y Mussolini y dividida en zonas de interés alemana, italiana, húngara y búlgara [19]. Aunque los chetniks habían sido los primeros en alzarse contra la fuerza de ocupación alemana en Serbia, en mayo de 1941, antes incluso del ataque alemán a la Unión Soviética, y Tito no había iniciado la lucha contra las fuerzas de ocupación en la Yugoslavia dividida hasta comienzos de julio de 1941, tras el ataque contra aquel país, los chetniks no consiguieron consolidar su preeminencia. Entre ambos movimientos de resistencia no se llegó al acuerdo pretendido en un principio, sino a una enconada lucha que se prolongó durante años y causó muchas víctimas. Al margen de otros grupos no tan importan-

---

[17] Armstrong, J. A., *Ukrainian Nationalism 1939-1945*, Nueva York 1955.

[18] Bór-Komorowski, T., *The Secret Army*, Londres 1951; Krannhals, H. von, *Der Warschauer Aufstand 1944*, Fráncfort/M. ²1964, pp. 23 y ss.

[19] Tomasevich, J., *War and Revolution in Yugoslavia: the Chetniks*, Stanford/ Calif. 1975; Matl, J., «Jugoslawien im Zweiten Weltkrieg», en Markert, W. (ed.), *Osteuropa-Handbuch*, vol.: *Jugoslawien*, Colonia-Graz 1954, pp. 102 y ss.; Rhode, R., «Jugoslawien 1918-1968», en Schieder, Th., (ed.), *Handbuch der europäischen Geschichte*, vol. 7, *ibid.*, pp. 1211 y ss.; Roberts, W. R., *Tito, Mihailovic and the Allies 1941-1945*, Londres 1973.

tes, en el territorio yugoslavo luchaban entre sí los chetniks contra los alemanes, los partisanos de Tito contra los alemanes y los italianos, ambos grupos contra la organización ustacha croata (que aspiraba a la destrucción de los pravoeslavos en Bosnia) y, sobre todo, los chetniks contra los partisanos de Tito. A partir de 1942, una parte de los chetniks encontró apoyo —al principio limitado local o regionalmente— en la potencia ocupante italiana, cuyo comandante en jefe, el general Roatta, optó por tomar pronto un rumbo antialemán y desde el otoño de 1942 preludió ya en los Balcanes, por así decirlo, el cambio de frente de Italia de septiembre de 1943. También Tito trabó contactos en 1943 con los alemanes con el fin de alcanzar un armisticio y, llegado el caso, acordar con ellos incluso una defensa común frente a la invasión aliada de los Balcanes, si se producía un desembarco británico en Dalmacia [20]. Desde el otoño de 1943 (misión del enviado Neubacher) [21], las autoridades de ocupación alemanas se propusieron el objetivo de aunar a todas las fuerzas anticomunistas del sur de Europa, incluso aquellas que hasta entonces habían combatido contra los alemanes. A pesar de que Mihailovic seguía rechazando oficialmente cooperar con ellos, se vio empujado en la práctica a ponerse del lado de la Wehrmacht en su lucha defensiva contra el avance del Ejército Rojo y los partisanos de Tito, por lo cual fue ajusticiado en Belgrado en 1946, acusado de «traidor».

En Grecia, la situación era similar [22], aunque los conflictos no llegaron a agudizarse tanto como en Yugoslavia, pues la organización de resistencia nacionalista (general Zervas) adoptó desde el otoño de 1943 una actitud pasiva frente a los alemanes. Deseaba ahorrar combatientes y armas para poder superar, tras la previsible retirada alemana, la prueba de fuerza con las unidades del ELAS, dominadas por los comunistas. Hitler, sin embargo, entendía el cambio de conducta alemán en el sur de Europa desde el otoño de 1943 exclusivamente bajo un punto de vista táctico. En el caso de una hipotética

---

[20] Confirmado ahora por Djilas, M., *Der Krieg der Partisanen. Memoiren 1941-1945*, Viena-Múnich-Zúrich-Innsbruck 1978.
[21] *Akten zur deutschen auswärtigen Politik 1918-1945*, serie E, vol. VII, Gotinga 1979, pp. 133s; Neubacher, H., *Sonderauftrag Südost*, Gotinga ²1958.
[22] Woodhouse, C. M., *The Struggle for Greece 1941-1949*, Londres 1976; Chandler, G., *The Divided Land, an Anglo-Greek-Tragedy*, Londres 1959; un resumen en Hering, G., «Griechenland vom Lausanner Frieden bis zum Ende der Obersten-Diktatur 1923-1974», en Schieder, Th. (ed.), *Handbuch der europäischen Geschichte*, vol. VII, *ibid.*, pp. 1326 y ss.

victoria alemana, debería reanudarse la lucha contra los grupos anticomunistas.

Con esto queda ya apuntado que, tras el fracaso de su plan de
guerra de 1941/42, Hitler rechazó la alternativa plausible de aunar
las diferentes fuerzas políticas de la «fortaleza de Europa» —según la
nueva denominación—, asediadas por los ejércitos de la «coalición
antihitler» desde el este, el sur y —a partir de mediados de 1944—
también desde el oeste bajo el mando de Alemania, que, aun renun-
ciando a la línea mantenida hasta entonces, se veía como algo más
que un poder hegemónico tradicional. Los estímulos para ese tipo de
política europea, que habría tenido ciertas oportunidades de perdu-
rar incluso en el caso de una derrota militar del Reich, cada vez más
probable, eran numerosos. Tales propuestas se desarrollaron en Febrero de 1943 en el ministerio de Asuntos Exteriores (proyecto de
fundación de una «Federación de Estados Europea») [23], pero también fueron sugeridas a Hitler por los aliados y por «colaboradores»
destacados. Las más conocidas son las iniciativas planteadas por los
italianos (la del secretario de Estado Bastianini en 1943), el Primer
Ministro francés Laval e, igualmente, los dirigentes de los pequeños
partidos denominados «fascistas», Quisling (Noruega) y Mussert (Holanda), que estaban muy dispuestos a incorporar a sus países a un
«gran Reich germánico», con Alemania como núcleo, pero no a convertirse en meras comparsas de un dominio nacionalsocialista directo
y por la fuerza. Finalmente, se llevaron también a cabo esfuerzos para
organizar grupos regionales de países dentro de la zona de influencia
alemana (por ejemplo, Rumanía-Eslovaquia-Croacia, en un frente
contra la restauración de la mitad húngara de la monarquía imperial
habsburguesa). Todas esas iniciativas fracasaron, sin que importara su
procedencia, ante la voluntad de Hitler de no conceder un peso específico a los pequeños países de Europa, y mucho menos dar en «su»
Europa a la única gran potencia vencida, Francia, un lugar acorde
con la importancia de este país. Todavía a mediados de 1943, Hitler
hablaba de acabar con la «cacharrería» del panorama de pequeños

---

[23] *Akten zur deutschen auswärtigen Politik 1918-1945*, serie E, vol. V, Gotinga 1978,
pp. 437 y ss. (Notas de Ribbentrop sobre la «Sociedad de Naciones europea»); Hill,
E. L., *Die Weizsäcker-Papiere 1933-1950*, Berlín-Fráncfort/M. 1974, pp. 321s. (6.2.1943);
sobre este punto, cfr. Schumann, W. (ed.), *Deutschland im zweiten Weltkrieg*, vol. III,
Berlín (este) 1979, pp. 410 y ss., que lo trata a partir del material de actas conservado
en el Archivo Político del Ministerio de Asuntos Exteriores (Bonn).

Estados europeos en cuanto la guerra lo permitiera [24]. Sólo las crecientes dificultades militares y la imposibilidad práctica de dejar caer el último velo de su voluntad absoluta de dominio impidieron eliminar, según sus pretensiones, los restos, incluso, de autonomía estatal de los países europeos situados en su ámbito de poder.

En este ámbito, y debido a la tensión entre resistencia y «colaboración», se produjo una multiplicidad de actitudes de coordinación y enfrentamiento que impide caracterizar en conjunto la situación con una fórmula escueta. Lo vemos con especial claridad en el caso de la complicidad o la negativa a la «solución final». De acuerdo con las líneas directrices comunicadas por Heydrich a los departamentos centrales del Reich en la llamada «Conferencia de Wansee», el 20 de enero de 1942, Europa debía ser «peinada» sistemáticamente de oeste a este y «liberada de judíos» [25]. Con tal fin se habrían de hacer también propuestas a todos los gobiernos de la Europa dominada por Alemania [26]. El resultado de estos intentos fue muy diverso. La Italia fascista se negó a cooperar. Las autoridades de ocupación italianas en Yugoslavia y Grecia, así como en el sur de Francia, protegieron a los judíos de caer en manos de los alemanes e incluso acogieron fugitivos. También Hungría rechazó verse incluida en la «solución final». Es cierto que Horthy, al igual que Mussolini, había decretado poco antes de la guerra (1938/39) leyes antisemitas, cediendo así en parte a las tendencias que partían de la Alemania nacionalsocialista. Pero Horthy no pasó de un determinado límite; el exterminio sistemático de todos los judíos iba más allá de lo aceptado por él. El 16 de abril de 1943 declaraba a Hitler [27] que «había hecho todo cuanto podía emprenderse decentemente contra los judíos, pero que no podía asesinarlos o liquidarlos de ninguna otra manera». La observación expuesta al día siguiente por Ribbentrop de que «los

[24] Discurso de Hitler ante los *Reichsleiter* y *Gauleiter*, el 8 de mayo de 1943, en Goebbels, J., *Tagebücher aus den Jahren 1943 bis 1943*, ed. de Lochner, L. P., Zúrich 1948.
[25] *Nürnberg-Dok. NG-2586*; Jacobsen, H.-A. y Krausnick, H., *Anatomie des SS Staates*, vol. II, *ibid.,* pp. 391 y ss.
[26] Browning, Chr. R., *The Final Solution and the German Foreign Office*, Nueva York 1978. Sobre las intervenciones de la curia romana, cfr. los volúmenes documentales de la serie *Le Saint Siège et la guerre mondiale*, en la colección, *Actes et documents du Saint Siège relatifs à la seconde guerre mondiale*, Città del Vaticano; además, Morley, J. F., *Vatican Diplomacy and the Jews during the Holocaust, 1939-1943*, Nueva York 1980.
[27] Hillgruber, A. (ed.), *Staatsmänner und Diplomaten bei Hitler*, vol. II: *1942-1944, ibid.,* pp. 245 y 256.

judíos debían o bien ser exterminados o bien trasladados a campos de concentración» no tuvo consecuencias sobre Horthy. Hasta la ocupación del país por la Wehrmacht el 19 de marzo de 1944, Hungría fue una isla relativamente segura para los más de 700.000 judíos que vivían allí y que, no obstante, serían luego transportados en su mayoría por el comando especial Eichmann al campo de exterminio de Auschwitz-Birkenau. Finlandia, que conservó su estructura democrática parlamentaria, permitió que sus ciudadanos judíos combatieran contra la Unión Soviética como todos los demás en su propio ejército al lado de los «hermanos de armas» alemanes (según se decía).

La demanda de Hitler de adhesión a la «solución final» fue atendida con una actitud diferente por Eslovaquia, Croacia y Rumanía, donde existían fuertes corrientes antisemitas que —a diferencia del nacionalsocialismo en Alemania— sólo se dirigían contra los judíos que rechazaban asimilarse al correspondiente Estado nacional, mientras que, para el antisemitismo racista del nacionalsocialismo, la capacidad de adaptación y el «escamoteo» de los judíos en la masa del Estado nacional se consideraba como lo auténticamente «peligroso». En los citados países se produjeron en 1941/42 progromos y deportaciones no atribuibles a una iniciativa directa alemana, al amparo, por decirlo así, de la persecución nacionalsocialista de los judíos. Como resultado de la presencia de estas tendencias antisemitas originarias, los gobiernos de esos países estuvieron de acuerdo, al menos al principio, en incluir a sus «judíos» en la «solución final». No obstante, Tiso, primer ministro eslovaco, se distanció de ella tras la intervención de la curia romana, que procuró también confirmar a Horthy en su actitud. Antonescu, el jefe de Estado rumano, emprendió igualmente un cambio de rumbo político —sobre todo por la impresión producida por la catástrofe de Stalingrado— e intentó organizar transportes de judíos de Rumanía a Palestina en el marco de sus esfuerzos por establecer contacto con las potencias occidentales [28]. Los aliados occidentales, sobre todo Gran Bretaña como potencia mandataria en Palestina, rechazaron, sin embargo, acoger transportes de mayor envergadura por consideración hacia los sentimientos antisionistas de los nacionalistas árabes [29]. El gobierno fran-

---

[28] Hillgruber, A., *Hitler, König Carol und Marschall Antonescu, ibid.,* pp. 241 y ss.
[29] Sobre esta cuestión y sobre el problema del desconocimiento involuntario o vo-

cés de Vichy procuró, por su parte, solucionar el dilema de manera distinta: Laval pensó poder salvar a los judíos de nacionalidad francesa sacrificando a los emigrantes judíos procedentes de Alemania y de otros países extranjeros, sin lograr impedir por tal medio ni la intervención directa de las autoridades de ocupación alemanas, que recurrieron además para ello a la milicia francesa, ni el traslado de una gran parte de los judíos franceses a los campos de exterminio.

La problematicidad de la Europa de Hitler se mostró de otra manera en las condiciones impuestas para la participación en «su» guerra de voluntarios de los países europeos. Hay que partir de la idea de que Hitler rechazó originariamente cualquier ayuda «extranjera», pues no se ajustaba a su concepción de la soberanía, de modo que, hasta más allá del vuelco de la situación en la guerra, el problema no radicaba, por lo regular, en la coacción ejercida sobre aliados y súbditos para que colaboraran en la actividad militar (como en el caso de los alsacianos y luxemburgueses —declarados alemanes—, que fueron llamados a filas en la Wehrmacht), sino, al contrario, en el rechazo hacia los ofrecimientos de cooperación. Así ocurrió sobre todo —hasta el otoño de 1944— con el gran ejército ruso de voluntarios propuesto por el general soviético Vlassov, apresado por los alemanes en 1942 [30], pues Hitler consideraba diametralmente opuesto a sus ideas sobre el este el programa antiestalinista de Vlassov para una Rusia liberada. Es cierto que, desde 1942, y en vista de la necesidad de personal, se incorporaron a la Wehrmacht numerosos prisioneros de guerra rusos como «auxiliares voluntarios» y que existían unidades de voluntarios procedentes de pueblos no rusos (entre otras, las compuestas por cosacos y kalmucos) [31]; pero el comité Vlassov, considerablemente más importante por la influencia política y psicológica que se le suponía, no fue reconocido como representación de una Rusia nacional hasta octubre de 1944, cuando la línea del frente co-

luntario de la «solución final» fuera de Alemania en los países occidentales, cfr. Laqueur, W., *The Terrible Secret. An Investigation into the Suppression of Information about Hitlers «Final Solution»*, Londres 1980 (ed. en alemán: *Was niemand wissen wollte. Die Unterdrückung der Nachrichten über Hitlers «Endlösung»*, Berlín-Fráncfort/ M. 1981).

[30] Strik-Strikfeldt, W., *Gegen Stalin und Hitler. Die russische Befreiungsbewegung 1941-1945*, Maguncia ²1971; Steenberg, S., *Wlassow. Verräter oder Patriot?*, Colonia 1968.

[31] Hoffmann, J., *Deutsche und Kalmyken 1942 bis 1945*, Friburgo/Br. 1974; Id., *Die Ostlegionen 1941-1943. Turkotataren, Kaukasier und Wolgafinnen im deutschen Heer*, Friburgo/Br. 1976.

rría ya por Polonia, y sólo entonces se le permitió formar dos divisiones que, finalmente, cayeron en el torbellino del hundimiento alemán en el este. (Los aliados occidentales entregaron al Ejército Rojo en el verano de 1945 a todos los soldados de Vlassov que cayeron en sus manos, así como a los cosacos y otros voluntarios procedentes de la Unión Soviética) [32]. El hecho de que a finales de 1944 se llegara a reconocer al comité Vlassov se hubo de agradecer a la «flexibilidad» de Himmler, quien —a diferencia de la rigidez mostrada por Hitler— había desarrollado el concepto de una especie de SS europeas y no sólo había incorporado anteriormente a «sus» SS unidades de voluntarios germánicos, sino que hizo formar también, desde 1943, divisiones de SS con ucranianos, bosnios, valones y franceses, mientras que Hitler, en 1941, había suspendido, entre otras iniciativas, la presentación de voluntarios franceses para luchar contra la Unión Soviética, permitiendo sólo un regimiento en el marco del ejército de tierra alemán, con el fin de poder rechazar mejor más tarde cualquier pretensión a intervenir en «su» Europa.

En 1941, Hitler había intentado asimismo impedir la colaboración en la guerra del este de fuertes ejércitos regulares de Estados aliados —con la excepción de Rumanía y Finlandia—, sin poder evitar el envío de varias divisiones italianas y húngaras [33]. En cambio, para la campaña de 1942, no sólo aceptó gustoso dos ejércitos rumanos, uno húngaro y otro italiano como apoyo en el frente del Don y en el sur de Stalingrado —tras las graves pérdidas de las fuerzas de tierra alemanas—, sino que ejerció notables presiones para que fueran enviados allí, en especial en el caso de Hungría. Tras el hundimiento total de estos ejércitos en el invierno de 1942/43, Hitler no intentó conseguir de nuevo una mayor aportación militar de sus aliados del sureste hasta la primavera de 1944, ante la aproximación del Ejército Rojo a esos países. Pero se trataba de medidas de urgencia y auxiliares en vista de la evolución general, abocada a la catástrofe.

La política de *Japón* en el «gran espacio» del sureste asiático

---

[32] Tolstoy, N., *Die Verratenen von Jalta. Englands Schuld vor der Geschichte*, Múnich 1977; Bethell, N., *Das letzte Geheimnis. Die Auslieferung russischer Flüchtlinge an die Sowjets durch die Alliierten 1944-47*, Fráncfort/M.-Berlín-Viena 1974.

[33] Gosztony, P., *Hitlers fremde Heere. Das Schicksal der nichtdeutschen Armeen im Ostfeldzug*, Düsseldorf 1976.

dominado por este país se diferenció fundamentalmente en muchos aspectos de la mantenida por la Alemania hitleriana en Europa [34]. El objetivo originario, perseguido por Japón hasta la primavera de 1943, consistió en dominar directamente las regiones conquistadas en el marco de la llamada «gran esfera de bienestar en el este de Asia» y estas regiones fueron sometidas a una administración militar organizada de forma rígidamente centralista, concediéndose en todo caso a la población indígena la posibilidad de una administración autónoma muy limitada en las instancias inferiores. Sin embargo, las fuerzas políticas de esos países, que aspiraban desde hacía ya varias décadas a la descolonización y la independencia, sintieron el desalojo de los señores coloniales «blancos» como una victoria conseguida por Japón para las demás naciones asiáticas; a partir de este momento se trataba de transformarla poco a poco, mediante la resistencia a las prácticas brutales de la autoridad japonesa de ocupación, en una victoria común sobre los mismos «blancos». Es cierto que los conquistadores japoneses cometieron algunos excesos terribles, pero —a diferencia de lo que ocurría con Hitler— esos actos no fueron ordenados por el mando japonés ni aplicados de forma sistemática, sino que fueron el resultado de la arbitrariedad de algunas autoridades individuales. El gobierno japonés rechazó, por lo demás, desde un principio cualquier influencia económica de su aliado alemán, que manifestó un considerable interés sobre todo por las fuentes de materias primas de Indochina e Indonesia; la exclusión de los blancos era de validez general y, por tanto, se aplicaba también a las potencias aliadas del «Pacto tripartito».

Tras el cambio de la situación militar en la guerra del Pacífico, a fines de 1942 y principios de 1943, el gobierno japonés emprendió un cambio de rumbo en su política con los pueblos de la «esfera de bienestar» que habría de ser de máxima importancia no sólo para esta fase final de la guerra, sino también, precisamente, para la evolución de la situación durante la posguerra en el sureste asiático. Un representante de este nuevo curso fue el ministro de Asuntos Exteriores, Shigemitsu [35], nombrado para el cargo en el gabinete de Tojo en abril de 1943.

---

[34] Jones, F. C., *Japan's New Order in East Asia.Its Rise and Fall 1937-1945*, Londres 1954; Elsbree, W. H., *Japan's Role in Southeast Asian Nationalist Movements, 1940-1945*, Cambridge/Mass. 1953 (centrado en Indonesia).

[35] Boyle, J. H., *China and Japan at War, 1937-1945. The Politics of Collaboration*, Stanford/Calif. 1972; Shigemitsu, M., *Die Schicksalsjahre Japans. Vom Ersten bis zum Ende des Zweiten Weltkrieges 1920-1945*, Fráncfort/M. 1959, pp. 291 y ss.

Antes de la guerra había sido muchos años embajador de su país en Londres y había pertenecido al grupo de los escasos críticos de la política expansiva que conducía a Japón a la guerra. Bajo el lema de «Asia para los asiáticos», Shigemitsu se había propuesto ahora, como ministro de Asuntos Exteriores, el objetivo de dar a los países conquistados la independencia en el marco de un grupo de Estados dirigidos, pero no dominados, por Japón y ganar para la cooperación a las fuerzas políticas locales que hasta ese momento se habían opuesto a la política de ocupación japonesa.

Este cambio de rumbo se inició con la denominada «Nueva Política de China». El régimen de Wang Ching-wei, establecido en Nankín por los japoneses en 1940 —tras el alejamiento de Chang Kai-chek, su camarada de armas hasta entonces—, que había llevado hasta entonces una existencia brumosa bajo la ocupación japonesa, fue reconocido ahora formalmente como un aliado de igual rango. El «Gobierno nacional chino» de Wang Ching-wei, de nombre igual al del gobierno de Chang Kai-chek establecido en Chungking, declaró la guerra a EEUU y Gran Bretaña a principios de 1943. Ello no tuvo ningún significado militar, pues el número de desertores de la zona de influencia de Chang Kai-chek no fue tampoco digno de mención. Sin embargo, la declaración de guerra de Wang Ching-wei iba ligada a la supresión de los derechos territoriales especiales, las plazas comerciales y todas las concesiones en Tientsin y Shanghai, entre otras ciudades, que se remontaban a la época de la rebelión de los boxers de 1900, con lo cual se creó una realidad «política» de primer rango. Alemania e Italia fueron invitadas por el gobierno japonés a hacer otro tanto y renunciar a todos sus derechos especiales sobre China. Se tomaba así una decisión fundamental a la que Chang Kai-chek debía sumarse si no quería perder prestigio entre sus compatriotas, de manera que, con el fin de apoyarlo, las potencias occidentales hubieron de doblegarse a la idea de que sus posiciones de la época del imperialismo en China resultaban insostenibles y cedieron sin demora. China alcanzó así su soberanía —verbalmente—, limitada por los «blancos» desde la Guerra del Opio, hacía más de cien años. Por parte japonesa siguieron una serie de declaraciones de independencia para Birmania y Filipinas. El reconocimiento de una Indonesia independiente fue la culminación de la formación de un grupo de Estados en el sureste asiático al que se añadió Tailandia, que el 21 de enero de 1942 hubo de consentir en declarar la guerra a EEUU y

Gran Bretaña ante la presión del avance de los japoneses desde la Indochina francesa. Los japoneses garantizaron también a la población de Corea y Formosa una autonomía mayor que la disfrutada hasta entonces. Sólo Singapur, rebautizada como «Shonan», siguió estando directamente sometida a la administración militar japonesa y se transformó en una gran base para su flota y su aviación.

La Indochina francesa mantuvo una posición especial [36], pues en 1940/41 el gobierno de Vichy había puesto esta colonia a disposición de Japón como base de partida para sus operaciones militares. La administración colonial francesa siguió, pues, en funciones —a la oficial, dependiente de Vichy, se sumaba otra extraoficial, que en 1944/45 pasó, finalmente, a las órdenes de De Gaulle, a la espera de tomar posesión con la victoria de los aliados—. Sin embargo, el 9 de marzo de 1945, los japoneses pusieron fin a esta administración colonial «blanca», la única que seguía vigente en el interior de su «Gran espacio»; desarmaron e internaron a las tropas francesas y declararon independientes Anam, Camboya y Laos. El emperador Bao Dai se encargó formalmente del gobierno, mientras el movimiento Vietmín, a las órdenes de Ho Chi Min, organizaba en todo el territorio una resistencia nacionalista cuyo objetivo era un Vietnam independiente, con una estructura social distinta de la establecida bajo el dominio francés.

En Indonesia fue aceptado por los japoneses como jefe de gobierno, a principios de 1945, el jefe del movimiento nacional, Sukarno; en Birmania, Ba Maw, ya en 1943, y en Filipinas, Laurel, exponentes todos ellos de los correspondientes movimientos nacionalistas que en la época de preguerra se habían opuesto al poder colonial y en los primeros años de la ocupación nipona habían optado por la resistencia contra Japón. En la fase final de la guerra no llegaron a formarse, a la espera de una «liberación» desde el exterior, movimientos de resistencia o partisanos comparables con los de la Europa de Hitler ni siquiera en aquellos países donde algunos sectores de los movimientos nacionalistas se habían distanciado considerablemente de las autoridades japonesas, entre las cuales siguieron ganando terreno las prácticas de dureza aplicadas por mandos subor-

---

[36] Decoux, J., *À la barre de l'Indochine. Histoire de mon gouvernement général (1940-1945)*, París 1949; Sabatier, G., *Le Destin de l'Indochine-Souvenirs et Documents*, París 1952; Irving, R. E. M., *The first Indochina War. French and American Policy 1940-54*, Londres 1975.

dinados, a pesar del cambio oficial de rumbo en Tokio. La totalidad
de las fuerzas nacionalistas se preparó, más bien, a ofrecer resistencia
a la vuelta prevista de los señores coloniales.

La India debería quedar fuera de la «gran esfera de bienestar
asiática», aunque era con mucho el Estado vecino más importante de
este grupo de Estados dirigidos por Japón y a pesar de que debería
estar estrechamente unido a ellos [37]. Tras su aparición en la zona de
influencia japonesa, Subhas Chandra Bose había mantenido en Tokio
el 10 de junio de 1943 su primer encuentro con Tojo. El primer Ministro japonés se sintió tan fuertemente impresionado por el dirigente nacionalista indio que el 16 de junio proclamó ante la Cámara alta
la decisión de Japón de garantizar «a la India toda la ayuda posible
para su liberación». De ese modo, el plan de un avance japonés hacia
la India, abandonado en abril de 1942, entraba de nuevo en el terreno de lo realizable. Pero Bose, aunque contase con el apoyo de Japón, deseaba conseguir la liberación de la India por sus propias fuerzas, fundamentalmente, sobre todo, con el «Ejército Nacional Indio»,
compuesto con prisioneros de guerra del ejército indio-británico cap-
turados en la zona de influencia japonesa. El 21 de octubre de 1943,
Bose proclamó en Singapur la creación de un «Gobierno provisional
de la India libre». Este gobierno declaró la guerra a EEUU y Gran
Bretaña, pero —según se dijo— mantuvo la «neutralidad» con la
China de Chang Kai-chek; es decir, Bose intentaba recalcar la autonomía de su gobierno para impedir que se le considerara un simple
satélite de Japón.

La «Conferencia de la gran Asia del este», celebrada en Tokio los
días 5 y 6 de noviembre de 1943 [38], se ha de considerar el punto culminante de la proyección de la idea de una «gran esfera de bienestar
asiática» que abarcaría un conjunto de Estados dirigidos por Japón,
pero independientes. En dicha conferencia participaron los jefes de
gobierno de Manchukuo, China (Wang Ching-wei), Filipinas, Birmania y Tailandia; Bose fue invitado «sólo» como «observador», pues India no formaba parte de la «esfera de bienestar». No obstante, Bose
fue, junto con Tojo, la personalidad dominante del congreso. Fue el
único en aparecer hasta cierto punto como socio paritario y en hacer

[37] Voigt, J. H., *Indien im Zweiten Weltkrieg, ibid.,* pp. 251 y ss.
[38] Martin, B., *Deutschland und Japan im Zweiten Weltkrieg, ibid.,* pp. 201s; Voigt, J.
H., *Indien im Zweiten Weltkrieg, ibid.,* pp. 251 y s.

creíble su pretensión de representar a su país y a un gobierno antitéti-
co del gobierno británico de la India en Nueva Dehli. Japón entregó
en esa ocasión al gobierno de Bose el archipiélago de las islas Anda-
mán y Nikobar, ocupado a comienzos de 1942 y perteneciente a la India, y fijó mediante acuerdo las relaciones entre el ejército japonés en
Birmania y el «Ejército nacional indio», concentrado en este país [39]. A
finales de 1943, Alemania reconoció también al «Gobierno provisional
de la India libre», signo de que Hitler había —casi— perdido las ilusiones de un arreglo con Gran Bretaña.

Aunque entre los deseos y la realidad medió siempre un abismo,
no debería subestimarse la repercusión que tuvo en Asia a largo plazo
la publicación en Tokio, el 6 de noviembre de 1943, de una declaración de la «Conferencia de la gran Asia del este» en la que los representantes de los países participantes se comprometían a respetar la independencia e igualdad de derechos de todos sus Estados, así como su
voluntad de colaborar en el desarrollo de la «esfera de bienestar», útil
para todos. La declaración fue concebida en contraposición consciente
con la «Carta Atlántica», referida al mundo entero pero inequívocamente determinada por los intereses americanos (y británicos), y se
consideró vinculante sólo para una región del planeta, la de la «gran
Asia». Cuanta mayor era la claridad con que se perfilaba la derrota de
Japón frente a EEUU en la guerra del Pacífico, tanto más problemática
resultaba la pretensión de las potencias coloniales europeas al restablecimiento de la situación anterior en el sureste asiático, sobre todo porque, en el momento de la capitulación japonesa (2 de septiembre de
1945), todos los países del sureste de Asia permanecían en manos de
Japón —a excepción de Birmania, que pudo ser reconquistada finalmente en mayo de 1945 con penosos esfuerzos y tras varios ataques in-
fructuosos—. Cuando las potencias coloniales se dispusieron a regresar
a las regiones que habían abandonado en su huida a finales de 1941 y
comienzos de 1942 ante la «avalancha» japonesa —en contra de lo su-
gerido por el mando americano, y en especial por Roosevelt, quien se
opuso hasta su muerte (12 de abril de 1945) a la restauración del dominio colonial en el sureste asiático—, se encontraron con unas repúbli-
cas independientes ya existentes y adaptadas a la nueva situación [40].

---

[39] Louis, W. R., *Imperialism at Bay: The United States and the Decolonization of the
British Empire 1941-1945*, Nueva York/Oxford 1978.
[40] Sarkisyanz, E., *Südostasien seit 1945,* Múnich 1961.

A diferencia de la Europa dominada por los alemanes, donde, según hemos dicho, Hitler no había suscitado ni impulsado ninguna fuerza que sobreviviera a su catástrofe, la consigna anticolonial, en parte asumida y en parte inspirada de nuevo por Japón, había liberado fuertes impulsos que en un primer momento favorecieron la formación de la «gran esfera de bienestar asiática» bajo dirección japonesa, pero que poseían una dinámica propia tan vigorosa que no pudieron ser reprimidos o ignorados a la larga, ni siquiera tras la capitulación del imperio japonés y el regreso de las potencias coloniales de Gran Bretaña, Francia y Holanda.

Capítulo VII

LA GUERRA MUNDIAL DE FEBRERO DE 1943 A AGOSTO DE 1944: DE STALINGRADO A LA «LIBERACIÓN» DE FRANCIA; DE GUADALCANAL A SAIPÁN

A pesar del sacrificio del VI Ejército alemán en Stalingrado (los restos del mismo entregaron las armas el 2 de febrero de 1943) [1] y de la pérdida de cuatro ejércitos aliados con más de 800.000 hombres tras una contraofensiva alemana limitada efectuada a mediados de marzo de 1943 que concluyó de nuevo en la paralización del frente en el sur, en la cuenca del Donetz y en la zona al norte de Jarkov [2], el invierno de 1942/43 no había desembocado en una catástrofe total; por otra parte, la pérdida inevitable del norte de África pudo retrasarse hasta la capitulación del cuerpo de ejército germano-italiano en Túnez el 13 de mayo de 1943 [3]. En esta situación, Hitler se encontraba ante el problema de si debía encerrarse a la defensiva en la «fortaleza de Europa» aguardando el asalto de sus adversarios o efectuar un golpe limitado, al menos en algún punto, con el fin de no de-

---

[1] Kehrig, M., *Stalingrad. Analyse und Dokumentation einer Schlacht, ibid.,* pp. 534 y ss.; sobre el proceso completo desde la perspectiva del mando alemán, cfr. Hubatsch en KTB/OKW, vol. III, Fráncfort/M. 1963, pp. 1487 y ss.

[2] Schwarz, E., *Die Stabilisierung der Ostfront 1943 nach der Katastrophe von Stalingrad und dem Rückzug aus dem Kaukasus,* tesis doctoral de Fil. Colonia 1981; sobre los efectos que la catástrofe de Stalingrado y la nueva estabilización del frente en el este tuvieron en los aliados y en Turquía, cfr. Förster, J., *Stalingrad. Risse im Bündnis 1942/43,* Friburgo/Br. 1975.

[3] Greiselis, W., *Das Ringen um den Brückenkopf Tunesien 1942/43. Strategie der «Achse» und Innenpolitik im Protektorat,* Fráncfort/M.-Berna 1976.

jar del todo la iniciativa al bando contrario. La interrupción de la
guerra submarina alemana en el Atlántico el 24 de mayo de 1943 se
había convertido en una necesidad después de que las pérdidas alemanas alcanzaran una magnitud insoportable (según sabemos hoy, su
principal causa fue el éxito del desciframiento de las comunicaciones
alemanas, «Ultra», por los británicos) [4] y hacía esperar en breve una
multiplicación de los esfuerzos de los aliados occidentales para llevar
su actividad más allá de la ofensiva aérea contra las ciudades alemanas [5], cuya intensidad había aumentado bruscamente, y establecer
posiciones en el continente.

Con el fin de estrangular en torno a Kursk el arco del frente soviético, ampliamente adelantado hacia el oeste, Hitler tomó la decisión de llevar a cabo un ataque limitado en aquel punto del este que
parecía casi «invitarle» a ello. Aunque el ataque estaba previsto en origen para primeros de mayo de 1943, fue aplazado por el mismo Hitler con la intención de que apareciera como señal de aviso, al reali-
zarlo con los tanques alemanes más modernos [6]. La ofensiva, iniciada
finalmente el 5 de julio de 1943 con un objetivo limitado («Ciudadela»), resultó ser la mayor batalla de blindados de la guerra. No obstante, cuando Hitler ordenó interrumpirlo (13 de julio) tras el desembarco británico-americano en Sicilia (10 de julio de 1943), a fin de
disponer de reservas para la defensa de la península italiana hacia
donde se dirigía claramente el avance de los aliados, la ofensiva se
hallaba ya atascada en el sistema defensivo de los soviéticos, dispuesto en profundidad, pues el ataque en aquel punto no les había cogi-
do por sorpresa [7]. Se mostraba, así, por primera vez a gran escala el
efecto de la guerra en dos frentes en Europa.

---

[4] Beesley, P., *Very Special Intelligence. Geheimdienstkrieg der britischen Admiralität 1939-1945.* Berlín-Fráncfort/M.-Viena 1978; Rohwer, J. y Jäckel, E. (ed.), *Die Funkaufklärung und ihre Rolle im Zweiten Weltkrieg,* Jornadas internacionales en Bonn-Bad Godesberg y Stuttgart del 15-18 de noviembre de 1978, Stuttgart 1979; explicación oficial británica: Hinsley, A., *British Intelligence in the Second World War. Its Influence on Strategy and Operation,* vol. I, Londres 1979, vol. II, Londres 1981.

[5] Webster, Ch. y Frankland, N., *The Strategic Air Offensive against Germany 1939-1945,* 4 vols., Londres 1941; *The Army Air Force in World War II,* vol. II *(Europe) 1942-43,* Chicago 1949; A. Verrier, *Bomberoffensive gegen Deutschland 1939 bis 1945,* Fráncfort/M. 1970.

[6] Klink, E., *Das Gesetz des Handelns. Die Operation «Zitadelle» 1943,* Stuttgart 1966.

[7] Howard, M., *The Mediterranean Strategy in the Second World War,* Londres 1968; Morison, S. E., *Sicily-Salerno-Anzio,* Boston 1954; Schröder, J., *Italiens Kriegsaustritt 1943. Die deutschen Gegenmaßnahmen im italienischen Raum: Fall «Alarich» und «Achse»,* Gotinga-Zúrich-Fráncfort/M. 1969, pp. 111 y ss.

El rápido hundimiento de la defensa italiana de Sicilia (donde sólo las tropas alemanas destacadas en la isla retrasaron durante varias semanas el paso de los aliados por el estrecho de Mesina) llevó a la agonía al régimen de Mussolini [8]. Tras el fracaso de los intentos del secretario de Estado, Bastianini, por entablar conversaciones para un armisticio con los aliados, el rey Víctor Manuel III hizo apresar a Mussolini el 25 de julio —el régimen fascista italiano se hundió sin pronunciar palabra— y nombró al mariscal Badoglio nuevo jefe de gobierno. Éste, mientras aparentaba voluntad de proseguir la lucha al lado de los alemanes, trabajaba por conseguir un armisticio, firmado el 3 de septiembre de 1943 y dado a conocer el 8 del mismo mes. Las contramedidas, preparadas de antemano, llevaron a las fuerzas alemanas a desarmar a la mayoría de las unidades italianas en el territorio conservado hasta entonces por Italia, desde la desembocadura del Ródano hasta el Egeo, y a asumir la defensa costera. En la península italiana, donde los aliados desembarcaron en Salerno el 9 de septiembre, y no en Livorno o Génova como temían los alemanes, se pudo establecer un frente transversal bastante al sur de Roma. El rey y el gobierno de Badoglio pudieron escapar de la zona bajo control alemán y declarar la guerra al Reich el 13 de octubre de 1943 desde la sede provisional del gobierno en Bari (si bien Italia no fue reconocida por las potencias occidentales como aliada sino sólo como «cobeligerante»), mientras Mussolini era liberado por paracaidistas alemanes y proclamaba en la Italia septentrional una «República Fascista Italiana» («Repubblica Sociale Italiana» - RSI), cuya dependencia de Alemania era, no obstante, evidente pues el Tirol meridional y la región de la costa adriática (en trono a Trieste) quedaron excluidas de la soberanía de su gobierno, considerablemente limitadas por lo demás, y sometidas directamente a la administración alemana.

En conjunto, el éxito de los aliados en su ataque al «débil bajo vientre» del «Eje» había resultado bastante limitado, a pesar de la caída de Italia y de su establecimiento en la península, mientras que el Ejército Rojo, tras el rechazo de la operación «Ciudadela», había aniquilado la gran masa de las reservas operativas alemanas, sobre todo las unidades blindadas del ejército alemán del Este, en la ofensiva de verano de 1943, emprendida en el extenso frente desplegado

---

[8] Deakin, F. W., *Die brutale Freundschaft. Hitler, Mussolini und der Untergang des italienischen Faschismus*, Colonia-Berlín 1964.

de Orel al Mar de Azov, y tomado en general la iniciativa [9]. El avance del Ejército Rojo hacia el oeste sólo podía retrasarse mediante la táctica de «tierra quemada», utilizada en general por las tropas alemanas en su retirada, así como por los obstáculos naturales, pero ya no fue posible detenerla ni ante la improvisada «muralla del este» (Narva-Pleskau-Witebsk-Dniéper-Mar de Azov) ni, más tarde (1944), en el punto más estrecho del territorio oriental, en la línea Riga-Odesa, pues Hitler, partiendo de la «doctrina del rompeolas» [10], imponía una y otra vez el mantenimiento de arcos de frente adelantados (1944) y de las denominadas «plazas fuertes».

Cuando a finales de noviembre de 1943 se celebró en Teherán la primera conferencia de los «Tres Grandes» (Roosevelt, Churchill y Stalin), el Ejército Rojo había alcanzado el Dniéper en todos los puntos y había llegado a franquearlo en muchos. A principios de noviembre de 1943 caía Kíev y las puntas de lanza del ataque soviético se aproximaban a las antiguas fronteras meridionales soviético-polacas, mientras que los aliados occidentales se afianzaban al sur de Roma en la región de Monte Cassino. La «Fortaleza de Europa» hitleriana estaba ya, pues, comprimida por el este, mientras que por el sur se había conseguido cerrar el paso a la irrupción de los aliados y el frente marítimo del oeste (ampliado desde agosto de 1942) no había sufrido todavía ataques en la «muralla del Atlántico».

La Conferencia de Teherán es el punto de inflexión absolutamente más importante en la historia de la «coalición antihitler» [11]. Reduciendo sus resultados a una fórmula podríamos decir que en ella se vio con claridad la magnitud de una posible colaboración en la *strange alliance*, pero también sus límites. Hasta este encuentro no se puede hablar, en el fondo, de una coalición. Las contradicciones

---

[9] Además de Seaton, A., *Der russisch-deutsche Krieg 1941-1945, ibid.,* pp. 261 y ss., cfr., sobre todo como exposición general de los años 1943-1945 Ziemke, E. F., *Stalingrad to Berlin. The German Defeat in the East,* Washington, D. C., 1968; desde la perspectiva soviética, *Geschichte des Großen Vaterländischen Krieges,* vols. III y IV, Berlín (este) 1964/65.
[10] *Kriegstagebuch des Oberkommandos der Wehrmacht (Wehrmachtführungsstab),* vol. IV, pp. 53 y s. (comentarios de Schramm P. E.).
[11] *Foreign Relations of the United States, Diplomatic Papers. The Conferences at Cairo and Tehran,* Washington, D. C., 1961; Fischer, A. (ed.), *Teheran-Jalta-Potsdam. Die sowietischen Protokolle von den Kriegskonferenzen der «Großen Drei»,* Colonia ²1973; Feis, H., *Churchill, Roosevelt, Stalin. The War They Waged and the Peace They Thought,* Princeton/N. J. 1957; Kolko, G., *The Politics of War. The World and United States Foreign Policy, 1943-1945,* Nueva York 1968.

entre la Unión Soviética y los aliados occidentales habían continuado
ahondándose en el año 1943, en vez reducirse en función del planteamiento del objetivo bélico del *Unconditional Surrender*, proclamado
el 24 de enero de 1943 en Casablanca por Roosevelt y Churchill.
Con la declaración del XXIV aniversario de la creación del Ejército
Rojo, el 23 de febrero de 1942, en la que se decía que la Unión Soviética no tenía intención de «exterminar al pueblo alemán ni aniquilar su Estado» («los Hitler vienen y van, pero el pueblo alemán, el
Estado alemán, permanece») [12], Stalin había dejado claro que, a pesar
de la bárbara «política alemana en el este» estaba completamente decidido a seguir con una política matizada para Alemania. Como las
insinuaciones de paz dirigidas a Hitler caían en el vacío, Stalin intentó desarrollar una alternativa con la creación del «Comité Nacional
de la Alemania Libre» (12/13 de julio de 1943) y de la «Federación
de Oficiales Alemanes» (11/12 de septiembre de 1943) [13], que, enla-
zando con el espíritu del compromiso de Tauroggen y la paz de Rapallo, debería dar vida a un movimiento de carácter nacional contra
Hitler en Alemania y en el ejército alemán del este, con la perspectiva de una alianza ruso-germana. La previa disolución de la «Internacional Comunista», el 15 de mayo de 1943, estaba, además, destinada
a procurar libertad de movimientos en política exterior en todos los
sentidos y a liberar a la política exterior soviética de lastre ideológico [14].

Polonia constituía la traba más importante para la relación con
los aliados occidentales [15]. El conflicto con el gobierno en el exilio
del general Sikorski, establecido en Londres, estaba «programado»
de antemano, por así decirlo, por la pretensión soviética de prorrogar
la validez de la anexión de Polonia oriental, velada a medias hasta
entonces, y se reavivaría, a más tardar, con la entrada del Ejército

---

[12] Stalin, I, V., *Über den Großen Vaterländischen Krieg der Sowjetunion*, Berlín 1946,
pp. 49 y s.
[13] Scheurig, B., *Freies Deutschland. Das Nationalkomitee und der Bund Deutscher Of-
fiziere in der Sowjetunion (1943-1945)*, Múnich ²1961; Seydlitz, W. von, *Stalingrad. Kon-
flikt und Konsequenz. Erinnerungen*, Oldenburg-Hamburgo 1977.
[14] Texto de la entrevista de Stalin, con las razones para la disolución del Komintern, en Stalin, I. V., *Über den Großen Vaterländischen Krieg der Sowjetunion, ibid.*,
pp. 119 y ss.; Braunthal, J., *Geschichte der Internationale*, vol. III, Hannover 1970.
[15] Rhode, G., «Die politische Entwicklung Polens im Zweiten Weltkrieg», en
Markert, W. S. (ed.), *Osteuropa-Handbuch*, vol.: *Polen*, Colonia-Graz 1958, pp. 203 y ss.;
Polonsky, A., *The Great Powers and the Polish Question 1939-1945: Introduction and Documents*, Londres 1976.

Rojo en la zona disputada. Sin embargo, la noticia dada por los alemanes del hallazgo de fosas comunes con más de 4.100 oficiales polacos en Katyn (cerca de Smolensk) el 13 de abril de 1943, que cayó como una «bomba», hizo que la tensión estallara antes de tiempo [16]. La Unión Soviética rompió el 25 de abril las relaciones diplomáticas con el gobierno polaco en el exilio, pues éste se había declarado partidario de una investigación *in situ* por una comisión internacional, dando así a entender que no prestaba fe sin más a la versión soviética de que los oficiales polacos habían sido asesinados por los alemanes. El 8 de mayo de 1943 se dio a conocer en Moscú la creación de una «Asociación de patriotas polacos» que debería considerarse el núcleo de un futuro gobierno comunista de Polonia. El accidente de aviación que costó la vida al primer ministro Sikorski el 3 de julio de 1943 en Gibraltar alivió escasamente la situación, pues tampoco su sucesor, Mikołajczyk, mucho más dispuesto al compromiso, logró reanudar los contactos interrumpidos con los dirigentes soviéticos.

Las tensiones entre los principales aliados del este y el oeste alcanzaron un nuevo punto álgido en relación con la capitulación de Italia, pues las potencias occidentales se mostraron decididas a ordenar la situación en Italia (así como en todo el ámbito del Mediterráneo) según sus ideas y sin la intervención de la Unión Soviética.

Sin embargo, para esas fechas se habían dado ya los primeros pasos para abandonar esta vía del «sagrado egoísmo». Un análisis básico del Estado Mayor general americano del 10 de agosto de 1943 había intentado mostrar claramente al presidente Roosevelt que la cooperación con la Unión Soviética era de vital interés para EEUU [17]: «Tras la guerra en Europa, Rusia ocupará una posición dominante. Después del hundimiento de Alemania no queda en Europa ninguna potencia capaz de enfrentarse al imponente poderío militar de Rusia. Es cierto que Gran Bretaña se halla en trance de establecer en el Mediterráneo frente a Rusia una posición que podría resultar útil para el equilibrio de las potencias en Europa. Pero también en este punto es dudoso que Gran Bretaña pueda afirmarse ante Rusia, si no cuenta con apoyo ajeno. Las conclusiones de estas reflexiones son obvias. Rusia constituye el factor decisivo; ha de recibir, por tanto, cualquier

---

[16] Zawodny, J. K., *Zum Beispiel Katyn. Klärung eines Kriegsverbrechens*, Múnich 1971.
[17] Sherwood, R. E., *Roosevelt und Hopkins*, Hamburgo 1950, p. 540.

tipo de apoyo y se debe hacer todo lo posible para conseguir su amistad. El hecho de que, tras la derrota del Eje, Rusia tendrá, sin duda, el predominio en Europa, hace tanto más importante el desarrollo y mantenimiento de las relaciones amistosas con ella». De esta manera, la idea de la Unión Soviética como *quantité négligeable* —imperante en el mando americano en 1941 e incluso en 1942— se había transformado en su contraria. El radio de acción de EEUU en Europa, fuertemente limitado debido a la fundamental decisión, tomada a principios de 1943 [18], de reducir sus fuerzas terrestres a un total de 89 divisiones imponía las conclusiones expresadas en el citado memorándum.

En una conferencia celebrada en Quebec (14-24 de agosto de 1943) los americanos se impusieron por primera vez claramente al mando británico en una cuestión de estrategia militar [19]. (A partir de ese momento, la dirección militar de Gran Bretaña pasó a depender cada vez más de la norteamericana y se subordinó a ella en todos los asuntos esenciales.) Mientras Churchill seguía abogando aún en Quebec por una nueva intensificación de las acciones de guerra en la zona del Mediterráneo, Roosevelt defendió la apertura definitiva de un «auténtico» «segundo frente» en Europa mediante la invasión de Francia en mayo de 1944 y logró hacer valer sus ideas. El 26 de agosto se comunicó a Stalin esta resolución acorde con sus demandas reiteradas constantemente desde el 18 de julio de 1941. Ello implicaba que, al final de la guerra, el Ejército Rojo avanzaría profundamente hacia Centroeuropa sin el impedimento de una eventual amenaza de los aliados occidentales desde el sur de Europa por alguno de sus flancos; la cuestión que debía aclararse era hasta qué punto estaban dispuestos los aliados occidentales a desinteresarse políticamente de las regiones que serían conquistadas por el Ejército Rojo.

La conferencia de ministros de Asuntos Exteriores (Molotov, Eden, Hull) celebrada en Londres los días 19-28 de octubre de 1943 decidió en consecuencia la formación de una «Comisión consultiva europea» con sede en la capital inglesa [20]; estaría compuesta por re-

---

[18] Matloff, M., *Strategic Planning for Coalition Warfare 1943/44*, Washington, D.C., 1959, pp. 286 y s.
[19] *Ibid.*, pp. 211 y ss.
[20] Kuklick, B., «The Genesis of the European Advisory Commission», en *Journal of Contemporay History*, 4 (1969), pp. 189 y ss.; Meissner, B., «Die Vereinbarungen der Europäischen Beratenden Kommission über Deutschland von 1944/45», en *Aus Poli-*

presentantes de los tres gobiernos y debería presentar propuestas para los problemas relacionados con la finalización de la guerra en Europa. De esta comisión surgieron en los meses siguientes los proyectos fundamentales para una «capitulación política», la zonificación y un consejo de control de los aliados para Alemania. En Moscú se decidió asimismo (declaración del 1 de noviembre de 1943) restablecer Austria en las fronteras de 1937. Como habría de mostrarse en la conferencia de los «Tres Grandes» en Teherán, cuando Churchill chocó con la oposición de Stalin al plan de una «Confederación Danubiana» que comprendería Hungría, Austria y Alemania meridional, esta resolución fue de interés para la Unión Soviética, pues así se contrarrestaban los planes de Churchill —dirigidos en última instancia contra ella— de crear, en lugar del antiguo *cordon sanitaire*, federaciones en el centro este y sureste de Europa (los gobiernos polaco y checo en el exilio, así como los de Yugoslavia y Grecia, habían firmado ya en enero de 1942, con el patrocinio inglés, acuerdos de este tipo que constituían el núcleo de dichos planes).

La Conferencia de Teherán estuvo precedida por un encuentro de Roosevelt y Churchill con Chang Kai-chek en El Cairo (22-26 de noviembre de 1943) [21]; en ella no participó Stalin aludiendo al hecho de que la Unión Soviética no se hallaba en guerra con Japón. Además de acuerdos sobre operaciones militares en apoyo de China, en El Cairo se tomaron, ante todo, decisiones sobre cuestiones de posguerra: Formosa debería ser devuelta a China, y Corea convertirse en un Estado independiente.

Las resoluciones políticas más importantes de la siguiente conferencia con Stalin en Teherán, ocupada para ello provisionalmente por tropas soviéticas (28 de noviembre-1 de diciembre de 1943), abordaron problemas de fronteras en el este de Centroeuropa [22]. No llegaron, sin embargo, a debatirse la «candente» problemática de la estructura social y la orientación en política exterior de los países del

---

tik und Zeitgeschichte. Suplemento del semanario «Das Parlament», 14 de noviembre de 1970; Kowalski, H.-G., «Die 'European Advisory Commission' als Instrument alliierter Deutschlandplanung», en *Vierteljahrshefte für Zeitgeschichte*, 19 (1971), pp. 261 y ss.

[21] Matloff, M., *Strategic Planning for Coalition Warfare 1943/44, ibid.,* pp. 347 y ss.

[22] Sharp, T., «The Originis of the 'Tehran-Formula' on Polish frontiers», en *Journal of Contemporary History*, 12 (1977), pp. 381 y ss.; Wagner, W., *Die Entstehung der Oder-Neiße-Linie in den diplomatischen Verhandlungen während des Zweiten Weltkrieges*, Stuttgart [2]1959.

este y sureste de Europa central situados en el avance del Ejército Rojo. Se acordó un desplazamiento de Polonia hacia el oeste; su futura frontera oriental debería estar constituida por la Línea Curzon. La retrocesión del distrito de Bialystok a Polonia (fente a la Línea Ribbentrop-Molotov de 1939) fue compensada con la cesión a la Unión Soviética del norte de Prusia oriental, incluida la capital Königsberg. Churchill y Stalin se declararon partidarios de situar la nueva frontera occidental polaca en el Oder, sin entrar en este caso en detalles sobre el trazado de la línea fronteriza. En principio, los tres «grandes» estuvieron de acuerdo en un «desmembramiento» de Alemania, sin poder tampoco aquí coincidir en el número y forma de los Estados fragmentarios. Roosevelt y Churchill mantuvieron con firmeza la independencia y libertad de Finlandia; Stalin rechazó nuevos plebiscitos «correctos» en los países bálticos que clarificaran la voluntad de la población sobre su futuro destino. Tito fue reconocido por los aliados occidentales como el único comandante en jefe aliado en Yugoslavia; es decir, el gobierno yugoslavo en el exilio y Mihailovic fueron abandonados en la práctica. A consecuencia de los resultados de Teherán —y de su resentimiento antioccidental desde «Múnich», en 1938—, el gobierno checoslovaco en el exilio, presidido por Benesch, consideró oportuno firmar con la Unión Soviética el 12 de diciembre de 1943 un «Acuerdo de amistad, ayuda mutua y cooperación tras la guerra» que puso inequívocamente de manifiesto su distanciamiento de los planes federales de Churchill y la orientación hacia el este de la Checoslovaquia restaurada.

En la «Comisión consultiva europea» se perfiló, con más prontitud de lo esperado por Stalin en Teherán, una partición de Alemania en zonas de ocupación [23] ampliamente satisfactoria para los intereses soviéticos. En la suposición de que el Ejército Rojo se encontraría al concluir la guerra a orillas del Rin, si no más al oeste, el gobierno británico creyó haber alcanzado una solución favorable con la aceptación de su propuesta del 15 de enero de 1944 acerca del trazado de la línea de demarcación este-oeste en Alemania por el gobierno soviético (18 de febrero). Los contenidos principales del acuerdo fueron la línea Lübeck-Helmstedt-Eisenach-Hof y un estatuto especial para Berlín. Sólo después de un obstinada resistencia abandonaron finalmente los soviéticos su exigencia de cesión de la isla de Feh-

---

[23] Sharp, T., *The Wartime Alliance and the Zonal Division of Germany*, Oxford 1975.

marn, el sentido de cuya posesión era conseguir el control de las salidas del Mar Báltico. Roosevelt, que en noviembre de 1943 había previsto para Alemania una zonificación distinta, más favorable a los americanos (y a las potencias occidentales en general), en sentido radial a partir de Berlín, dio su aprobación en abril de 1944, una vez alcanzado un acuerdo entre los gobiernos británico y soviético sobre la idea de que las zonas no serían ocupadas por tropas de todas las potencias vencedoras (una de las cuales habría de tener el timón en cada caso), como en un principio habían propuesto los británicos, sino que se constituirían zonas integrales ocupadas respectivamente por una potencia.

Hitler conocía todos los detalles de las conclusiones de la conferencia de Teherán, incluidos los planes militares, gracias a informaciones que al ayuda de cámara del embajador británico en Ankara («Cicerón») pasaba al representante del SD en Turquía [24]. En la última «Instrucción núm. 51», dada por él el 3 de noviembre de 1943, había precisado ya unas semanas antes su estrategia de espera para 1944 [25]: «La lucha de los dos años y medio últimos contra el bolchevismo, dura y abundante en pérdidas, ha sido extremadamente exigente con la masa de nuestras fuerzas y esfuerzos militares, en correspondencia con la magnitud del peligro y de la situación general, que ha cambiado entretanto. El peligro en el este continúa, pero en el oeste se perfila uno mayor: ¡el desembarco anglosajón! En el este, las dimensiones del territorio permiten, en un caso extremo, mayores pérdidas de terreno sin amenazar de muerte a los nervios vitales de Alemania. ¡Muy distinta es la situación en el oeste! Si el enemigo logra introducirse aquí en nuestra defensa en un frente amplio, las consecuencias serán imprevisibles en un tiempo breve. Todos los signos hablan de que el enemigo... pasará al ataque contra el frente occidental en la primavera (1944), a más tardar. Por tanto, no puedo cargar con la responsabilidad de que el oeste se siga debilitando en favor de otros escenarios bélicos. Así pues, he decidido reforzar su capacidad defensiva, sobre todo en la zona desde donde comenzará la lucha a distancia contra Inglaterra». Se refería Hitler a la utilización de artefactos no tripulados («V 1») y, más tarde, cohetes de larga distancia

---

[24] Moyzisch, L. C., *Der Fall Cicero*, Fráncfort/M.-Heidelberg 1950.
[25] Hubatsch, W. (ed.), *Hitlers Weisungen für die Kriegführung 1939-1945, ibid.,* pp. 233 y ss.

(«V 2») contra el sur de Inglaterra y, sobre todo, contra el gran Londres, preparada desde el otoño de 1942 y retrasada a causa de un ataque aéreo británico contra las instalaciones científicas experimentales del ejército alemán para bombas planeadoras y cohetes de guerra (V = *Vergeltungs-Waffen* [armas de represalia]) en Peenemünde, el 17/18 de agosto de 1943 [26]. «Pues el enemigo» —según Hitler en la «Instrucción núm. 51— «habrá de atacar y atacará allí, y allí se entablará —si todos los indicios no nos engañan— la batalla decisiva del desembarco».

Esta instrucción fue el prólogo a la última gran fase de la estrategia hitleriana que —aun enmarcándose en condiciones completamente diferentes— puede compararse hasta cierto punto con la de la primera fase de la guerra, antes de la derrota de Francia en la primavera de 1940. El centro de gravedad se situaba de nuevo en el oeste, con los contingentes restantes de fuerzas de calidad, a fin de tener las espaldas cubiertas en el continente, como en 1940, y crear, mediante el rechazo de la invasión aliada, las condiciones que harían posible lanzarse hacia el este en un impulso militar de gran alcance. Se entiende que, por comparación con 1940, la distancia entre lo imaginado y las circunstancias reales fuera casi inconmensurable, pues la situación mundial había cambiado desde entonces por completo. Se mantenía, no obstante —y sólo de esto se trata aquí ahora—, la continuidad de las concepciones estratégicas de Hitler, a las que siguió aferrado incluso tras efectuarse con éxito la invasión de los aliados en Normandía, el 6 de junio de 1944 [27]. El conjunto de catástrofes particulares que se precipitaron sobre él en rápida sucesión desde la primavera de 1944 no cambió nada en su idea de situar el centro de gravedad en el este: el 4 de marzo, una gran ofensiva del Ejército Rojo al sur del frente oriental, que, con su rápido avance hasta los Cárpatos, llevó a los alemanes a fragmentar sus fuerzas con el fin de mantener Galitzia, por un lado, y Rumanía, por otro; el 12 de mayo, el inicio

---

[26] Dornberger, W., *Der Weg ins Weltall. Peenemünde. Die Geschichte der V-Waffen*, Esslingen 1981; Ludwig, K.-H., *Technik und Ingenieure im Dritten Reich*, Düsseldorf 1974, pp. 447 y ss.

[27] Morison, S. E., *The Invasion of France and Germany 1944-1945*, Boston 1960; Norman, A., «Die Invasion in der Normandie», en Jacobsen, H.-A. y Rohwer, J. (eds.), *Entscheidungsschlachten des Zweiten Weltkrieges*, Fráncfort/M. 1960, pp. 399 y ss.; Wegmüller, H., *Die Abwehr der Invasion. Die Konzeption des Oberbefehlshabers West 1940-1944*, Friburgo/Br. 1979; Ose, D., *Entscheidung im Westen 1944. Der Oberbefehlshaber West und die Abwehr der alliierten Invasion*, Stuttgart 1981.

de una serie de ataques aéreos aliados contra las fábricas de producción de carburantes sintéticos, que indujo a Speer a comunicar a Hitler el fin inminente de cualquier posibilidad de movimientos militares y, por tanto, la conclusión inevitable de la guerra [28]; al mismo tiempo, el inicio de una gran ofensiva británico-americana que supuso la pérdida de Roma, el 4 de junio, y sólo se detuvo provisionalmente en la línea Pisa-Florencia-Rímini, pues Churchill no consiguió imponer a los americanos su propuesta de avanzar de inmediato, reuniendo todas las fuerzas, en dirección a Ljubljana y Viena, atravesando la llanura del Po, pues éstos insistieron en un desembarco —ahora estratégicamente superfluo— en la Riviera francesa (15 de agosto), a pesar de que en ese momento estaba ya decidida la batalla de Normandía y se había iniciado la rápida «liberación» de Francia con la caída de Avranches (31 de julio) —el 25 de agosto entró De Gaulle en triunfo en la capital francesa.

Pero, más importante aún que todo esto fue la catástrofe del cuerpo de ejército del Centro por un ataque en tenaza del Ejército Rojo el 22 de junio de 1944 [29], que penetró hasta el golfo de Riga y llegó a los límites de Prusia Oriental, así como al curso medio del Vístula, a lo que se sumó en el este de Rumanía el hundimiento del cuerpo de ejército del sur de Ucrania, desde el 20 de agosto, que franqueó al Ejército Rojo el camino hacia la región petrolífera rumana, Bulgaria y Hungría por Transilvania [30]. Todas las fuerzas disponibles conseguidas mediante la llamada segunda «movilización total» (desde el 25 de julio de 1944) fueron concentradas en el frente occidental con el fin de asestar el «gancho de izquierda» planeado por Hitler contra los aliados al formarse el frente de Normandía, volver a arrojarlos al mar y conseguir tener libres las espaldas. La génesis de la ofensiva de las Ardenas, diseñada más tarde, deriva de estas ideas directrices [31].

Tras el fracaso del atentado contra Hitler, el 20 de julio de 1944, no podía ya pensarse en una interrupción de la guerra, que —como

[28] Birkenfeld, W., *Der synthetische Treibstoff 1933-1945, ibid.,* pp. 183 y ss. y 238 y ss. (Reproducción textual de los cinco memorándums sobre hidrogenación presentados por Speer a Hitler entre el 30 de junio y el 19 de enero de 1945).

[29] Gackenholz, H., «Der Zusammenbruch der Heeresgruppe Mitte 1944», en Jacobsen, H.-A. y Rohwer, J. (eds.), *Entscheidungsschlachten des Zweiten Weltkrieges, ibid.,* pp. 445 y ss.

[30] Kissel, H., *Die Katastrophe in Rumänien 1944,* Darmstadt 1964.

[31] Jung, H., *Die Ardennen-Offensive 1944/45,* Gotinga-Zúrich-Fráncfort/M. 1971.

el mismo Hitler había confesado en varias ocasiones— se encontraba desde hacía tiempo en un callejón sin salida para él y su Reich. La oposición, que había intentado este acto demasiado tarde, era consciente de que, tras resultar vanos todos los intentos de establecer contacto con los adversarios, no se trataba ya de mitigar las exigencias de un *Unconditional Surrender*, sino sólo de una «sublevación de la conciencia» [32]. Los representantes de los tres principales aliados en la «Comisión consultiva europea» firmaban el 25 de julio el esbozo, ya concluido, de una «capitulación política total» que se habría de presentar a la firma de los alemanes.

Entre EEUU y Gran Bretaña existía en ese momento una profunda divergencia sobre si, dentro del estilo de la política tradicional de las grandes potencias, se debería intentar llegar a acuerdos con la Unión Soviética sobre las respectivas zonas de interés en Europa, como proponía Churchill, o si todos los problemas de posguerra habrían de dejarse abiertos hasta el final de la contienda —postura por la que abogaba Roosevelt y aún más su ministro de Asuntos Exteriores, Hull— [33]. La irrupción de la Unión Soviética en lo que Churchill consideraba la esfera de intereses occidental y, en esencia, británica en el Mediterráneo, con el sorprendente reconocimiento del gobierno de Badoglio en Italia (que hasta entonces había sido resueltamente rechazado por ella como «fascista») y la incorporación de De Gaulle y su comité de la «Francia Libre», con residencia en Argel (hasta agosto de 1944), habían impulsado al primer ministro británico a presentar la propuesta, comunicada el 5 de mayo de 1944 al gobierno soviético, de dividir el sur de Europa en una «zona de operaciones» soviética y otra británica. Rumanía debería pasar a ser «zona de operaciones» soviética, y Grecia, británica. Churchill tuvo en cuenta la actitud reticente de los americanos hacia esta resolución, por lo que se evitó establecer cualquier tipo de asociación entre ese concepto militar y la expresión «esfera de intereses», hipotecada por su utilización en el «Pacto de fronteras y amistad» del 28 de septiembre de 1939; Stalin, sin embargo, creyó que, de acuerdo con las exigencias planteadas por él desde la visita de Eden a Moscú en diciembre de

---

[32] Hoffmann, P., *Widerstand, Staatsstreich, Attentat. Der Kampf der Opposition gegen Hitler*, Múnich ³1979, pp. 486 y ss.

[33] Hull, C., *The Memoirs of Cordell Hull*, Nueva York 1948, pp. 1458 y ss.; Woodward, L. W., *British Foreign Policy in the Second World War*, Londres 1962, pp. 291 y ss.

1941, Gran Bretaña reconocía por fin a partir de ahora la posición dominante de la Unión Soviética en Rumanía. Seguidamente, Bulgaria y Yugoslavia fueron adscritas del mismo modo a las «zonas de operaciones» soviética o británica, respectivamente. Como el gobierno checoslovaco en el exilio había concluido ya un acuerdo el 8 de mayo de 1944 con el soviético sobre la «liberación» de su país por el Ejército Rojo, los únicos problemas que no quedaban inequívocamente claros desde el punto de vista soviético en su avance hacia el este de Centroeuropa, eran el de Hungría y el determinante de Polonia.

El hundimiento del Cuerpo del ejército alemán del centro a partir del 22 de junio de 1944 y el rápido avance soviético más allá de la línea Curzon, en dirección hacia Varsovia, ofrecían en ese sentido la posibilidad de presentar las cosas como un *fait accompli*[34]. El 22 de julio de 1944, se constituyó un «Comité Polaco de Liberación Nacional» formado por representantes prosoviéticos de partidos y grupos de «izquierda». Su constitución se llevó a cabo supuestamente en la ciudad de Chelm (al este del río Boh), es decir, en territorio perteneciente inequívocamente a Polonia en función del acuerdo ente los «Tres Grandes» en Teherán, pero, en realidad, se había efectuado en Moscú y a finales de julio se instaló en la capital del voivodato de Lublín. El 26 de julio, Molotov y el presidente del «Comité de Lublín», el socialista de «izquierdas» Osobka-Morawski, firmaban en Moscú un acuerdo por el que se expresaba el reconocimiento del «Comité» como única representación de Polonia. Un día más tarde, el 27 de julio, le siguió otro acuerdo en el que se «fijaba» por primera vez como futura frontera occidental de Polonia la línea del Oder y el Neisse de Lausacia —trazada por Stalin a mediados de julio de 1944—. Se sentaban así unos «hechos» que, conociendo la importancia fundamental concedida por Stalin al problema de Polonia y a su solución en un sentido exclusivamente soviético, sólo podrían haberse corregido, quizá, mediante una vigorosa demostración de fuerza por parte de Occidente. La manera como los aliados occidentales reaccionaron al levantamiento del «ejército patriótico» polaco nacionalista, el 1 de agosto de 1944 en Varsovia, hizo que se echara en falta en ellos la determinación de intervenir en favor de los polacos, sus «más antiguos» aliados en la guerra de Europa.

---

[34] Rhode, G., «Polen von der Unabhängigkeit bis zur Volksrepublik 1918-1970», en Schieder, Th. (ed.), *Handbuch der europäischen Geschichte*, vol. VII, *ibid.*, p. 1036.

El levantamiento en Varsovia contra las fuerzas de ocupación alemanas se desencadenó de manera improvisada, bajo la impresión de lo que parecía un avance fluido del Ejército Rojo sobre la capital polaca [35]. Los alemanes lograron aislar las fuerzas de los sublevados en algunas zonas de la ciudad, primero recurriendo a un terror brutal —con fusilamientos arbitrarios de los habitantes de determinados distritos urbanos— y adaptándose, luego, hábilmente a la precaria situación política creada por los aliados, otorgando el reconocimiento de la condición de combatientes a los miembros del «Ejército patriótico», de tal manera que sólo habría podido salvarlos una intervención desde fuera, es decir, un avance del Ejército Rojo sobre el Vístula. El primer ministro en el exilio, Mikoľajczyk (a quien Stalin no reconocía para entonces como tal) se apresuró a presentarse en Moscú, pero el dictador soviético negó ya el 3 de agosto cualquier tipo de ayuda. El Ejército Rojo se detuvo primeramente en la margen oriental de la ciudad y penetró luego hasta el Vístula a comienzos de septiembre, tras la toma de Praga; pero sólo pequeñas unidades del ejército comunista polaco de Berling, que luchaban con el Ejército Rojo, atravesaron el río sin poder llevar a cabo nada importante. Hasta el 10 de septiembre, cuando la suerte estaba ya prácticamente echada contra los sublevados, quedaron sin respuesta todas las llamadas de Roosevelt y Churchill para que se dispusieran, al menos, pistas de aterrizaje para los aviones americanos y británicos en las proximidades de Varsovia. La capitulación reglamentaria de los restos del «Ejército patriótico» a las órdenes del general Bór-Komorowski, el 2 de octubre de 1944, debería ser para estos polacos un puente que los llevara a luchar con los alemanes contra los soviéticos; ésta era la opinión de Himmler, que intentaba ahora dar una nueva orientación a la política alemana con Polonia —demasiado tarde y sin ninguna probabilidad de éxito, por ésta y por otras razones—. Hitler, sin embargo, dio la orden de arrasar Varsovia y convertir la ciudad en un campo de ruinas. El aplastamiento de la sublevación por los alemanes en combates que duraron dos meses y se cobraron numerosas víctimas supuso la eliminación de la mayor parte de la clase dirigente política del nacionalismo polaco que había escapado del exterminio

---

[35] Krannhals, H. von, *Der Warschauer Aufstand 1944*, Fráncfort/M. ²1964; Ciechanowski, J. M., *The Warsaw Uprising of 1944*, Cambridge 1974; Zawodny, J. K., *Nothing but Honour. The Story of the Warsaw Uprising*, Stanford/Calif. 1978.

nacionalsocialista y que podría haberse enfrentado a una imposición del predominio del «Comité de Lublín».

Mientras en la primera mitad del año 1944 la guerra en Europa había estado determinada exclusivamente por la iniciativa de la «coalición antihitler», en la guerra del Pacífico los americanos continuaron con el llamado «salto de las islas», iniciado tras la recuperación de Guadalcanal (febrero de 1943) [36]. Al actuar así renunciaban, sin embargo, a penetrar de manera sistemática en todas las islas conservadas por los japoneses, dejando de lado la mayoría de las que quedaban a su izquierda o derecha, por así decirlo, y concentrándose en conseguir algunas islas particulares especialmente indicadas como bases aéreas y navales. De ese modo seguían dos líneas de avance: una en el Pacífico central, en dirección al archipiélago japonés, y otra en el Pacífico suroccidental, en dirección a Filipinas. Esta dirección de ataque se debía a la promesa del general MacArthur, defensor de Filipinas en el momento de su asalto por los japoneses, en 1942, y ahora comandante en jefe de las fuerzas americanas en el Pacífico suroccidental, de regresar allí victorioso. La disposición divergente de las operaciones retardaba, sin embargo, el avance en dirección al núcleo de la zona marítima bajo poder japonés, dificultada ya por la obstinada defensa japonesa de las islas. No obstante, las comunicaciones por mar entre las principales islas japonesas y las regiones vitales del sur de Asia estaban tan fuertemente amenazadas por las actividades de los submarinos norteamericanos y la aviación que el mando japonés tomó la resolución de lanzar una gran ofensiva por tierra en China con el fin de establecer una amplia conexión continental con Indochina y dejar así fuera de juego las bases aéreas americanas en la zona controlada por Chang Kai-chek, desde donde la patria japonesa podía ser atacada por bombarderos pesados americanos.

Sin embargo, antes de que llegara a iniciarse esta gran ofensiva en China, estaban ya tan ultimados los preparativos para un avance hacia Assam, hacia la India nororiental, que el ataque, obstinadamente propuesto por Bose y en el que debía participar su «Ejército nacional indio», quedó anunciado el 7 de febrero y pudo desarrollarse plenamente el 19 de marzo [37]. Bose creía que un éxito militar limitado en

[36] Morison, S. E., *Victory in the Pacific*, Boston 1960; Matloff, M., Strategic *Planning for Coalition Warfare 1943/44, ibid.,* pp. 307 y ss.

[37] Voigt, J. H., *Indien im Zweiten Weltkrieg, ibid.,* pp. 254 y ss.; Toye, H., *Subhas Chandra Bose,* Bombay 1964, pp. 117 y ss.

la India provocaría un levantamiento general y tendría, así, amplias consecuencias para la guerra mundial en general. Deseaba trasladar su gobierno a la primera gran ciudad india que se había previsto conquistar, pero el comienzo de la ofensiva japonesa por la frontera de Birmania no tuvo en la India misma consecuencias políticas perceptibles. Imphal fue cercada por los japoneses pero, tras dos meses de combates de desgaste por la ciudad, se vieron obligados a abandonar el cerco el 22 de junio de 1944. La llegada del monzón aceleró el derrumbamiento del frente indio-japonés. Estos combates por la ciudad fronteriza india fueron para los japoneses la batalla por tierra de más envergadura y con mayor número de pérdidas de la Segunda Guerra Mundial , su «Stalingrado» (J. H. Voigt) [38].

En cambio, la ofensiva japonesa en China resultó ser una fácil marcha triunfal contra las tropas de Chang Kai-chek, cuyas unidades se disolvieron, sin más, en su mayor parte. El ataque comenzó el 17 de abril de 1944 en un frente amplio cuyo objetivo era establecer una cabeza de puente de Hankov a Cantón. Como consecuencia de la catastrófica situación provocada en el frente chino-japonés se produjo un conflicto entre Chang Kai-chek y su jefe de Estado Mayor norteamericano, general Stilwell, que tenía también el mando en el frente del norte de Birmania [39]. El general Stilwell consideraba de primera necesidad restablecer allí la comunicación por tierra por la carretera de Birmania con el fin de asegurar el suministro a China, mientras que Chang Kai-chek intentaba dirigir el esfuerzo común al rechazo de la ofensiva japonesa en el sur de China, que adquiría cada vez mayores dimensiones. El resultado fue que, si bien las tropas chinas al mando de Stilwell consiguieron conquistar el 3 de agosto de 1944 la posición clave japonesa de Mytkyina en el norte de Birmania, en el teatro de operaciones chino se perdió pocos días después la gran base aérea norteamericana de Henyang, que había permitido lanzar ataques de aviación contra las principales islas de Japón, y los japoneses alcanzaron, hasta el 11 de noviembre, todos sus objetivos en la China meridional: se había establecido el enlace por tierra con Indochina. La controversia entre Chang Kai-chek y Stilwell por razones de estrategia se extendió a asuntos de política

---

[38] Voigt, J. H., *Indien im Zweiten Weltkrieg, ibid.,* p. 256.
[39] Stilwell, W. J., *The Stilwell Papers,* Nueva York 1948; Tuchman, B., *Stilwell and the American Experience in China, 1911-45,* Nueva York 1971.

general: entre los americanos de Chunking (y también en Washington) aumentaban las dudas sobre si Chang Kai-chek se hallaba realmente en condiciones de dirigir China tras la victoria, tal como lo había imaginado el gobierno americano en sus anteriores decisiones en favor de Chang Kai-chek. Las primeras voces que abogaban por considerar la posibilidad de una cooperación con los comunistas chinos de Mao Tse-tung, en cuyas tropas no se habían dado manifestaciones de disolución, mostraron las dimensiones de la crisis. La retirada de Stilwell de China el 18 de octubre de 1944 no cambió la situación en nada.

Con la culminación de la conquista de la isla de Saipán en el archipiélago de las Marianas, el 8 de julio de 1944, tras cuatro semanas de lucha, los americanos conseguían un sustitutivo duradero para la pérdida de Henyang [40]. Las escuadras de bombarderos podían ahora despegar desde aquí libremente contra las ciudades de Japón sin que los japoneses tuvieran posibilidad alguna de volver a alterar la situación, como habían hecho en el continente chino. El 18 de julio de 1944, el primer ministro Tojo sacó las consecuencias del radical empeoramiento de la situación general y dimitió el 20 de julio, dos días antes del atentado contra Hitler. Le sucedió el general retirado Koiso, con el almirante Yonai como viceprimer ministro con igualdad de rango [41]. La primera decisión estratégica del nuevo mando en Tokio fue retrasar la zona defensiva japonesa a la línea Filipinas-Formosa-Islas Ryukyu-metrópoli nipona-Kuriles. Todos los terrenos conquistados situados más allá de esa línea quedaron aislados en un glacis donde no se luchó hasta el final de la guerra, pues los americanos no atacaron esos puestos de vanguardia.

[40] Matloff, M., *Strategic Planning for Coalition Warfare 1943/44, ibid.,* p. 480.
[41] Browne, C., *Tojo: The last Banzai,* Londres 1967, pp. 165 y ss.

Capítulo VIII
POLÍTICA Y ESTRATEGIA EN LA FASE FINAL DE LA GUERRA: SEPTIEMBRE 1944 - SEPTIEMBRE 1945

Concluida con éxito la invasión americano-británica en Francia y después de que las fuerzas aliadas penetraran en algunos puntos de Europa occidental hasta las fronteras del Reich, el problema planteado ante la evidente agonía de imperio hitleriano sobre quién decidiría el orden en la posguerra en las distintas partes de Europa, e incluso, en el marco mundial, —un problema controvertido, a pesar de la proclamada unidad de la «coalición antihitler»— se superpuso a la cuestión del combate final que había de realizarse en común. En cambio, en el este de Asia, el mando americano, temeroso de tener que continuar una guerra aún larga contra Japón, hizo todo cuanto pudo para que la promesa de Stalin de intervenir en la guerra en el Extremo Oriente una vez concluida la europea, obtenida en principio ya en la primera conferencia tripartita de Moscú en octubre de 1943, se hiciera realidad lo más pronto posible y la Unión Soviética abreviara con su participación en ella la guerra contra Japón. Estos intensos esfuerzos, que dejaban al descubierto el «talón de Aquiles» de la posición americana en la fase final de la guerra, impidieron que estallara un conflicto abierto sobre los problemas polémicos en Europa.

La apropiación por el Ejército Rojo a finales del verano de 1944 de una gran parte de los territorios del este de Centroeuropa, considerados por Stalin el futuro «glacis» de la Unión Soviética, había mejorado extraordinariamente en general la posición de ésta en su enfrentamiento con EEUU y Gran Bretaña —Finlandia abandonó la «fraternidad en las armas» con Alemania y desde el 15 de septiembre de 1944 tuvo que participar en la expulsión del ejército alemán de Laponia del norte del país [1]; Rumanía y Bulgaria, incorporada al combate el 5 de septiembre de 1944, a última hora, por así decirlo, debido a una declaración de guerra de la Unión Soviética, se vieron obligadas a cambiar de trinchera y enfrentarse a Alemania— [2]. Ahora Stalin podía hacer prevalecer ampliamente los puntos de vista soviéticos incluso en el acuerdo entre los principales aliados para la creación de una «Organización de las Naciones Unidas» (ONU), considerado por Roosevelt objetivo central de su política, destinada a servir de instrumento para el mantenimiento de la paz mundial una vez concluida la guerra [3]. En su idea original («Cuatro policías» —EEUU, la Unión Soviética, Gran Bretaña y China— encargadas de impedir el estallido de nuevos conflictos en las regiones críticas), Roosevelt había transferido ya a las grandes potencias la función decisiva de la salvaguarda de la paz mundial, haciendo así que se mantuviera de distinta manera la tradicional distinción cualitativa entre estos y los demás Estados en forma del derecho de veto en el estamento ejecutivo central de la nueva organización mundial; por su parte, en las negociaciones entre las cuatro grandes potencias en Dumbarton Oaks (cerca de Washington, 22 de agosto-28 de septiembre de 1944), el representante soviético (A. A. Gromyko) se había obstinado en interpretar de forma amplia este derecho de veto en el futuro «Consejo de Seguridad Mundial» de la ONU: la Unión Soviética quería evitar de antemano cualquier decisión de ese organismo dirigida contra sus intereses y, por tanto, cualquier posible frente unitario de las demás grandes potencias contra la Unión Soviética en el marco de la ONU.

Durante la conferencia de Dumbarton Oaks se produjo en el gobierno americano un episodio cargado de consecuencias para la política alemana. El 2 de septiembre, el ministro de Finanzas, Morgenthau, presentó al presidente un memorándum [4] que preveía la reducción,

[1] Erfurth, W., *Der finnische Krieg 1941-1944*, Wiesbaden 1950, pp. 282 y ss.

[2] Hoppe, H.-J., *Bulgarien-Hitlers eigenwilliger Verbündeter*, Stuttgart 1979, pp. 175 y ss.

[3] Dallin, A., *Sowjetunion und Vereinte Nationen*, Colonia 1965.

[4] Blum, J. M., *Deutschland ein Ackerland? Morgenthau und die amerikanische Kriegspolitik 1941-1945. Aus den Morgenthau-Tagebüchern*, Düsseldorf 1968, cita de la p. 224.

desmembramiento y desindustrialización de Alemania («Plan Morgenthau»). Al entregarlo, Morgenthau comentó su plan con estas palabras: «Quiero que se desmantele el Ruhr... Sé que esta propuesta dejará sin trabajo de 18 a 20 millones de alemanes... Mi plan tendrá una enorme influencia sobre Inglaterra y Bélgica y debería garantizar para los próximos veinte años su bienestar económico, pues el Ruhr ha sido su principal competidor en el carbón y el acero. De esta manera prestaremos un gran servicio a la economía inglesa». El plan —un tanto rebajado— fue anunciado de hecho por Roosevelt y Churchill en una conferencia celebrada en Quebec el 15 de septiembre como su propio plan para Alemania. Pero, las enérgicas críticas del ministro de Asuntos Exteriores, Hull, y del ministro de Guerra, Stimson, así como de la opinión pública norteamericana, indujeron a Roosevelt a retirar su firma el 22 de septiembre de 1944. No obstante, algunos elementos del plan «Morgenthau» se mantuvieron vigentes en la posterior política de Norteamérica para Alemania (plasmándose, sobre todo, en la destructiva Instrucción JCS-1067 del 26 de abril de 1945 que debería establecer el marco formal de dicha política durante dos años).

El 9 de octubre de 1944, en un encuentro en Moscú, Churchill y Stalin transformaron las «zonas de operaciones» acordadas en mayo para el sur de Europa en «esferas de influencia», sin la participación americana, aunque con el visto bueno otorgado posteriormente a desgana por Roosevelt (aunque no por su ministro de Asuntos Exteriores, Hull, que quería mantenerse firme en la validez global de los principios de una *Pax Americana* y que dimitió de su cargo el 27 de noviembre de 1944 por oposición a línea realista de llegar con la Unión Soviética a un acuerdo en política mundial que, por la lógica de las cosas, desembocó en una política de delimitación de esferas de interés)[5]. Stalin consintió en los porcentajes presentados por Churchill —«influencia» soviética en Rumanía, 90%; en Bulgaria, 75%; en Yugoslavia y Hungría, incluida por primera vez, 50%; en cambio, en Grecia, «influencia» británica, 90% (el 10 de octubre, Molotov y Eden elevaron a 80 el porcentaje de «influencia» soviética en Hungría y Bulgaria)—. Por más raro que pueda parecer el juego de cifras,

---

    [5] Yergin, D., *Der zerbrochene Frieden. Der Ursprung des Kalten Krieges und der Teilung Europas*, Fráncfort/M. 1979; Mastny, C., *Moskaus Weg zum Kalten Krieg. Von der Kriegsallianz zur sowjetischen Vormachtstellung in Osteuropa*, Múnich-Viena 1980, pp. 252 y ss.

en el caso de Churchill se trató ya desde un principio de intentar salvar un último resto de las antiguas ideas del *cordon sanitaire* e impedir una anexión «total» a la URSS de los países ocupados por el Ejército Rojo, su fusión en el imperio soviético [6]. Tal como había ocurrido en las circunstancias del periodo de entreguerras, ahora completamente alteradas, el problema determinante del futuro de los Estados del *cordon sanitaire* estaba vinculado a la capacidad de las potencias occidentales para apoyar con medios militares y de política de fuerza los acuerdos pactados con estos países. Gran Bretaña sólo lo logró (sin el amparo de EEUU) en el caso de Grecia. Así pues, los límites de la política británica autónoma de gran potencia habían demostrado ser muy reducidos ya en la fase final de la Segunda Guerra Mundial. A pesar de ello, o quizá por ese mismo motivo, el mando americano vio con temor que Gran Bretaña continuara tomando por su cuenta en Europa decisiones que amenazaban con provocar un enfrentamiento entre este país y la Unión Soviética, según expresó con especial claridad un escrito del jefe de Estado Mayor de Roosevelt, almirante Leahy, al ministro de Asuntos Exteriores Hull el 16 de mayo de 1944 (es decir, unas tres semanas antes de la invasión aliada en Francia) [7]. Para el caso de un conflicto bélico entre Gran Bretaña y la Unión Soviética, Leahy pronosticaba que EEUU estaría sin duda en condiciones de contribuir a la defensa de las Islas Británicas, «pero, en la situación actual, nos es imposible derrotar a Rusia. En otras palabras, nos veríamos envueltos en una guerra que no podemos ganar, aun cuando los Estados Unidos se hallaran en peligro de ser derrotados u ocupados».

Stalin consideró que una posibilidad de ejercer presión indirecta sobre EEUU y, principalmente, sobre Gran Bretaña era la de incorporar a la «Gran Política» a De Gaulle [8], a quien no había prestado mayor atención mientras había sido sólo el «jefe de los franceses libres», pues había considerado improbable que Francia recuperara en Europa una posición de gran potencia, ya que dependía de las potencias inglesa y americana y tal posibilidad no interesaba a EEUU ni a Gran Bretaña. No obstante, en septiembre de 1944, De Gaulle había

[6] Hillgruber, A., «Der 'Cordon Sanitaire', im Zweiten Weltkrieg», en Pöls, W. (ed.), *Staat und Gesellschaft im politischen Wandel, ibid.,* pp. 550 y ss.

[7] Department of State (ed.), *Die Konferenzen von Malta und Jalta, Dokumente vom 17. Juli 1944 bis 3. Juni 1945,* Düsseldorf s. a. (1956), pp. 100 y ss.

[8] De Porte, A. W., *De Gaulle's Foreign Policy 1944-1946,* Cambridge/Mass. 1968.

hecho valer sus opiniones frente a las pretensiones del ala comunista del movimiento de la resistencia a representar un papel predominante en la Francia de posguerra. Tras una caótica fase de transición en la que se dio muerte sin proceso judicial a decenas de miles de «colaboradores» reales o supuestos, sobre todo en Francia central y meridional, De Gaulle había conseguido que se reconociera autoridad a su «gobierno provisional» en el interior y distanciarse de EEUU y Gran Bretaña en política exterior. Por invitación de Stalin, De Gaulle y su ministro de Asuntos Exteriores, Bidault, habían visitado Moscú del 2 al 10 de diciembre de 1944. De Gaulle admitió como futura frontera de Polonia la línea Oder-Neisse, pero se negó a reconocer el «Comité de Lublín». Stalin, por su parte, negó su reconocimiento a la línea del Rin como futura frontera oriental de Francia (que habría sido difícil de imponer a EEUU y Gran Bretaña tras la zonificación acordada para la parte occidental). El pacto de alianza y ayuda firmado el 10 de diciembre de 1944 entre la Unión Soviética y Francia con una validez de veinte años, como el concluido entre británicos y soviéticos el 26 de mayo de 1942, implicaba la obligación mutua de impedir después de la guerra cualquier «nueva amenaza por parte de Alemania y cerrar el paso a cualquier nueva iniciativa de ataque alemán» [9]. El acuerdo debería dar a De Gaulle —según calculaba Stalin— mayor libertad de movimiento respecto a EEUU y Gran Bretaña y podía ser de provecho para la política soviética en Alemania una vez concluida la guerra.

Respecto a Alemania, los representantes de los tres principales aliados de la «Comisión consultiva europea» habían aprobado, junto con el ya mencionado proyecto para una capitulación política del país (25 de julio de 1944), un protocolo de zonificación (12 de septiembre de 1944) y un «Tratado sobre las organizaciones de control en Alemania» (14 de noviembre de 1944) [10]. Los tres documentos debían aún ser confirmados o modificados en la prevista segunda conferencia de los «Tres Grandes». La unanimidad lograda en la «Comisión consultiva europea» se refería en esencia a la fijación de los límites entre las zonas de ocupación y a que el gran Berlín no se considerara parte de la zona de ocupación soviética, sino que se le ha-

---

[9] Texto (traducido al alemán) en *Europa-Archiv*, 2 (1947), p. 1046.
[10] Department of State (ed.), *Die Konferenzen von Malta und Jalta, ibid.*, pp. 111 y ss. y 114 y ss.

bría de otorgar un estatuto especial basado en la ocupación por tropas de los tres principales aliados. Se acordó, además, que un consejo de control de los aliados, con sede en Berlín, dictara dentro de lo posible líneas directrices unitarias para la Alemania ocupada en el caso de contradicciones insuperables, aunque cada uno de los comandantes en jefe tendría el derecho a tomar medidas por su cuenta en su zona de ocupación de acuerdo con las indicaciones de su gobierno. De esta manera se introducía en las cuestiones relativas a la política para Alemania una especie de «derecho de veto» que, en el caso de que las cosas no marcharan en todo el país según las ideas soviéticas, daría a la zona de ocupación de la URSS la posibilidad de emprender un camino independiente. (Y viceversa: lo mismo valió para la política de EEUU en Alemania, una vez que ese país abandonó el enfoque del plan «Morgenthau», destructivo y, al mismo tiempo, determinado por una estrecha cooperación entre americanos y soviéticos, y se decidió a configurar Alemania entera según concepciones propias.) La «Comisión consultiva europea» no había decidido su posición acerca de la futura frontera oriental alemana. Todos los acuerdos tomaron como punto de partida el territorio del Reich del 31 de diciembre de 1937.

Es curioso que la Unión Soviética se atuviera a lo acordado con motivo del levantamiento de los comunistas griegos, iniciado en Atenas el 2 de diciembre de 1944, pocas semanas después de la retirada de los ocupantes alemanes, con el que sólo pudo acabar la intervención de tropas británicas [11]. Esta actitud correcta estaba evidentemente destinada a servir de modelo para comportamientos similares de EEUU y Gran Bretaña cuando la Unión Soviética se decidiera a intervenir en su «ámbito de influencia», como ocurriría a finales de febrero de 1945 en Rumanía.

Con todo, a principios de enero de 1945 se manifestaron los primeros indicios del final de la política de cooperación ente EEUU y la Unión Soviética practicada por Roosevelt. Los esfuerzos realizados por Stalin el 3 de enero de 1945 para obtener un crédito a largo plazo de 60.000 millones de dólares en condiciones extraordinariamente favorables a fin de volver a levantar la destruida industria de Rusia

---

[11] Hering, G., «Griechenland vom Lausanner Frieden bis zum Ende der Obersten Diktatur», en Schieder, Th. (ed.), *Handbuch der europäischen Geschichte*, vol. VII, *ibid.*, pp. 1329 y ss.

occidental no tuvieron éxito [12]. El presidente norteamericano pudo imponer por primera vez sus criterios en una cuestión de eminente importancia para el periodo de posguerra sin tener que enfrentarse a quienes se oponían al curso seguido por su gobierno, interpretado como prosoviético. Este cambio proyectó su sombra sobre la línea política seguida por las potencias inmediatamente antes de la conferencia de Yalta de los «Tres Grandes» (4-11 de febrero de 1945) más que la situación militar, caracterizada por un lado por la «ofensiva de las Ardenas», lanzada por Hitler con éxito inicial y, por otro, por el avance del Ejército Rojo hasta el Oder, 50 km al este de Berlín.

Eisenhower, desconociendo el lamentable estado del ejército alemán del oeste —en el mando alemán se daba por descontado que, si los aliados occidentales continuaban su marcha hacia la frontera occidental de Alemania y hacia la «muralla occidental», indefendible ya, el Reich caería para agosto/septiembre de 1944—, había detenido los ejércitos americano y británico aproximadamente en las fronteras entre Alemania y Bélgica y Holanda, principalmente por dificultades de aprovisionamiento —los puertos de las costas del Canal y el Atlántico estaban destruidos o continuaban todavía en poder germano, como «fortalezas»—, dando así a los alemanes la posibilidad de establecer un nuevo frente que, si bien retrocedió en las siguientes semanas, no llegó a romperse. Desde septiembre de 1944 Hitler preparaba para finales de otoño una contraofensiva planeada en el otoño de 1943 que mantenía la idea básica de establecer puntos de especial importancia estratégica en el oeste, hacia donde se dirigieron todas las fuerzas aún disponibles y las obtenidas recientemente con la segunda «movilización total». Esta contraofensiva sería el medio para separar a británicos y americanos por un «efecto de alud» calculado por Hitler, encerrar a aquéllos mediante una acometida desde el Eiffel hasta Amberes a través de las Ardenas y el Mosa, y —junto con el bombardeo de las «V 2», emprendido ya desde el 8 de septiembre de 1944, que desmoralizaba a la población civil británica y contra el cual no existía entonces ninguna defensa eficaz— forzarlos a aceptar la paz [13]. A continuación, una nueva campaña alemana complementa-

---

[12] Department of State (ed.), *Die Konferenzen von Malta und Jalta, ibid.,* pp. 289 y ss.

[13] Sobre el papel del «efecto alud» en la estrategia de Hitler en la fase final de la guerra, cfr. Schramm, P. E., *Kriegstagebuch des Oberkommandos der Wehrmacht (Wehrmachtführungsstab)*, vol. IV, *ibid.,* pp. 52 y s.; sobre la ofensiva de las Ardenas, Jung, H., *Die Ardennen-Offensive 1944/45, ibid.,* pp. 142 y ss.

ria similar a la de 1940 arrojaría a los americanos de Francia y, con las espaldas a resguardo, se reconquistarían a renglón seguido los territorios perdidos en el este. Dada la impresionante superioridad aérea de los aliados occidentales y las propias dificultades para el aprovisionamiento de combustible, era evidente lo ilusorio de este «planteamiento».

La «ofensiva de las Ardenas», iniciada con éxito el 16 de diciembre de 1944 entre Monschau y Echternach en forma de ataque por sorpresa fracasó al cabo de cuatro días. Sin embargo, Hitler —a pesar de los indicios de una gran ofensiva soviética inminente contra el territorio controlado en el este por los alemanes entre el Memel y los Cárpatos— siguió aferrado a la distribución de fuerzas existente. Así, el Ejército Rojo, muy superior en contingentes y material, consiguió destruir en su gran ofensiva de invierno, iniciada el 12 de enero de 1945, la mayor parte del ejército alemán del este entre el Memel y los Cárpatos y penetrar en tres semanas hasta el Oder [14]. Millones de alemanes huyeron en grandes caravanas hacia el oeste ante el Ejército Rojo, que estaba sediento de venganza y sembraba el miedo y el terror entre la población civil alemana con sus innumerables violaciones y asesinatos. La intervención de la marina de guerra alemana consiguió poner a salvo en el oeste (Schleswig-Holstein y Dinamarca) a más de un millón de personas desde las cabezas de puente costeras que iban de Pillau a Kolberg y Swinemünde pasando por Hela y que se mantuvieron aún un tiempo relativamente largo [15]. Americanos y

---

[14] No disponemos hasta el momento de una exposición general científicamente satisfactoria sobre la ofensiva soviética de invierno de 1945 y la resistencia opuesta por el extenuado ejército alemán del este. Cfr. aspectos parciales en Magenheimer, H., *Abwehrschlacht an der Weichsel 1945*, Friburgo/Br. 1967; Dieckert y Grossmann, *Der Kampf um Ostpreußen*, Múnich s. a.; Ahlfen, H. von, *Der Kampf um Schlesien*, Múnich s. a.; Murawski, E., *Die Eroberung Pommerns durch die Rote Armee*, Boppard am Rhein 1969; Haupt, W., *1945. Das Ende im Osten. Chronik vom Kampf in Ost- und Mitteldeutschland*, Dorheim 1970; Militärgeschichtliches Forschungsamt (ed.), *Abwehrkämpfe am Nordflügel der Ostfront 1944-1945*, Stuttgart 1963, pp. 217 y ss.; desde la perspectiva soviética, *Geschichte des Großen Vaterländischen Krieges der Sowjetunion*, vol. V, Berlín (este) 1967, pp. 83 y ss. Para un contexto histórico más amplio, Hillgruber, A., *Zweierlei Untergang*, Berlín ³1987.

[15] Militärgeschichtliches Forschungsamt (ed.), *Abwehrkämpfe am Nordflügel der Ostfront 1944-1945, ibid.*, pp. 276 y ss.; Hubatsch, W., «Flüchtlingstransporte aus dem Osten über See. Die letzten Geleitaufgaben der deutschen Kriegsmarine 1945», en *Ostdeutsche Wissenschaft*, ed. por Böhm, M. H. y Klein, K. K., vol. IX, Múnich 1962; Salewski, M., *Die deutsche Seekriegsleitung 1935-1945*, vol. II: *1942-1945*, Múnich 1975, pp. 530 y ss.; Bidlingmaier, I., *Entstehung y Räumung der Ostseebrückenköpfe 1945*, Neckargemünd 1962.

británicos continuaron con la ofensiva aérea sin tener en cuenta el hundimiento alemán, evidentemente próximo, alcanzando el 13 y 14 de febrero de 1945 un nuevo y macabro punto culminante con los ataques a Dresde, repleta de fugitivos procedentes de Silesia (unas 35.000 víctimas mortales) [16]. Todavía en las últimas semanas de la guerra fueron destruidas por los bombardeos ciudades de importancia cultural como Hildesheim, Halberstadt, Würzburgo y Potsdam.

Sólo en las últimas semanas, cuando la muerte repentina del presidente Roosevelt, el 12 de abril de 1945, desató nuevamente quiméricas especulaciones sobre una posible ruptura de la «coalición antihitler» (en discutible analogía con la muerte en 1762 de la zarina Isabel y el subsiguiente cambio de frentes de Rusia, que se pasó al lado de Federico el Grande), permitió Hitler intencionadamente que las fuerzas armadas del este y el oeste «chocaran» —según su expresión— en la zona de Torgau, al concentrar los restos de las tropas alemanas en un espacio en el norte y otro en el sur y ordenar al XII Ejército (Wenck) [17] que «volviera la espalda» a los americanos que habían avanzado ya hasta el Elba y acudiera en ayuda de la sitiada Berlín. El encuentro de las tropas norteamericanas y soviéticas se produjo en Torgau el 25 de abril de 1945.

De este modo, en el momento final, volvió a imponerse uno de los axiomas de Hitler (su hipótesis de la ruptura de la coalición enemiga) cuya línea interrumpida podemos observar en él desde el momento del punto de inflexión de la guerra en 1942. Hasta entonces habían predominado los otros dos (el esfuerzo «fanático» por resistir hasta el final —que se plasmó en la formación del *Volkssturm*, la intervención de unidades de la *Hitler-Jugend* y numerosas órdenes de resistencia, formuladas con progresivo radicalismo— y la conciencia, cada vez más presente, de que la guerra estaba perdida). El 24 de febrero de 1945, después de haber transmitido al pueblo alemán su última proclama en la que profetizaba el final de la guerra en los diez meses siguientes, es decir, en ese mismo año de 1945 [18], Hitler, utilizando una argumentación socio-darwinista, declaró el 18 de marzo de 1945 a su ministro de Arma-

[16] Bergander, G., *Dresden im Luftkrieg*, Colonia-Viena 1977.

[17] Gellermann, G. W., *Die Armee Wenck-Aufstellung, Einsatz und Ende der 12. deutschen Armee*, tesis doctoral de Fil., Colonia 1981.

[18] Domarus, M. (ed.), *Hitler, Reden und Proklamationen*, vol. II, *ibid.,* p. 2205.

mento, Speer, que el pueblo alemán había demostrado en esta guerra ser demasiado débil [19] y que «el futuro pertenece en exclusiva... al pueblo del este, más fuerte. Quienes queden tras el combate, serán los inferiores, pues los buenos habrán caído». La llamada «orden neroniana» del 19 de marzo de 1945, exigía en consecuencia la destrucción de los fundamentos para la existencia de la propia nación [20]: «Todas las instalaciones militares, de comunicaciones, información, industriales y de abastecimiento que el enemigo puede utilizar para la continuación de su lucha de alguna manera inmediata o en un futuro previsible», han de ser destruidas». El hecho de que esta orden no se llevara finalmente a la práctica no cambia en nada la voluntad de destrucción de Hitler. Igualmente, su última declaración, el «testamento político» del 29 de abril 1945 (un día antes de su suicidio), en el que no sólo ordenaba la continuación de la lucha hasta la muerte y prohibía cualquier capitulación, incluso en situación desesperada, sino que obligaba «a los dirigentes de la nación y sus seguidores a mantener escrupulosamente las leyes raciales y oponer una resistencia sin cuartel los envenenadores de todos los pueblos del mundo: el judaísmo internacional» [21], y su «posdata» al mismo, donde se asegura que «ha de seguir siendo objetivo del pueblo alemán conseguir espacio en el este» [22], atestiguan hasta el final la continuidad de la dogmática racista y de política territorial que le guiaron.

La ofensiva soviética de invierno, emprendida en el este con gran éxito desde el 12 de enero de 1945, y el rechazo aliado del avance alemán en las Ardenas, que comenzó con el paso de los británicos a la ofensiva, el 8 de febrero de 1945, entre el Mosa y el Bajo Rin y provocó un giro definitivo del conflicto en el oeste de Alemania, permitían esperar un pronto final de la guerra en Europa. En el Pacífico, en cambio, la conclusión de la guerra contra Japón parecía hallarse todavía lejos, a pesar de los éxitos de los americanos —el 20 de octubre de 1944, el general MacArthur había iniciado en la isla de Leyte la ofensiva para la recuperación de Filipinas [23] que quedó casi ul-

[19] Speer, A., *Erinnerungen*, Berlín-Fráncfort/M. 1969, pp. 445 y s.

[20] *Kriegstagebuch des Oberkommandos der Wehrmacht (Wehrmachtführungsstab)*, vol. IV, *ibid.,* pp. 1580s; cfr. también, el escrito de Speer a Hitler del 29 de marzo de 1945, *ibid.,* pp. 1581 y ss.; Boelcke, W. A., «Hitlers Befehle zur Zerstörung oder Lähmung des deutschen Industriepotentials 1944/45», en *Tradition*, 13 (1968), pp. 301 y ss.

[21] Domarus, M. (ed.), *Hitler, Reden und Proklamationen*, vol. II, *ibid.,* pp. 2236 y ss.

[22] Trevor-Roper, H. R., *Hitlers letzte Tage*, Zürich 1946, p. 180.

[23] Morison, S. E., *Leyte, June 1944-January 1945*, Boston 1958; Anderson, B., «Die

timada en febrero de 1945; en la batalla naval de Leyte (22-25 de octubre de 1944) fue destruida la parte más importante de la flota japonesa—, pues desde noviembre de 1944 parecía haberse consolidado la posición japonesa en tierra firme gracias a la amplia franja de enlace recientemente conseguida entre China e Indochina. La continuación de las operaciones en un gran escenario bélico constituía un impedimento para la política internacional de EEUU. Si quería lograr la deseada entrada en guerra de la Unión Soviética en el extremo Oriente para conseguir una rápida finalización de la contienda, tendría que pagar, desde el punto de vista soviético, un alto precio político que no se limitaría a hacer concesiones en el este de Asia sino también en Europa y en lo referente a la estructura de las «Naciones Unidas».

En el momento de tomar cualquier decisión, Stalin podía contar con que, para Roosevelt, la colaboración con la Unión Soviética era un punto de anclaje de toda su política —teniendo que oponerse, sin embargo, a fuerzas que iban ganado peso en EEUU y querían llegar a una confrontación con la URSS en Europa tras el inminente final de la guerra— y que el presidente pondría en juego todo su prestigio para llegar a un acuerdo sobre los problemas todavía por resolver en lo referente a la Organización de las Naciones Unidas en la que sería, previsiblemente, la última conferencia de guerra de los «Tres Grandes» en Yalta, en la península de Crimea (4-11 de febrero de 1945) [24].

En realidad, los americanos hicieron en Yalta una concesión en el asunto del derecho de «veto» que determinaría el carácter problemático de la ONU: en todos los casos conflictivos de la época de posguerra cuya solución exigiera medidas militares, aparte de las sanciones políticas y económicas, el «veto» de las grandes potencias tendría vigencia aunque fueran parte en el conflicto en cuestión. La soberanía de las grandes potencias quedaba así plenamente garantizada en la nueva organización mundial —como lo había estado en la «Sociedad de Naciones»—. En consecuencia, las «Naciones Unidas» resultaron inservibles como instrumento para que un gobierno americano impusiera una política antisoviética después de Roosevelt o

---

Schlacht um Leyte 1944», en *Entscheidungsschlachten des Zweiten Weltkrieges*, ed. por Jacobsen, H.-A. y Rohwer, J., *ibid.*, pp. 483 y ss.

[24] Department of State (ed.), *Die Konferenzen von Malta und Jalta, ibid.*, p. 513; Fischer, A. (ed.), *Teheran-Jalta-Potsdam, ibid.*, pp. 95 y ss.; Woodward, L. W., *British foreign Policy in the Second World War, ibid.*, pp. 484 y ss.

—expresándolo de manera más general— para la creación de una *Pax Americana* en todo el mundo. Stalin se impuso también en lo relativo a las exigencias soviéticas, controvertidas todavía en Dumbarton Oaks, de conceder a Ucrania y Bielorrusia la categoría de miembros independientes de la organización. Con tres votos para la URSS más los de los países de la zona de influencia soviética en Europa y Asia, que seguían su rumbo, se garantizaba al «bloque» soviético una posición de considerable importancia en la organización mundial, si bien EEUU conservó al principio una clara preponderancia gracias a los Estados de Europa occidental y Latinoamérica que marchaban a una con él.

Comparadas con estas concesiones de Roosevelt, fundamentales para la futura política mundial, no fueron de tanto peso las hechas a cambio del compromiso de Stalin [25] de que, «en el plazo de dos a tres meses tras la capitulación de Alemania y el cese de las hostilidades en Europa, la Unión Soviética entrará en guerra contra Japón al lado de los aliados», por más importantes que resultaran para la posguerra en el este asiático —sobre todo teniendo en cuenta su repercusión a la larga en toda Asia, pues, en cualquier caso, tras la ya mencionada reducción de su *Victory-Program* en 1943, EEUU no se habría encontrado en condiciones de llenar mediante el envío de fuerzas militares propias el «vacío» generado en Manchuria y el norte de China por una capitulación de Japón. En un «tratado secreto» del 11 de febrero de 1945, EEUU y Gran Bretaña reconocieron que debería mantenerse el estatuto de la «República Popular de Mongolia» (como satélite soviético) y restablecerse, además, los derechos de Rusia sobre China, que se remontaban al tiempo de la guerra ruso-japonesa de 1904/05 [26]. Estos derechos incluían la devolución del sur de Sajalin a la Unión Soviética, la internacionalización del puerto de Dairen y el arriendo de la base naval de Port Arthur, así como la administración de los ferrocarriles chinos del este y del tren del sur de Manchuria por una sociedad chino-soviética de nueva formación. Además, Japón debería renunciar a las islas Kuriles en favor de la Unión Soviética. Stalin, por su parte, se declaró dispuesto a firmar un «Acuerdo de amistad y alianza» con el gobierno de Chang Kai-chek, notablemente limitado en sus derechos de soberanía por todo lo an-

---

[25] Fischer, A. (ed.), *Teheran-Jalta-Potsdam, ibid.,* p. 196.
[26] *Ibid.*

terior. Aunque esta vuelta de los soviéticos a las posiciones del Imperio zarista implicaban una pérdida de poder y prestigio del «gobierno nacional» de Chang Kai-chek, ya debilitado por los éxitos de las fuerzas japonesas en el teatro de operaciones chino, al imponer sus demandas Stalin sólo tenía un interés secundario por un mayor debilitamiento de China. Frente a la situación de fuerza que se esperaba ocupase EEUU en Japón tras la capitulación de este país, el principal objetivo de Stalin era lograr una posición estratégica contrapuesta de la mayor amplitud posible que, al ocupar una zona más extensa, protegiera a la Unión Soviética en el este asiático mejor que el trazado de la frontera existente hasta entonces en la zona del lejano oriente soviético que, según lo habían mostrado los enfrentamientos con Japón en 1938 y 1939, no era precisamente ventajosa.

En cuanto al este centroeuropeo, Roosevelt continuó, por un lado, con la línea de la política de Churchill, admitida a medias por él, al aceptar para Polonia y Yugoslavia la formación de gabinetes de «coalición» a partir de los gobiernos comunistas instalados en dichos países (el «Comité de Dublín», trasladado entre tanto a Varsovia, y el comité de Tito, con funciones similares a las de un gobierno, residente desde octubre de 1944 en Belgrado) y representantes de los gobiernos en el exilio, que se hallaban en Occidente. Esta decisión implicaba que las potencias occidentales se desentendían de estos gobiernos en el exilio en cuanto representantes de sus países, a los que deseaban regresar tras la «liberación», y significaba en la práctica una vuelta, incluso por Roosevelt, a la idea de los «porcentajes» de Churchill en forma un tanto modificada. Por otro lado, en la «Declaración sobre Europa liberada», hecha pública por los «Tres Grandes», se proclamó el principio de sufragio libre y elección libre de gobiernos [27], cuya consecuencia, si se realizaban correctamente, sería la formación de parlamentos y gobiernos de orientación occidental en general, en todo el ámbito del antiguo *cordon sanitaire*, y, por tanto, la reinstauración del *cordon* en su función de entreguerras. Stalin, por tanto, si quería lograr una amplia franja de seguridad para la Unión Soviética frente a la zona de influencia británico-americana en Europa, no podía permitir jamás este principio, de no verse forzado a capitular políticamente. No obstante, era evidente que, si los dirigentes americanos se decidían a pesar de todo a emprender un cambio de

---

[27] *Ibid.,* pp. 186 y s. y 191.

rumbo radical frente a la Unión Soviética, disponían con la «Declaración sobre Europa liberada» de un instrumento político-propagandístico con el que podían influir de manera efectiva en la zona del *cordon sanitaire*. Los americanos contaban con la alternativa de un arreglo realista con los futuros principales implicados y un programa «idealista» por si se producía un enfrentamiento.

En la cuestión de la futura frontera occidental polaca, Stalin no consiguió imponer su objetivo de que las potencias occidentales reconocieran como tal la línea Oder-Neisse. Churchill y Roosevelt se manifestaron de acuerdo con la fórmula vaga [28] de que «Polonia debe conseguir en el norte y el oeste un notable incremento territorial». En cuanto a la cuestión de Alemania en sentido estricto, la conferencia de Yalta corroboró los acuerdos de los representantes de la «Comisión consultiva europea» del 12 de septiembre y 14 de noviembre de 1944. La inclusión de Francia como cuarta potencia con asiento y voz en el Consejo de Control Aliado para Alemania sólo fue aceptada por Stalin después de que los representantes de EEUU y Gran Bretaña se declararan dispuestos a ceder una parte de sus zonas que se atribuiría a Francia como zona de ocupación, es decir, cuando se confirmó que no tendría lugar un nuevo reparto a costa de la zona soviética [29]. Stalin accedió a la exigencia de Roosevelt de introducir en el artículo 12a del proyecto de documento de capitulación alemana del 25 de julio de 1944 el concepto de «desmembramiento» de Alemania. Luego, sin embargo, a finales de marzo de 1945, en las consultas celebradas en Londres por el comité *ad hoc* de la «Comisión consultiva europea», el representante de la Unión Soviética y, tras él, el de Gran Bretaña se distanciaron de este acuerdo, de modo que cuando el sucesor de Hitler, Dönitz, se declaró dispuesto a la capitulación total, a principios de mayo de 1945, los aliados no disponían aún de un documento de capitulación que contara con el consenso de las principales potencias vencedoras.

Para el futuro desarrollo de la relación este-oeste habría de ser de fundamental importancia la cuestión de las reparaciones, sobre la que no se logró ningún acuerdo en Yalta [30]. Las elevadas exigencias de reparación planteadas por Stalin tenían un carácter de «prueba»

---

[28] *Ibid.,* pp. 187 y s.
[29] *Ibid.,* pp. 113 y ss.
[30] *Ibid.,* pp. 106 y ss. (segunda sesión plenaria del 5 de febrero de 1945).

para la relación de posguerra con los aliados occidentales, sobre todo porque, tras el fracaso de sus esfuerzos para conseguir un crédito de reconstrucción en condiciones ventajosas, dicha cuestión se había convertido en el problema clave para lograr una recuperación económica relativamente rápida de la Unión Soviética tras las destrucciones causadas por la guerra. Finalmente, los «Tres Grandes» sólo estuvieron de acuerdo en Yalta en una fórmula de compromiso dilatoria en forma de encargo a la comisión de reparaciones de los aliados, que se reunía en Moscú. Las delegaciones soviética y americana (pero no la británica, que no deseaba de ninguna manera dar cifras) querían que, para determinar la suma total de las reparaciones (tanto en forma de retirada de bienes patrimoniales de Alemania como de entrega de mercancías de la producción en curso y empleo de mano de obra alemana) y hallar una clave para el reparto, se adoptara la siguiente resolución entre las propuestas [31] que «deberían ser tomadas en consideración» por la comisión de Moscú: la comisión, «deberá utilizar en sus estudios introductorios, como fundamento para las conversaciones, la propuesta del gobierno soviético por la que la suma total de las reparaciones... asciende a 20.000 millones de dólares, el 50% de los cuales deberán ser entregados a la URSS». Al no haberse logrado un acuerdo claro, pasó a depender enteramente del posterior desarrollo de las relaciones americano-soviéticas si se confirmaba esta base y, sobre todo, si la Unión Soviética recibía de fuera de su zona de influencia una parte de los pagos de reparación o si, por el contrario, habría de atenerse únicamente a las posibilidades de explotar la zona que ocupaba.

Roosevelt, y también Churchill, se había mostrado en Yalta considerablemente dispuestos a hacer concesiones, a pesar de todo. Sin embargo, o quizá por eso mismo, Stalin pensó que sólo corría un riesgo limitado si en las semanas siguientes intentaba obtener nuevas ventajas mediante acciones unilaterales dentro de la «esfera de influencia» soviética y en sus márgenes. Se trataba, por un lado, de eliminar «influencias» occidentales, reales o supuestas, en los países tomados por el Ejército Rojo y, por otro, lograr nuevas posiciones estratégicas en el amplio flanco suroriental de la Unión Soviética, que parecía especialmente amenazado por la concentración de contingentes británicos y americanos en la zona del Mediterráneo. Los Estados

---

[31] *Ibid.,* pp. 192 y s.

conquistados en el este y suroeste de Europa central fueron retenidos con mano más firme en las siguientes semanas hasta finales de abril de 1945. Tal fue el caso de Polonia, Bulgaria y, sobre todo, Rumanía [32], que pasó a ser la primera piedra de toque de los acuerdos de Yalta, al forzar Stalin la disolución del gobierno compuesto por representantes de una tendencia occidental y otra prosoviética (27 de febrero) e insistir en el nombramiento de un nuevo gabinete unilateralmente prosoviético (6 de marzo de 1945). Luego, el 19 de marzo de 1945, el gobierno soviético denunció de improviso el pacto de amistad y neutralidad vigente desde 1925 con Turquía, país que había declarado la guerra a Alemania —sin consecuencias militares— precisamente el 1 de marzo de 1945 con el fin de ser reconocido como miembro fundador de las «Naciones Unidas» [33]. La firma de un nuevo tratado de amistad con Turquía se supeditó a la concesión de bases para las fuerzas navales y aéreas en los estrechos marinos turcos (tal como había exigido ya Molotov a Hitler el 12/13 de noviembre de 1940). Los distritos de Kars y Ardahan debían ser cedidos asimismo a la Unión Soviética.

Stalin observó con la mayor desconfianza las negociaciones secretas mantenidas desde marzo de 1945 entre representantes de los aliados occidentales y del Estado Mayor general alemán en Italia para una capitulación por separado de las tropas que se hallaban en ese país [34]. A finales de marzo, en un intercambio epistolar con el comandante en jefe de los aliados, Eisenhower, se interesó personalmente porque una gran parte de las tropas americanas que avanzaban con rapidez hacia Alemania central se desviara hacia el sur del país (los americanos, por lo demás, consideraban que la «fortaleza de los Alpes», muy ponderada por la propaganda nacionalsocialista, era de por sí un objetivo militar serio y se dirigieron contra ella con un excesivo número de fuerzas). Su intención era no permitir que cayeran en manos de los aliados occidentales más territorios de la futura zona de ocupación soviética en Alemania que los ya inevitables debido a las operaciones británico-americanas que, tras el paso del Rin en Remagen (7 de marzo), marchaban con sorprendente fluidez, y, sobre todo, conseguir que el Ejército Rojo tomase Berlín y Praga. Chur-

---

[32] Quinlan, P. D., *Clash over Romania: British and American Policies toward Romania, 1938-1947*, Los Ángeles 1977.
[33] Onder, Z., *Die türkische Außenpolitik im Zweiten Weltkrieg*, Múnich 1977, p. 240.
[34] Smith, B. y Agarossi, E., *Unternehmen «Sonnenaufgang»*, Colonia 1981.

chill, en cambio, apremió el 1 de abril a Roosevelt (aunque sin ningún resultado, pues entretanto, Eisenhower había comunicado a Stalin el 28 de marzo su deseo de «avanzar hacia el Elba superior en la línea Erfurt-Leipzig y esperar allí a los rusos») con las siguientes palabras [34 a]: «No hay duda de que los rusos marcharán sobre Viena... Si, además, toman también Berlín, ¿no creerán que han contribuido a nuestra común victoria de manera muy importante? Y esta impresión, ¿no se afianzará en su pensamiento de forma tan improcedente que les haga caer en un estado de ánimo del que habrá que esperar las mayores y más serias dificultades para el futuro? Pienso, por tanto, que, desde una perspectiva política, debemos avanzar cuanto podamos hacia el este de Alemania y tomar sin falta Berlín, si está a nuestro alcance».

El 16 de abril de 1945 (y no a mediados de mayo, como Stalin había querido hacer creer a Eisenhower), mientras británicos y americanos se detenían en el Elba, el ejército soviético pasó a la ofensiva final sobre los ríos Oder y Neisse de Lausacia, cercaron Berlín durante las semanas siguientes y la tomaron por entero para el 2 de mayo de 1945 [35]. Las tropas de los aliados occidentales se habían detenido en la línea Wismar-Wittenberge-Elba-Mulde-Karlsbad-Pilsen-Linz, de modo que todo el núcleo de Europa central fue tomado por el Ejército Rojo. El rápido avance británico hacia el Báltico, entre Wismar y Lübeck, impidió, sin embargo, que dicho ejército penetrase hasta Schleswig-Holstein. Sólo la isla danesa de Bronholm fue ocupada por tropas soviéticas.

El 30 de abril había llegado ya de Moscú a la hasta entonces capital del Reich el llamado «Grupo Ulbricht», los altos dirigentes de la emigración comunista alemana, que había comenzado a trabajar resueltamente para el establecimiento de un aparato administrativo con funcionarios comunistas en puestos clave [36]. En el lado «occiden-

---

[34 a] Churchill, W. S., *Der Zweite Weltkrieg*, con un epílogo para los años de posguerra, Berna-Stuttgart-Zúrich-Múnich 1960, p. 1042.
[35] *Geschichte des Großen Vaterländischen Krieges der Sowjetunion*, vol. V, *ibid.*, pp. 307 y ss.; *Kriegstagebuch des Oberkommandos der Wehrmacht (Wehrmachtführungsstab)*, vol. IV, *ibid.*, pp. 1451 y ss.
[36] Leonhard, W., *Die Revolution entläßt ihre Kinder*, Colonia 1955; Schwarz, H.-P., *Vom Reich zur Bundesrepublik*, Stuttgart ²1980, pp. 203 y ss.; sobre los antecedentes, Fischer, A., *Sowjetische Deutschlandpolitik im Zweiten Weltkrieg 1941-1945*, Stuttgart 1975, pp. 83 y ss.

tal», el mando militar británico (Montgomery), principalmente, pero también algunos jefes militares americanos consideraron favorablemente la política de capitulación buscada hábilmente por Dönitz desde su toma de posesión del gobierno (1 de mayo de 1945): capitular únicamente por etapas y ganar así tiempo para que la mayor parte posible del ejército de tierra alemán del este (y, con él, muchos emigrantes) pasara a la zona de influencia de los aliados occidentales. Efectivamente, hasta la entrada en vigor de la capitulación general (9 de mayo, 0,01 horas), 1,85 millones de hombres de dicho ejército (es decir, más de la mitad) fueron trasladados a los territorios sometidos al poder occidental, en contra de las disposiciones acordadas entre las principales potencias vencedoras [37]. Churchill ordenó, además, concentrar en la zona de ocupación británica, en el noroeste de Alemania, una parte de los soldados alemanes internados para que, en caso de conflicto, pudieran ponerse al servicio de los británicos [38].

El abandono de los objetivos de «desmembramiento» sustentados por la política de los aliados para Alemania, producido, según hemos dicho, a finales de marzo, fue confirmado con toda publicidad por Stalin cuando, el 9 de mayo, en su proclama de victoria, anunció que la Unión Soviética no pretendía «desmembrar o destruir Alemania» [39]. Stalin insistió en que la capitulación de Alemania, realizada en el Cuartel General aliado de Eisenhower en Reims a las 2,41 horas del 7 de mayo (pues, al no existir acuerdo entre las principales potencias vencedoras sobre la cuestión central del «desmembramiento», ya sólo quedaba la posibilidad de una capitulación militar), se repitiese el 9 de mayo de 1945 (a las 0,16 horas) en el Cuartel General soviético, en Berlín-Karlshorst. Fracasaron, no obstante, los esfuerzos correspondientes del gobierno de Dönitz de trasladarse de Flensburg (en la zona británica) a Berlín, ocupado únicamente por el Ejército Rojo [40].

---

[37] Hansen, R., *Das Ende des Dritten Reiches. Die deutsche Kapitulation 1945*, Stuttgart 1966, pp. 161 y s.; el destino de los prisioneros de guerra alemanes en el este y el oeste aparece pormenorizadamente documentado y analizado en la serie: Maschke, E. (ed.), *Zur Geschichte der deutschen Kriegsgefangenen im Zweiten Weltkrieg*, 22 vols., Bielefeld 1962-1974.

[38] Smith, A., *Churchills deutsche Armee. Die Anfänge des Kalten Krieges 1943-1947*, Bergisch Gladbach 1978; Sainsburg, K., «British Policy and German Unity at the End of the Second World War», en *English Historical Review*, 94 (1979), pp. 786 y ss.

[39] Stalin, I. V., *Über den Großen Vaterländischen Krieg der Sowjetunion, ibid.*, p. 217.

[40] Lüdde-Neurath, W., *Regierung Dönitz. Die letzten Tage des Dritten Reiches*, con un epílogo de Baum, W., «Die Regierung Dönitz in der heutigen wissenschaftlichen

216 La Segunda Guerra Mundial 1939-1945

Tras el encarcelamiento de dicho gobierno, efectuado seguidamente por los británicos (23 de mayo de 1945) bajo presión soviética, las cuatro potencias vencedoras declararon el 5 de junio de 1945 que asumían la máxima autoridad de gobierno en Alemania (dentro de las fronteras de 1937) y pusieron en vigor los acuerdos alcanzados por el Consejo de control el 14 de noviembre de 1944 [41]. Así, mediante una declaración propia unilateral, por así decirlo, obtenían la capitulación político-estatal de Alemania, muy problemática desde el punto de vista del derecho internacional (y que, debido al mencionado conflicto entre los vencedores, no se había podido lograr mediante la firma por los alemanes del documento preparado el 25 de julio de 1944). De esta manera, el problema de Alemania se dejaba fuera de las competencias de la organización de las «Naciones Unidas», cuya fundación había sido solemnemente decidida por 51 naciones en una conferencia celebrada en San Francisco en esas mismas semanas (25 de abril-26 de junio de 1945).

Después de haber aclarado mediante un acuerdo verbal entre representantes de los tres principales aliados la cuestión de las vías de acceso y a pesar de los esfuerzos de Churchill para que los americanos explotaran políticamente el «aval» conseguido con la toma de los territorios situados al este de la línea de demarcación este-oeste, Stalin consiguió que se decidiera en su propio provecho la nueva distribución de fuerzas, pasando por alto el deseo manifestado el 14 de junio de 1945 por el nuevo presidente, Truman, de regular el acceso libre a los sectores occidentales de Berlín antes de la retirada de las tropas británicas y norteamericanas a dicha línea [42]. El Ejército Rojo avanzó tras los pasos de las tropas británicas y americanas, que a partir del 1 de julio de 1945 se replegaron hacia el oeste, y abandonó simultáneamente los sectores occidentales de Berlín para que fueran ocupados por americanos, británicos y franceses, llegados allí del 1 al 4 de julio de 1945.

En Viena, tomada el 13 de abril de 1945 por el Ejército Rojo, los

Forschung», Gotinga-Berlín-Fráncfort/M.-Zúrich ³1964; Steinert, M. G., *Die 23 Tage der Regierung Dönitz*, Düsseldorf 1967.

[41] Texto en *Amtsblatt des Kontrollrates in Deutschland*, núm. 1, Berlín 1945, pp. 4 y ss.

[42] Riklin, A., *Das Berlinproblem. Historisch-politische und völkerrechtliche Darstellung des Viermächtestatus*, Colonia 1964, pp. 34 y ss.; Nelson, D. J., *Wartime Origins of the Berlin Dilemma*, Universidad de Alabama 1978.

soviéticos establecieron el 27 de abril un gobierno provisional austria-
co bajo el anterior canciller de Estado, Renner, sin consultar ni informar a los aliados occidentales [43]. Fueron necesarias varias semanas de
negociaciones para que la Unión Soviética concediera a las tres potencias occidentales, en un acuerdo firmado el 4 de julio sobre el control
aliado para toda Austria, un derecho de intervención en correspondencia con la declaración de las tres potencias del 1 de noviembre de 1943
(al concluir en Moscú la primera conferencia de ministros de Asuntos
Exteriores de la «coalición antihitler»). El 9 de julio se firmó, asimismo,
un acuerdo sobre las zonas de ocupación que daba a los aliados occidentales acceso libre a la ciudad de Viena, dividida en cinco sectores
(el distrito del centro de la ciudad estaba ocupado y administrado en
común por las cuatro potencias ocupantes), a Estiria, conquistada por
el Ejército Rojo, y a Carintia, ocupada en parte por los partisanos de
Tito. Tito se había visto obligado previamente a poner fin al conflicto
con británicos y americanos, agravado por él intencionadamente, sobre
el problema de Carintia y Trieste (donde partisanos yugoslavos y aliados occidentales se hallaban frente a frente sobre las armas, por así decirlo) después de que Stalin le hubiera declarado que «la URSS no en-
traría en una nueva contienda tras una guerra tan terrible» (M. Djilas) y
le hubiera instado a retirarse [44].

Entretanto, las circunstancias de la política mundial habían vuelto
a cambiar considerablemente. La desconfianza de Stalin hacia el rumbo
general adoptado por el presidente norteamericano, Truman, había aumentado de nuevo. Como hasta ese momento no se había llegado a formar en Polonia el «Gobierno de unidad nacional» decidido por los
«Tres Grandes» en Yalta (que se habría de constituir por la fusión entre el comité establecido en Varsovia, dominado por los comunistas, y
representantes destacados de la emigración occidental), Truman no
aceptó que el régimen de Varsovia, no reconocido por las potencias occidentales, representara a Polonia en la primera Conferencia de las
«Naciones Unidas» en San Francisco [45]. (Así pues, Polonia no fue uno

[43] Erdmann, K. D., «Österreich in den Kriegszielplanungen der Alliierten. Die
Entstehung der Zweiten Republik», en Id., Die Zeit der Weltkriege (= Gebhardt,
Handbuch der deutschen Geschichte, vol. IV, 2), Stuttgart ⁹1976, pp. 626 y ss.; Rau-
chensteiner, M., 1945. Entscheidung für Österreich, Graz-Viena-Colonia 1975.
[44] Djilas, M., Der Krieg der Partisanen. Memoiren 1941-1945, ibid., p. 574.
[45] Goodrich, L. M. y Simons, A. P., The United Nations and the Maintenance of International Peace and Security, Washington, D. C., 1955.

de los miembros fundadores de la ONU.) En cambio, el gobierno americano accedió, sin consultar a la representación soviética, a la entrada de Argentina en la ONU como miembro fundador, a pesar de que este país no había declarado la guerra a Alemania hasta el 28 de marzo de 1945, después del día límite fijado por las grandes potencias (1 de marzo de 1945) y era, además, considerado por la Unión Soviética un Estado «fascista»; de ese modo pretendía ganarse el mayor número posible de Estados sudamericanos en vistas a la votación necesaria para sacar adelante la concesión de asientos a Ucrania y Bielorrusia en la organización mundial, aceptada por Roosevelt en Yalta. La desconfianza de Stalin se vio absolutamente confirmada cuando, el día de la capitulación de Alemania (8 de mayo de 1945), Truman ordenó limitar estrictamente los envíos a la Unión Soviética en función de la «Ley de préstamo y arriendo» sin anunciarlo previamente. Esta decisión se consideró inevitablemente como un nuevo golpe grave contra la economía soviética, después de la negativa del crédito de 6.000 millones de dólares y tras las discrepancias en el asunto de las reparaciones, y como un intento de poner en dificultades a la Unión Soviética en el terreno en que podía considerarse más vulnerable tras las pérdidas de los años de guerra.

Al contrario que Churchill, que abogaba ahora abiertamente por una postura de enfrentamiento, el gobierno americano estaba interesado por razones políticas, y pensando también en una conclusión lo más rápida posible de la guerra contra Japón, en superar el «punto muerto» en que se encontraban las relaciones americano-soviéticas. Para ello, Truman envió a Moscú ante Stalin a Hopkins, hombre de confianza de Roosevelt, quien procuró despejar el camino para la ya acordada nueva conferencia de los «Tres Grandes» volviendo a mostrarse bien dispuesto en la cuestión de Polonia [46]. Partiendo de la nueva base de que los representantes polacos llegados del exilio para entrar en el «Gobierno de unidad nacional» mostraran una actitud «positiva» hacia los dirigentes comunistas de Polonia, el 28 de junio de 1945 se formó, efectivamente, dicho gobierno en Varsovia. El anterior primer ministro en el exilio, Mikołajczyk, asumió en él ese mismo cargo en funciones de manera puramente decorativa. El reconocimiento de este gobierno por EEUU y Gran Bretaña el 5 de julio de

---

[46] Feis, H., *Zwischen Krieg und Frieden. Das Potsdamer Abkommen*, Fráncfort/M. 1962, pp. 77 y ss.

1945 implicaba que se desentendían definitivamente del gobierno polaco en el exilio.

Sobre los debates de la conferencia de los «Tres Grandes» en Potsdam (17 de julio-2 de agosto de 1945) planeó, como en Yalta, la sombra del problema de Japón [47]. Truman y Churchill habían llegado el 4 de julio al acuerdo de utilizar contra Japón la bomba atómica, desarrollada para entonces en EEUU y probada con éxito en el campo de experimentación de Nuevo México el 16 de julio de 1945, víspera del inicio de la conferencia, de modo que el ataque podía realizarse en breve tiempo; sin embargo, los americanos seguían dudando de si el lanzamiento de las dos bombas disponibles llevaría a los japoneses a capitular, con lo cual se podría renunciar a la cooperación de la Unión Soviética para la derrota de Japón. (Según los planes militares de EEUU, la conquista de las principales islas japonesas se prolongaría hasta mediados de 1946.)

Hasta entonces, Stalin había ignorado todos los esfuerzos del gobierno japonés para lograr, con la mediación de la Unión Soviética, una paz que evitar la «capitulación incondicional» ante EEUU y Gran Bretaña. A partir del terrible ataque aéreo americano a Tokio desde Saipán y Guam, el 9/10 de marzo, tras el cual quedó destruida una cuarta parte de los edificios de la ciudad y hubo que lamentar cerca de 84.000 muertos, y, sobre todo, desde el desembarco norteamericano en Okinawa (islas Ryukyu) el 1 de abril de 1945, el gobierno japonés buscó la manera de escapar de una situación que desde tiempo atrás creía desesperada [48]. El 5 de abril de 1945, la Unión Soviética, pasando por alto los constantes intentos de acercamiento realizados por Japón, denunció, sin que nadie lo esperara, el pacto de neutralidad firmado el 13 de abril de 1941, lo que provocó la dimisión del gabinete Koiso y la formación de un nuevo gobierno presidido por el almirante Suzuki. Togo fue nombrado de nuevo ministro de Asuntos Exteriores, como en 1941/42; por su anterior cargo de embajador en Moscú disponía de buenos contactos con los dirigen-

---

[47] *Foreign Relations of the United States, Diplomatic Papers. The Conference of Berlin (The Potsdam Conference), 1945*, 2 vols., Washington, D. C. 1960; Fischer, A. (ed.), *Teheran-Jalta-Potsdam, ibid.*, pp. 199 y ss.; Deuerlein, E., *Deklamation oder Ersatzfrieden? Die Konferenz von Potsdam 1945*, Stuttgart-Berlín-Colonia-Maguncia 1970.

[48] Butow, R. J. C., *Japan's Decision to Surrender*, Stanford/Calif. 1954; Hattori, T., «Japans Weg aus dem Zweiten Weltkrieg», en Hillgruber, A. (ed.), *Probleme des Zweiten Weltkrieges*, Colonia-Berlín 1967, pp. 389 y ss.

tes soviéticos [49]. Pero este nuevo intento también resultó fallido, y tampoco tuvo eco entre los aliados la declaración presentada el 6 de mayo de 1945, donde se decía que, por la decisión del gobierno de Dönitz de capitular, Alemania había quebrantado todos los acuerdos firmados entre los socios del «Pacto tripartito» que carecían, por tanto, de toda validez [50]. El 26 de julio, los «Tres Grandes» lanzaron desde Potsdam un ultimátum al gobierno japonés para que aceptara una capitulación incondicional, sin tener en cuenta el mensaje transmitido por Togo al gobierno soviético el 21 de julio, en el que decía que Japón estaba dispuesto a capitular con tal de que continuara la monarquía. La respuesta al ultimátum, que aludía de nuevo a la continuidad de la monarquía, fue declarada insuficiente. Stalin, además, aceptó por fin la invitación presentada otra vez por los aliados occidentales para participar en la guerra contra Japón, lo cual, sin embargo, estaba condicionado a un acuerdo sobre las cuestiones europeas —basada nuevamente en concesiones de las potencias occidentales—. El cese de Churchill en el cargo de primer ministro británico, tras las elecciones a la Cámara Baja ganadas por el Partido Laborista el 27 de julio, facilitó el juego a Stalin. Atlee, nuevo primer ministro, necesitaba, como Truman, que el encuentro se desarrollara con éxito —aunque hubiera de basarse en fórmulas de compromiso.

Los acuerdos fundamentales se refirieron a un «paquete» de compromiso presentado el 30 de julio por el nuevo ministro americano de Asuntos Exteriores, Byrnes, que sacó a la conferencia de una grave crisis y fue aceptado por Stalin [51]. Los «Tres Grandes» estuvieron de acuerdo en considerar a Alemania como una «unidad económica» durante el periodo de ocupación, silenciando los planes de «desmembramiento». No se nombraría un gobierno central alemán «hasta nueva orden», pero, al «amparo» del Consejo de Control Aliado, se crearían «algunos puestos importantes de administración central alemana» presididos por «secretarios de Estado». Estas resoluciones eran señal de la intención de permitir que se mantuviera la unidad alemana; pero, en la práctica, fueron cuestionadas por la regu-

---

    [49] Togo, Sh., *Japan im Zweiten Weltkrieg. Erinnerungen des japanischen Außenministers 1941-1942 und 1945*, Bonn 1958.
    [50] Martin, B., *Deutschland und Japan im Zweiten Weltkrieg, ibid.*, p. 220.
    [51] *Foreign Relations of the United States, The Conference of Berlin*, vol. II, *ibid.*, p. 1151; Deuerlein, E., *Deklamation oder Ersatzfrieden? Die Konferenz von Potsdam 1945, ibid.*, p. 149.

lación de las demandas soviéticas de reparación acordadas en el compromiso de Byrne. En él se dejaba sin fijar el monto total, en previsión de que la Unión Soviética se considerara satisfecha confiscando la producción corriente de su zona de ocupación y los capitales depositados en los países europeos que habían quedado bajo su dominio. Además, se acordó que se cediera a la Unión Soviética el 15% de los equipos industriales confiscados con fines de reparación en las tres zonas occidentales (a cambio de envíos de alimentos desde la zona soviética), así como el 10% del equipo industrial de las zonas occidentales «innecesario para la economía de paz alemana» (sin contraprestaciones). De este modo, a despecho de la fórmula de la «unidad económica» de Alemania, se crearon en lo que quedaba del territorio alemán dos esferas económicas separadas entre sí (la zona soviética, por un lado, y las occidentales, por otro). Se perfilaba así una división de Alemania por la línea de demarcación este-oeste en el momento mismo en que las tres principales potencias vencedoras renunciaban retóricamente a sus planes de «desmembramiento». Por otro lado, Francia, la cuarta potencia, que había quedado excluida de la conferencia de Potsdam y era corresponsable de Alemania en el futuro, se adhirió a las decisiones de los «Tres Grandes» pocos días después de publicarse las principales decisiones de la conferencia en el comunicado final del 2 de agosto de 1945 (designada equivocadamente en muchas ocasiones como «Acuerdo de Potsdam») pero excluyó expresamente de su adhesión los párrafos referidos a la unidad de Alemania [52].

El compromiso de Byrne recogía también la fórmula hallada para el problema de la frontera germano-polaca. Se acordó «que hasta la fijación definitiva de la frontera occidental de Polonia, los antiguos territorios alemanes situados al este de la línea que corre desde el Mar Báltico inmediatamente al este de Swinemünde y, desde este punto, a lo largo del Oder hasta la desembocadura del Neisse occidental, y a lo largo de del Neisse occidental hasta la frontera checoslovaca... se sometiera a la administración del Estado polaco y no fuera considerada al respecto parte de la zona de ocupación soviética en Alemania». En las «próximas regulaciones de paz», EEUU y Gran

---

[52] Abendroth, W., «Frankreich und das Potsdamer Abkommen», en *Zeitschrift für Politik*, nueva col., 1 (1954), pp. 71 y ss.; Albertini, R. von, «Die französische Deutschlandpolitik 1945-1955», en *Schweizer Monatshefte*, 35 (1955/56), pp. 364 y ss.

Bretaña deseaban «apoyar», además, la demanda soviética de que el norte Prusia oriental pasara a la URSS, junto con Königsberg.

A pesar de haber quedado formalmente «en suspenso», la decisión de ceder a Polonia y la Unión Soviética los territorios alemanes del este fue, de hecho, un asunto zanjado. Así se dedujo también de las normas para la expulsión de los alemanes de Centroeuropa (anticipada ya en cierta medida por la huida de una gran parte de la población alemana del este ante el Ejército Rojo) [53]. Según el artículo XIII del Comunicado de Potsdam, «la expulsión de alemanes de Polonia, Checoslovaquia y Hungría» debería desarrollarse «de forma ordenada y humana». Según su expresión textual, este pasaje parecía referirse sólo a Polonia en las fronteras del 1 de septiembre de 1939, pero las delegaciones presentes en Potsdam estuvieron de acuerdo en que en él se aludía a «Polonia, incluidos los territorios administrados».

La ilusoria esperanza puesta por los occidentales en la promesa soviética de que «a comienzos de 1946» se celebrarían en Polonia elecciones generales pareció compensar, al menos en parte, las amplias concesiones territoriales y étnicas —con la línea Oder-Neisse Stalin obligó a que se aceptara la frontera más corta entre Alemania y Polonia, ligó a ésta aún con mayor fuerza a la Unión Soviética y consolidó una situación de enemistad duradera entre ambos países (o ésas fueron, sin duda, sus pretensiones)—. No obstante, durante la Conferencia de Potsdam, Stalin hizo la siguiente observación refiriéndose a Polonia, y también a Rumanía y Bulgaria (cuyos gobiernos no quería reconocer EEUU, pues no respondían a la voluntad mayoritaria de la población): «Un gobierno libremente elegido en cualquiera de estos países sería antisoviético, cosa que no podemos permitir» [54]. Estas palabras aludían a una realidad precisa: el intento de Stalin de proteger la Unión Soviética mediante un amplio glacis de Estados con una configuración socialrrevoluconaria impuesta «desde arriba», frente a la zona de influencia de los aliados en Europa occidental, y no permitir ningún «influjo» de éstos en los territorios sometidos a «su» poder.

Nada más concluir la Conferencia de Potsdam se tomaron las resoluciones que llevaron con gran rapidez a la finalización de la gue-

---

[53] Schieder, Th. (ed.), *Dokumentation der Vertreibung der Deutschen aus Ostmitteleuropa*, 5 vols., Groß-Denkte-Wolfenbüttel 1954-1961; Zayas, A. M. de, *Die Anglo-Amerikaner und die Vertreibung der Deutschen. Vorgeschichte, Verlauf, Folgen*, Múnich ⁶1981.

[54] Warth, R. D., *Soviet Russia in World Politics*, Londres 1963, p. 320.

rra en el este asiático. El 6 de agosto de 1945 se efectuó el lanzamiento de la primera bomba atómica sobre Hiroshima: el 80% de la ciudad quedó destruido, murieron más de 90.000 personas y otras 40.000 quedaron gravemente heridas (con efectos duraderos). Tres días después (9 de agosto), tuvo lugar el lanzamiento de la segunda bomba, sobre Nagasaki, que causó 40.000 muertos y 60.000 heridos. El lanzamiento de ambas bombas fue ordenado por Truman con el objetivo primordial de forzar a Japón a abandonar la lucha; sin embargo, el lanzamiento de las bombas tenía también otra función en el marco del creciente enfrentamiento con la Unión Soviética [55]: la baza ganadora tecnológica y política debería poner en evidencia la enorme superioridad adquirida ahora por la potencia mundial norteamericana.

El mismo día 9 de agosto, fecha del lanzamiento de la segunda bomba atómica, comenzó la guerra contra Japón, declarada el día anterior por la Unión Soviética, con una incursión del Ejército Rojo en Manchuria y Corea, así como con el desembarco en las islas Kuriles [56]. El 10 de agosto, bajo la impresión de esta triple catástrofe, política, militar y tecnológica, el emperador Hirohito ordenó cursar una oferta de capitulación a los aliados en la que, una vez más, se aludía, si bien con restricciones, a la cláusula de reserva relativa a los derechos del emperador [57]. El 14 de agosto, el gobierno japonés aceptó la respuesta enviada por los aliados del 11 de agosto, que hablaba de la instauración de un gobierno militar aliado en Japón y soslayaba la cuestión del emperador, considerada fundamental por parte japonesa, al designar al Tenno como responsable del cumplimiento de los acuerdos de Potsdam, quedando así despejado el camino para la capitulación de Japón. No obstante, a la Unión Soviética no le interesaba que ésta se llevara a efecto con prontitud.

El mismo 14 de agosto de 1945, cuando la capitulación de Japón era segura, se firmó en Moscú un «Acuerdo de amistad y alianza» de una duración de treinta años entre la Unión Soviética y el «Gobierno nacional» del mariscal Chang Kai-chek, al que éste se vio obligado a acceder por presiones de EEUU [58]. La firma del tratado, que incluía

[55] Así lo recalca con fuerza Alperovitz, G., *Atomare Diplomatie*, Múnich 1966. Giovannitti, L. y Freed, F., *Sie warfen die Bombe*, Berlín s. a. (1966).
[56] *Geschichte des Großen Vaterländischen Krieges der Sowjetunion*, vol. V, *ibid.,* pp. 648 y ss.
[57] Hattori, T., *Japans Weg aus dem Zweiten Weltkrieg, ibid.,* p. 417.
[58] Desde la perspectiva soviética: Truchanowski, W. G. (ed.), *Geschichte der inter-*

todas las concesiones humillantes para China fijadas por los «Tres Grandes» en el acuerdo secreto de Yalta, tuvo lugar bajo la impresión producida por el impetuoso avance del Ejército Rojo en Manchuria y las provincias adyacentes del norte de China. Además, los dos ejércitos comunistas comandados por Mao, que presionaban desde sus bases en el extremo nororiental de China en dirección a Nankín y Shangai, se habían unido al avance soviético con el fin de apoderarse de la mayor parte del territorio chino retenido hasta entonces por los japoneses. Sin embargo, el 25 de agosto fueron los ejércitos de Chang Kai-chek y no los comunistas los que penetraron en Nankín y, al día siguiente, también en Shangai; por otra parte, el 9 de septiembre de 1945, el ejército japonés de China, con 1 millón de hombres aproximadamente, capituló ante el «Gobierno nacional» de Chang Kai-chek, que había regresado de Chungking a Nankín. El «Ejército de Guandong» en Manchuria había capitulado ya ante el Ejército Rojo el 21 de agosto. Los soviéticos ocuparon al día siguiente Dairen y Port Arthur con fuerzas aéreas. La capitulación general japonesa tuvo lugar el 2 de septiembre de 1945 en la bahía de Tokio a bordo del acorazado de combate «Missouri».

En su «Orden general núm. 1» del 15 de agosto de 1945, el comandante en jefe norteamericano y futuro gobernador general de Japón, MacArthur, citaba ya los territorios que serían ocupados por cada una de las potencias vencedoras —tras la aceptación de la capitulación por las tropas japonesas que se encontraran en ellos [59]. A la Unión Soviética le correspondieron Manchuria y otras partes del noreste chino (Mongolia interior), así como Corea al norte del paralelo 38 y Sajalin meridional. Este arreglo excluía en la práctica a la Unión Soviética de participar en la capitulación de las principales islas japonesas y no mencionaba tampoco las Kuriles, que le habían sido asignadas en el acuerdo secreto de Yalta. El 18 de agosto respondió Truman a una reclamación de Stalin al respecto exponiéndole su deseo de disponer de bases aéreas norteamericanas en una de las Kuriles situadas en la parte más central del archipiélago [60]. La ne-

---

nationalen Beziehungen 1939-1945, Berlín (este) 1965, pp. 359 y ss.; desde la perspectiva de la China nacionalista: Chang Kai-chek, Sowjetrußland in China, Bonn 1959.

[59] Truman, H. S., Memoiren, vol. I, Stuttgart-Berna 1955, pp. 458 y ss.; Feis, H., Japan Subdued. The Atomic Bomb and the End of the War in the Pacific, Princeton/N. J. 1961.

[60] Briefwechsel Stalins mit Churchill, Attlee, Roosevelt und Truman, ibid., pp. 773 y s.

gativa rigurosa —y comprensible— puso fin a este incidente indicativo de la nueva confianza que los americanos tenían ahora en sí
mismos.

El rechazo de la solicitud de Stalin para participar en la ocupación de las islas principales de Japón y, por tanto, en el control sobre el país mediante su presencia en la mitad septentrional de la isla
de Hokaido, junto con su empeño en mantener una soberanía exclusiva sobre las Kuriles, sería fundamental para la situación de posguerra en Extremo Oriente. En una conferencia de prensa mantenida
en Washington el 16 de agosto de 1945, Truman se reafirmó en su
idea de que el mando supremo norteamericano controlara de forma
ilimitada las principales islas japonesas y excluyó así definitivamente
a la Unión Soviética de intervenir en el destino de Japón [61]. Era evidente que Truman consideraba la cesión de las Kuriles y Corea del
Norte como una especie de «compensación» por la breve participación de la Unión Soviética en la guerra. El núcleo del Japón fue incluido, en cambio, como un todo dentro de la zona de control norteamericana y se convirtió en bastión estratégico de EEUU ante el
continente asiático, frente al Extremo Oriente soviético.

Durante los días de la capitulación japonesa se perfiló también el
grave e inevitable conflicto provocado por la insistencia de las potencias coloniales de Gran Bretaña, Francia y Holanda en regresar a sus
posesiones del sureste asiático y cuyas repercusiones llegarían hasta
muy entrada la posguerra: su enfrentamiento con los movimientos
nacionales de todos estos territorios, consciente de su propia fuerza [62]. El día de la capitulación general de Japón, 2 de septiembre de
1945, el dirigente de los partisanos del «Viet-Minh» en Indochina,
Ho Chi-min, declaró la independencia de la «República democrática
del Vietnam»; Sukarno le siguió en Java con la declaración de la independencia de Indonesia. Los británicos, que entraron enseguida en
Saigón y Batavia con las pocas tropas de que disponían en representación de los franceses y los holandeses, que al principio no contaban
con ninguna, fueron los primeros en verse ante la irresoluble tarea de
disponer el restablecimiento de los regímenes coloniales. El acuerdo
con Chang Kai-chek por el que tropas nacionalistas chinas habrían
de ocupar el norte de Indochina hasta el paralelo 16, mientras que

---

[61] Deane, J. R., *Ein seltsames Bündnis*, Viena s. a., p. 264.
[62] Sarkisyanz, E., *Südostasien seit 1945*, Múnich 1961.

en el sur los franceses reemplazarían a los británicos lo más pronto posible, fue una solución evidentemente muy provisional. El dirigente nacionalista indio Bose tuvo un final completamente extraordinario [63]. Al enterarse el 10 de agosto de la noticia de la disposición de Japón a capitular, decidió volar junto con su gobierno provisional de Singapur a la Unión Soviética con el fin de provocar con la ayuda de este país la caída del dominio británico en la India, como lo había planeado ya en otra ocasión, en la primavera de 1941, cuando acabó marchando a Berlín tras pasar por Kabul y Moscú (pues la Unión Soviética no había mostrado interés por sus planes). Pero el 18 de agosto de 1945, su aparato cayó en Taipeh (Formosa) durante su vuelo a Manchuria, adonde había penetrado entretanto el Ejército Rojo. Bose murió a consecuencia de las quemaduras sufridas.

El futuro de China era de bastante más importancia que lo sucedido en el sureste asiático. La actitud de la Unión Soviética siguió siendo ambivalente. Un causa de ello fue su anterior postura ambigua hacia los comunistas chinos dirigidos por Mao Tse-tung. Pero, sobre todo, ni soviéticos ni norteamericanos se hacían una idea clara de la relación de fuerzas entre los dos partidos de China, enfrentados en una guerra civil latente todavía en ese momento [64]. Desde el punto de vista de la Unión Soviética, el «pacto» acordado el 14 de agosto de 1945 con Chang Kai-chek tenía, además, el sentido de impedir que el mariscal se ligara totalmente a EEUU como consecuencia inevitable de una decisión unilateral de la Unión Soviética en favor de los comunistas chinos. Lo más problemático para la Unión Soviética habría sido la instalación permanente en China de fuerzas americanas, aunque no pasaran de un contingente reducido. La infantería de marina americana desembarcó, en efecto, el 30 de septiembre de 1945 en el norte de China y entró seguidamente en Pekín. El reforzamiento de estas tropas hasta la cifra de 140.000 hombres pareció significar un compromiso americano a largo plazo en previsión de un estallido de las tensiones entre Mao Tse-tung y Chang Kai-chek. Sin embargo, el 10 de octubre de 1945, las presiones americanas y soviéticas sobre ambas partes llevaron a Chang Kai-chek y Mao Tse-tung a acordar una tregua, de manera que las tropas americanas volvieron a

    [63] Voigt, J. H., *Indien im Zweiten Weltkrieg, ibid.,* p. 294.
    [64] Truman, H. S., *Memoiren,* vol. I, *ibid.,* pp. 466 y ss.; Hillgruber, A., *Sowjetische Außenpolitik im Zweiten Weltkrieg,* Königstein/Ts.-Düsseldorf 1979, pp. 148 y ss.

abandonar China. El objetivo principal de la Unión Soviética en este periodo de transición fue impedir que EEUU pusiera pie en el continente chino desde Japón y Corea del Sur. Esto habría significado la creación de una segunda y extensa zona de enfrentamiento con EEUU que se sumaría al «frente» de Centroeuropa —y, en caso de conflicto, el peligro de que EEUU explotara al máximo el potencial de China—. La capitulación japonesa supuso sólo la conclusión de una etapa, tanto en China como en el sureste asiático, y no el final de la lucha por la liberación del dominio colonial y, al mismo tiempo, por la dirección del conjunto de Estados del este y sureste de Asia.

Capítulo IX
BALANCE

Los proyectos políticos y las concepciones estratégicas de las grandes potencias implicadas en la Segunda Guerra Mundial se entrecruzaron, se recortaron y estuvieron, en parte, en contacto y han sido el centro de nuestra exposición. ¿Qué consecuencias tuvieron el desarrollo y el resultado de dicha guerra para esas potencias y para el sistema internacional en conjunto? [1]

En el caso de Gran Bretaña, la continuación de la decadencia de su condición de potencia mundial, lograda entre 1815 y 1860 y en la época «clásica» del imperialismo, durante el último tercio del siglo XIX —tras una fase de reformas internas— y puesta ya en cuestión en la Primera Guerra Mundial, había quedado confirmada con su decisión de entrar en guerra en 1939. Dos fueron los factores que, en cualquier caso, actuaron en su contra:

Al margen del resultado de la guerra en Europa, era impensable una recuperación de la influencia británica en el este de Centroeuropa como la que siguió a la Primera Guerra Mundial a consecuencia del debilitamiento de Rusia por la guerra y la Revolución, que hizo posible de nuevo durante dos décadas un renacimiento tardío del *ba-*

---

[1] Me inspiro en buena medida en Hillgruber, A., «Eine Bilanz des Zweiten Weltkrieges aus der Sicht der kriegführenden Mächte», en *Id., Deutsche Großmacht und Weltpolitik im 19. und 20. Jahrhundert, ibid.,* pp. 350 y ss.

lance of power en Europa. Tal recuperación no era posible ni en el
caso de una victoria de Alemania ni en el de un triunfo de Gran Bretaña, que sólo podría lograrse con ayuda de la Unión Soviética (o si
ésta se decidía a atacar por su cuenta). Era, pues, imposible recuperar
en cualquiera de los dos casos aquel equilibrio europeo dirigido de
manera indirecta por Gran Bretaña y considerado tradicionalmente
condición para una política mundial británica activa, a pesar de que
tal axioma había resultado problemático ya desde la Primera Guerra
Mundial. Éste es el trasfondo sobre el que se ha de interpretar la de-
batida política de *appeasement* practicada por Gran Bretaña en los
años treinta, entendiéndola como una estrategia basada en un realis-
mo político que pretendía salvaguardar su imperio mundial con medios insuficientes a largo plazo y afrontar, al mismo tiempo, el reto
del cambio interno en consonancia con el sistema. De acuerdo con lo
que había sido la tradición británica desde 1815, la política de poder
iba ligada a ciertas exigencias morales, que en los años treinta equi-
valían a una exigencia de paz en grandes zonas de Europa y del
mundo.

   Para poder afianzarse en Europa, Gran Bretaña se había visto
obligada ya en la guerra de 1914/18 a mostrar buena voluntad hacia
los dominios de población blanca, pero también hacia los pueblos de
las colonias, y aceptar —aunque fuera de forma limitada— una miti-
gación de su Imperio. Esta tendencia a la independencia caracterizó
el periodo de entreguerras. Como era de esperar, Gran Bretaña volvió a encontrarse en la Segunda Guerra Mundial ante la necesidad
de ceder. En la crisis de los años 1941/42, el gobierno británico tuvo
que prometer la independencia de la India para la posguerra con el
fin, al menos, de poder contener así una sublevación que estaba a
punto de estallar, pues no se había concedido la independencia inmediata, e impedir que la India pasara al campo de las potencias del
«Pacto tripartito». En general, la necesidad de explotar las posibilidades de la Commonwealth y las colonias para las propias actividades
de guerra británicas tuvo como consecuencia que en gran parte en
esa organización se impusieran a partir de ese momento las fuerzas
centrífugas, que Canadá, Australia y Nueva Zelanda emprendieran su
propio camino y se apoyaran en caso de amenaza en EEUU —como
en 1942 ante el avance de los japoneses—, por más que los conservadores británicos, con Churchill a la cabeza, se opusieran a estas tendencias disolventes.

A todo ello se sumó una tercera fuerza de carácter decisivo. En 1940, en el punto culminante de los éxitos alemanes en el continente europeo, Gran Bretaña se vio definitivamente ante la alternativa, presente ya desde tiempo atrás en forma latente, de convertirse en «socio menor» de una «potencia mundial» alemana de características muy singulares, o someterse a la hegemonía de EEUU, lo cual equivalía, asimismo, a hacerse «socio menor» de alguien más fuerte, aunque de manera distinta. Por razones tradicionales e históricas, y también de principio, Gran Bretaña no podía tener en cuenta la primera solución. Tras algunas dudas y vacilaciones, el gobierno de Chamberlain se decidió a declarar la guerra con el fin de escapar de la previsible dependencia de una Alemania extraordinariamente grande de características hitlerianas, y no por salvar a Polonia. La determinación de apoyarse en EEUU, tomada en el verano de 1940, fue, pues, una decisión lógica (y atestigua la continuidad de la línea fundamental de la política británica, incluso en la transición de Chamberlain a Churchill), aunque Chamberlain había querido evitarla durante la época del *appeasement*, hasta el verano de 1939, pues disponía de una mayor capacidad de maniobra, a pesar del tratado de comercio británico-americano de 1938. Sin embargo, a medida que se prolongara la guerra y fuera más evidente que habría de suponer un esfuerzo colosal para Gran Bretaña, la igualdad de rango mantenida todavía en la Primera Guerra Mundial y en el periodo de entreguerras y la «división del trabajo» entre Gran Bretaña y EEUU, importante, por ejemplo, en el terreno de la estrategia mundial y por la que el Atlántico se encomendaba al socio británico con el fin de que dispusiera de amplia seguridad estratégica, daría necesariamente paso a una subordinación, no deseada pero inevitable, a los objetivos de la política mundial de EEUU. Los resultados inesperados de las elecciones británicas de julio de 1945, que forzaron la retirada de Churchill, defensor de la antigua tradición imperial, a pesar de su triunfo en la guerra contra Hitler, y entregaron la dirección de Gran Bretaña al Partido Laborista, que insistía en la introducción de reformas sociales, contentándose al mismo tiempo con una concepción más modesta en política exterior (aunque siguiera siendo imperial), mostraron que la mayoría de los británicos aceptaba la retirada a un segundo rango entre las potencias y —siguiendo una tradición británica— procuraba adaptarse a la nueva situación mediante reformas internas.

Al establecer una comparación con esta línea seguida por Gran

Bretaña, resulta perfectamente natural considerar los efectos de la Segunda Guerra Mundial desde la perspectiva de la serie de rupturas abruptas y a menudo revolucionarias producidas en la historia de Francia a partir de la gran Revolución. En pocos años se habían producido dos profundas fisuras, por un lado, el hundimiento de la Tercera República en 1940, sorprendentemente rápido para todas las potencias beligerantes o aún «no beligerantes» en aquel momento y, por otro, el hecho de que al concluir la guerra, en 1945, Francia no sólo se halló en el lado de los vencedores, sino que éstos le volvieran a otorgar, aunque con ciertas limitaciones, el reconocimiento de gran potencia. Estas dos rupturas dieron pie a la ambivalencia, tan característica de la política francesa en las siguientes décadas, entre una apreciación sobria y realista de las circunstancias, junto con las limitadísimas posibilidades con que aún contaba Francia, y la exaltación de su propia grandeza, unida a una sobrevaloración del papel del país en la política mundial. Es cierto que el general De Gaulle aparece en gran medida como responsable de todo ello, pero, en última instancia, no pasaba de ser el representante más conspicuo de una actitud básica muy extendida. La ambivalencia resultante caracterizaba tanto la política francesa en Europa como la política colonial y de ultramar de Francia, con consecuencias casi más graves. Los esfuerzos por lograr una autonomía en el marco de la «coalición antihitler», sostenidos por De Gaulle incluso en los años de más profunda debilidad de Francia y a costa de muchas humillaciones, culminaron en 1944/45 en el interés tanto de Gran Bretaña como de la Unión Soviética por hacer que se le concediera el reconocimiento de socio de igual rango en el continente europeo. El objetivo de esta política oportunista era poner en el platillo de la balanza del este o el oeste el peso supuestamente decisivo de Francia tanto contra un resurgimiento del Reich alemán, del carácter que fuera, como contra la preponderancia anglosajona.

Sin embargo, la desproporción ente el querer y el poder era tan evidente ya en 1945 que una alianza exclusiva con Francia sólo podía tener una importancia de segundo orden, tanto para la Unión Soviética como para EEUU y Gran Bretaña. Quienes abogaban en EEUU por una vía de cooperación con la Unión Soviética no podían considerar a Francia como alternativa global debido a su debilidad; por otro lado, para los exponentes de un enfrentamiento con los soviéticos, la incorporación de Francia al bloque «occidental» era, en cualquier caso, naturalmente lógica, no en función de convenios especiales, sino porque, en el caso de agravarse las relaciones entre este y oeste, Francia no podría optar por otra solución. Si Francia hubiese concedido libertad e independencia a sus colonias —según lo había anunciado De Gaulle programáticamente, aunque de manera vaga, durante la guerra—, habría conseguido hasta cierto punto mayor libertad de movimiento en Europa. Sin embargo, en 1945, en el momento de la victoria, se impusieron las fuerzas inmovilistas del sector colonial francés dominante, repitiendo así por última vez la escisión característica desde la época de Luis XIV entre un compromiso en el continente europeo y una implicación en las colonias. Dichas fuerzas intentaron restaurar el Imperio colonial, en contra del «espíritu del tiempo», designio que inmovilizó a Francia durante quince años en territorios muy alejados de Europa (Indochina y, luego, Argelia), la incapacitó considerablemente para actuar en política exterior y la hizo más dependiente de EEUU de lo que ya era inevitable de por sí, dada la relación de fuerzas en la política mundial.

Así pues, tanto Gran Bretaña como Francia formaron parte del grupo de potencias que hubieron de pagar su participación en la victoria sobre Alemania con el precio de perder la posición destacada mantenida hasta entonces en el sistema de potencias, pero que, a cambio de dicho precio, lograron salvaguardar su libertad interna y conservar así la posibilidad de ejercer nuevas funciones como «potencias medias» [2] en la política mundial. En cambio, las dos principales potencias vencedoras, la Unión Soviética y EEUU, a pesar de haber ascendido definitivamente a la condición de potencias mundiales, como ya lo había profetizado, entre otros, Tocqueville un siglo antes al hablar de Rusia y América, en función de su potencial incomparable, se vieron afectadas de muy distinta manera por lo que podríamos designar como consecuencias políticas ambivalentes derivadas de cualquier gran victoria militar.

Éste fue precisamente el caso de la Unión Soviética. El fundamento de su política exterior, establecido desde la década de 1920, según el cual la Unión Soviética se hallaba frente a un círculo de potencias «imperialistas», es decir, hostiles por principio al sistema comunista, no había perdido ni un ápice de su significado en el curso

---

[2] Schieder, Th., «Die mittleren Staaten im System der großen Mächte», en *Historische Zeitschrift*, 232 (1981), pp. 583 y ss.

de la Segunda Guerra Mundial, a pesar de los cambios ocurridos en
la constelación de fuerzas y en el papel que tuvo en ellos la Unión
Soviética. Así pues, la política exterior soviética se había propuesto
consecuentemente ya durante el conflicto la tarea de conseguir mediante esfuerzos diplomáticos y una adecuada intervención del Ejército Rojo mayor libertad de movimientos para sus actividades internacionales y su estrategia —más necesaria ahora, en vista del brusco
desarrollo de la técnica militar— en la situación previsible a grandes
rasgos para Europa y el mundo en la posguerra. Aunque su intento
acabaría en fracaso, Stalin había procurado en 1939, mediante el pacto con Hitler, enfrentar entre sí a las potencias «imperialistas» y hacer que se agotaran mutuamente mientras él se mantenía en posición
de espera; de ese modo podría poner todo el peso de la Unión Soviética en la balanza de una futura confrontación con las potencias «imperialistas» que aún subsistiesen según la situación que se perfilaba
para la posguerra.

Pero la conmoción provocada por el ataque alemán el 22 de junio de 1941 y las derrotas del Ejército Rojo en el medio año siguiente, hasta la batalla de Moscú, que casi desembocaron en una catástrofe total, habían puesto punto final a sus cálculos. Los éxitos militares
obtenidos a partir de 1942 con los mayores sacrificios y la perseverancia de Stalin, tan sensata y racional, a grandes rasgos, como brutal
y astuta, acabaron dando, no obstante, a la Unión Soviética las ganan-
cias más importantes logradas por las potencias vencedoras, a pesar
de que su territorio fue, con mucho, el más afectado por la guerra.
Los aproximadamente 20 millones de muertos (frente a 259.000 de
EEUU y 386.000 de Gran Bretaña) y la devastación de extensas regiones en el oeste del país fueron un precio extraordinariamente alto
para pagar el giro que le condujo desde el borde mismo de la catástrofe, en 1941, al triunfo, en 1945. La posición dominante conseguida
por la Unión Soviética en Europa hasta los ríos Elba y Werra destru-
yó a largo plazo la posibilidad de que resucitaran en el este y sureste
de Europa central las antiguas combinaciones antisoviéticas al estilo
de los años veinte y treinta. Una condición importante para ello fue
la transformación social revolucionaria, subordinada a la seguridad
estratégica y puesta incluso a su servicio, que afectó a un amplio cin-
turón de países más allá del territorio soviético, extendido, además,
hacia el oeste (es decir, en el ámbito del antiguo *cordon sanitaire* y de
las zonas pertenecientes a Centroeuropa en sentido estricto antes de

1939). En cambio, el proyectado anillo de seguridad más exterior, formado por una amplia zona de amortiguación neutral o susceptible de «neutralización», situada entre el imperio soviético, ampliado por partida doble, y la zona de influencia occidental desde Escandinavia hasta Italia pasando por el resto de Alemania (en las fronteras fijadas por el «tratado» de Potsdam), sólo pudo crearse someramente, al haber pasado la política americana de posguerra de la cooperación al enfrentamiento; al final, hubo que optar, pues, por la peor alternativa: un contacto directo con la zona de influencia «occidental» en el punto más neurálgico, Alemania. No obstante, tanto en Europa como en el este de Asia se había ampliado considerablemente la base de partida. En esta segunda zona, dicha base se había acrecentado frente a Japón, ocupado por EEUU, a espaldas, por así decirlo, de la China de Chang Kai-chek, débil y, por tanto, más en consonancia con los intereses de la Unión Soviética que una China dominada por Mao Tse-tung. De este modo, gracias al considerable peso adquirido en conjunto por la Unión Soviética en el marco de la «coalición antihitler», quedaron fijadas las condiciones para su ascenso a la categoría de potencia mundial, cuyas múltiples exigencias determinarían de ahora en adelante la política global soviética.

Los efectos ambivalentes del triunfo de 1945 consistían, sin embargo, en el hecho de que la Unión Soviética, a pesar de la eliminación de las dos grandes potencias «imperialistas», Alemania y Japón, a cuya doble presión se había visto sometida desde la crisis de la economía mundial de principios de la década de 1930, se consideraba otra vez «cercada» por potencias «imperialistas», aunque ahora contara con un espacio mayor que antes de 1939. El perfeccionamiento de la técnica militar, sobre todo el avance cualitativo conseguido por EEUU con las armas nucleares en 1945, eliminaba en parte la ventaja en amplitud territorial conseguida con tanto esfuerzo. La Unión Soviética había alcanzado, además, en Europa una posición «semihegemónica», con todos los riesgos y cargas inherentes desde siempre a esta ambivalente condición y que se manifestaron pronto en las reacciones defensivas de todos los Estados europeos no sometidos al poder soviético, plasmadas en su adhesión directa o indirecta a EEUU, el antagonista de la Unión Soviética en la política mundial. Pero, todavía había algo peor; si antes de la Segunda Guerra Mundial había existido aún la posibilidad de manejar a los distintos grupos de potencias «imperialistas» —los *have-nots* contra los establecidos—,

ahora la superioridad tanto económica como militar y tecnológica de
EEUU como potencia mundial en el círculo de los restantes Estados
«imperialistas» era tal que, al menos durante un tiempo previsible, se
daba por excluido un conflicto entre estas potencias similar al producido en 1939/45. Además, en caso de crisis, la nueva potencia mundial que era EEUU podría reproducir la situación de guerra en dos
frentes desde Centroeuropa y el este de Asia en condiciones distintas
que, de todos modos, no eran fundamentalmente mejores para la
Unión Soviética debido al monopolio atómico americano (o, más tarde, a su superioridad nuclear). En este caso, la Unión Soviética se vería frente a un «bloque imperialista» esencialmente mejor trabado
que, además, en caso grave, recurriría a la baza de hacer un llama-
miento a la libertad de los pueblos reunidos a la fuerza en el imperio
soviético y lo haría, a no dudar, de manera distinta a como lo había
hecho Hitler.

En el proceso de lucha entre las potencias mundiales, que entraba ahora en un nuevo estadio, la Unión Soviética no había conseguido aún en 1945 la libertad de acción como poder político, en el sentido de una auténtica igualdad de oportunidades frente a la potencia
antagonista más fuerte. La ventaja de EEUU fue considerada más
bien como una amenaza; el paso a una actitud de enfrentamiento, dado ya por el presidente Truman en 1945 en el marco de la política
mundial, reafirmó desde el punto de vista soviético este balance de la
guerra, ambivalente a primera vista y sólo susceptible de corrección a
base de nuevos e imponentes esfuerzos. Desde la plataforma conseguida en el este de Centroeuropa en la última fase de la guerra, en
1944/45, la consolidación de la posición soviética en política mundial y en estrategia y técnica militares y su paso a una acción global
sólo podían intentarse tras una «pausa». Pero la Unión Soviética seguía expuesta a los peligros que de siempre habían corrido las potencias territoriales europeas que aspiraron a una hegemonía plena en
Europa, reforzados ahora por el problema de un «segundo frente» en
el este (EEUU con Japón y/o China) y realzados por las dificultades
internas de la delgada capa dirigente del partido de cuadros del comunismo soviético y por las tensiones étnicas dentro del imperio de
la URSS.

Con esto queda dicho de manera indirecta que, por más importancia que concedamos al factor que representaba la Unión Soviética
en la política mundial debido a su victoria de 1945, el país que salió

de la guerra como nación más fuerte y dominante, tanto desde un punto de vista económico como estratégico —en cuanto potencia marítima y aérea— y como potencia mundial notablemente atrayente debido a sus concepciones liberales y democráticas, fue EEUU. En los diez años siguientes, América poseyó en la práctica el monopolio de las armas nucleares o, en cualquier caso, una superioridad tan grande que equivalía a lo mismo. Estados Unidos parecían predestinados a dictar al mundo la paz según sus principios. No obstante, América no estaba preparada para esta situación excepcional que, por primera vez en la historia de la humanidad, ofrecía a una potencia la oportunidad real de erigir un dominio sobre el mundo en sentido literal —al margen del valor que se dé a este concepto—, y en consecuencia no se hallaba en condiciones de utilizarlo en provecho propio. Como había ocurrido con Gran Bretaña en el siglo XIX, lo que correspondía a EEUU en el siglo XX en función de su estructura interna era un dominio informal sobre el mundo.

Este tipo de hegemonía, junto con la esperanza optimista de ejercer gracias a sus ideales un mayor poder de atracción global de forma indirecta, impidió a la actual potencia mundial que era EEUU caer en la tentación de recurrir a su monopolio del poder para establecer un dominio directo sobre el planeta.

Durante la guerra se había podido ya constatar una vacilación entre el objetivo global de imponer una *Pax Americana* («Carta Atlántica», 1941), en la que EEUU ocuparía al menos un lugar preeminente en el mundo, y el ejercicio de función hegemónica relativamente más limitada —en comparación con la anterior— sobre una extensa región que habría de abarcar el doble continente americano, ambos océanos y sus zonas marginales en Europa/África, así como algunas partes del este de Asia. El motivo de esta vacilación fue el error de cálculo, fluctuante con el paso de los años, en la evaluación de la Unión Soviética (entre la idea de *quantité négligeable*, en 1941/42, y de superpotencia por encima de EEUU, al menos en Europa, en 1943/ 44). Cuando, tras la batalla de Stalingrado, a comienzos de 1943, se vio con claridad en el lado americano que la Unión Soviética saldría de la guerra como un factor de poder de primera magnitud, en contra de lo que hasta entonces se había creído, la alternativa a la que hemos aludido —potencia mundial o potencia hegemónica en un gran espacio regional, atlántico y europeo occidental— se asoció en la elección de objetivos al problema de cooperar o enfrentarse a la

Unión Soviética en el periodo de posguerra. En un primer momento, al producirse la victoria en Europa, pareció que, a consecuencia de la muerte del presidente Roosevelt y la inseguridad de su sucesor, Truman, continuaba sin resolverse el problema de la dirección en que se desarrollaría la política americana, a pesar de que la balanza se inclinaba ya por el conflicto y por la formación de un bloque en Occidente —incluso a raíz de algunas decisiones anteriores tomadas todavía en tiempo de Roosevelt, en los primeros meses del año 1945—. Así pues, en cuanto se vio que una modificación territorial a gran escala no sería ya posible sin una nueva catástrofe bélica, resultó evidente que la polaridad de ambos «bloques» y el reparto del continente (que tendría como núcleo la Alemania vencida) era una base de equilibrio esencialmente más estable para garantizar la paz en Europa que el extremadamente inseguro del ordenamiento de 1919/20. La otra opción, meramente aparente incluso tras la Primera Guerra Mundial, entre un retorno al aislamiento en el territorio del doble continente americano y un compromiso permanente en política mundial, quedó ahora definitivamente descartada. Igualmente, la alternativa real de la década de 1920 entre un compromiso político y militar directo o una influencia indirecta en la política mundial bajo el primado de los intereses económicos y financieros —por la que se decidiría América en aquel momento—, no se solucionó ya como se había resuelto entonces en el marco de un «o esto o lo otro», sino en el sentido de «tanto esto como lo otro».

La lógica de la política radical de los objetivos de guerra de la «coalición antihitler», condensada en la fórmula de «capitulación incondicional», que se debía entender como «respuesta» al «reto» del «agresor», implicaba no sólo el debilitamiento de los Estados vencidos sino su total exclusión del círculo de las grandes potencias. No obstante, este resultado se habría producido también de hecho con una paz de compromiso fundada en el *status quo ante*, sin necesidad de extremar hasta ese punto los objetivos de guerra de los aliados. En efecto, tanto el rápido desarrollo de la técnica militar y la estrategia de grandes espacios basada en ella, y que sólo daba oportunidad de «soberanía» en el plano del poder político a Estados de amplitud continental, como la deficiente capacidad para autoabastecerse dentro de sus fronteras nacionales, que afectaba a una serie de potencias consideradas hasta entonces grandes, deficiencia constatada ya en la Primera Guerra Mundial, hacían necesaria una ampliación de la zona de influencia de Estados del tamaño de Alemania, Italia o Japón. Esta ampliación les exigía sobrepasar el marco nacional-estatal, suficiente hasta entonces para consolidar su condición de grandes potencias, si es que pretendían mantenerse a la altura de las potencias «predestinadas» para ello por sus dimensiones y potencial (EEUU y Rusia) y no querían retroceder sin lucha al estadio de Estados medios. El desplazamiento de las fronteras más allá del ámbito de los estados nacionales era, en consecuencia, no sólo el programa de extremistas ideológicos sino también la meta de las fuerzas moderadas entre las clases dirigentes de estos Estados, numéricamente mucho mayores pero que se aferraban a las ideas tradicionales de gran potencia y apoyaban a los extremistas (desde un punto de vista objetivo, en función, precisamente, de su identidad parcial de intereses). La aspiración a mantener o volver a conseguir una «soberanía» política en las nuevas condiciones presentes a mediados del siglo xx era, además, el rasgo básico común, el único eslabón de unión, por así decirlo, entre las tres potencias *have-not*, divergentes, por lo demás, en muchos aspectos. En el campo contrario, la idea de hacerles retroceder a las antiguas fronteras nacionales era un objetivo mínimo, incluso para los grupos más moderados del estamento dirigente de EEUU y Gran Bretaña que, en el curso de la guerra, tras la decepción generada por la oposición alemana contra Hitler (en el invierno de 1939/40), cayeron en el aislamiento hasta el cambio que se fue perfilando en las últimas semanas del conflicto bélico.

Partiendo de estas premisas, el resultado de la guerra significó para las tres grandes potencias vencidas el final de una época histórica: la de su ascenso desde el círculo de Estados medios, interrumpido hasta entonces quizá por algunos reveses pero nunca suspendido por completo, que se había iniciado en las décadas de 1850 y 1860. Su papel de grandes potencias «soberanas» en el marco del sistema europeo o mundial no había durado, por tanto, más de unos 80 o 90 años.

En 1945, la quiebra más profunda a primera vista pero la menos decisiva desde una perspectiva a largo plazo fue la que afectó a Japón, que, a pesar de varias crisis, había experimentado —al parecer— desde la restauración Meiji de 1868 un sorprendente avance que hizo de él una potencia de primera fila. Ahora, con la capitulación, había concluido su función de gran potencia plenamente «soberana» en lo político, fracasando así el primer intento de un Estado «no blanco», asiático, de actuar con igualdad de rango en el círculo de las grandes potencias.

Esto podía interpretarse como un triunfo tardío de sus competidores «blancos». La ola imperialista de las potencias occidentales se había roto contra la resistencia de Japón a finales del siglo XIX, después de que casi todo el planeta hubo caído en parte directa y en parte indirectamente bajo el poder de los «blancos»; el ascenso de Japón a partir de la guerra chino-japonesa y, sobre todo, de la ruso-japonesa se había convertido en símbolo del inicio de la formación de fuerzas opuestas a la exclusividad del dominio «blanco» sobre el mundo —que, en realidad, nunca había sido completo—. No obstante —como pronto se vería—, la derrota de Japón en 1945 no significó el final brusco de una evolución, según se había sospechado en Japón en un primer momento debido a la «desdivinización» del emperador japonés, el Tenno, y a la introducción de muchas ideas e instituciones americanas en parte por la fuerza y en parte de manera casi voluntaria, mediante un proceso acomodaticio de adaptación. Por decirlo metafóricamente, sólo se produjo un «viraje» en otra dirección ligeramente distinta y más moderna. Este cambio se efectuó al amparo de diversos factores: 1.º, la dependencia de una sola potencia vencedora (EEUU); 2.º, las repercusiones de la revolución en China, presagiada ya poco después de concluir la guerra, donde —a consecuencia del resultado del conflicto en curso en el este de Asia desde 1937 y de sus tendencias anticolonialistas concomitantes— se inició bajo Mao Tse-tung el ascenso de un segundo Estado asiático no «blanco» a la posición de gran potencia «soberana», ascenso que Chang Kai-chek había intentado en vano en concomitancia con EEUU desde la conferencia de El Cairo de 1943, y finalmente, 3.º, la nueva valoración de la función de Japón en el seno de la estrategia global de EEUU, derivada de la anterior circunstancia pero iniciada ya antes como consecuencia del enfrentamiento de americanos y soviéticos en Extremo Oriente.

El resultado de todo ello fue un cambio que Japón encauzó hasta hacerlo desembocar en una nueva época de su historia que contenía muchos más elementos tradicionales de lo que se había esperado inmediatamente después de la capitulación de 1945 y que fue posible gracias a la utilización del imponente potencial económico de un gran Estado que ya no era, sin duda, plenamente «soberano», pero que volvía a ser un factor de primer orden. No se puede dejar de advertir cierta similitud con la situación de Alemania después de la Primera Guerra Mundial , como se manifiesta en la obstinada exigencia de revisión de los resultados de la guerra planteada a la Unión Soviética de la que se solicita la devolución de las cuatro islas Kuriles meridionales, situadas en prolongación de la isla de Hokkaido, la más septentrional de las principales.

El caso de Italia fue similar al de Japón en que, tras la derrota, ese Estado sólo hubo de relacionarse con una única potencia vencedora o con un grupo de potencias concordes en buena medida (EEUU/Gran Bretaña), por lo que mantuvo su unidad nacional. A diferencia del camino muy autónomo e independiente recorrido por Japón desde la restauración Meiji, Italia sólo había podido desempeñar su función de gran potencia apoyándose siempre en otras y cobijándose bajo la sombra de alguna más fuerte desde la maquiavélica «entrada» de Cavour en la «gran política» durante la guerra de Crimea, que en la conferencia de paz celebrada en París en 1856, supuso para Cerdeña-Piamonte el reconocimiento de la calidad de cuasi sexta gran potencia. Italia había vivido la mayor parte de este periodo bajo la protección de Gran Bretaña, jugando por último, en condiciones notablemente distintas, la carta de la alternativa de la «triple alianza» en la época de Bismarck y el periodo anterior a la Guerra Mundial, esta vez como «socio menor» de la Alemania de Hitler. Los rudimentos de expansión imperial en los Balcanes y en África, que Italia había esperado desarrollar aprovechando las tensiones entre las demás potencias hasta transformarlos en un imperio Mediterráneo en la Segunda Guerra Mundial con el apoyo de Alemania y partiendo de Libia, su cabeza de puente en la otra orilla del mar, quedaron reducidos a la nada a consecuencia del resultado de la guerra. Italia se vio de nuevo frente a sus difíciles problemas sociales y de política interior que el régimen fascista había sabido obviar durante veinte años. Pero, a diferencia de Japón, Italia no tenía una importancia tan fundamental dentro del sistema de clientelismo americano como para que —al margen de situaciones excepcionales— América, la potencia hegemónica en el Mediterráneo, considerara asunto vital la consolidación de la situación interna del país. En consecuencia, Italia hubo de depender fundamentalmente de sus propias e insuficientes fuerzas y contentarse con el papel de potencia media, como lo había sido también, en el fondo, entre 1861 y 1943.

A diferencia de Japón e Italia, Alemania no se había limitado bajo Hitler al objetivo de alcanzar una posición hegemónica en el interior de un gran espacio regional. Es cierto que también Japón e Italia habían procurado expulsar a las demás grandes potencias de importantes territorios coloniales y bases de operaciones, pero no las habían amenazado en su existencia ni habían intentado acabar con ellas. La singularidad de los objetivos de Hitler residía en que, cuantitativa y cualitativamente, iban más allá de una posición hegemónica de carácter tradicional en una «Centroeuropa» ampliada —como lo había pretendido el Reich alemán en la Primera Guerra Mundial de 1914/18— y se dirigían a lograr una posición de primera potencia mundial desde el estadio previo de potencia mundial, para alcanzar incluso a largo plazo el dominio del mundo en el curso de un «programa gradual». Francia y Rusia deberían quedar eliminadas en cuanto grandes potencias, relegando a la primera a la condición de estado medio dependiente y haciendo de la segunda en su totalidad el objeto de un dominio colonial, de unas «Indias» alemanas. Según la lógica del dogma racista del antisemitismo universal más radical, del darwinismo social y de la doctrina de los «infrahombres», el exterminio de los judíos constituía la consecuencia extrema de mayor alcance, aunque no la única, como se observa al considerar tan sólo el proyecto de desplazamiento forzoso de más de 30 millones de personas del este y centro-este de Europa en aplicación del llamado «Plan general para el Este». Los objetivos de Hitler significaban, desde el punto de vista espacial, la culminación última y ampliación extrema de antiguas concepciones en el marco de la historia de la gran potencia prusiano-alemana. En su núcleo esencial, sin embargo, fueron cualitativamente diversos y constituyeron una ruptura profunda con el pasado alemán. Sin embargo, todo esto pasó notablemente desapercibido durante la guerra en cuanto a sus consecuencias plenas. En efecto: debido al desarrollo del conflicto desde los grandes éxitos iniciales hasta la catástrofe final, pasando por los sucesivos reveses, la realización del programa nacionalsocialista, cuya culminación habría destruido por completo la Europa tradicional, sólo fue posible parcialmente; por otro lado, el hecho de que la mayoría de los alemanes estuviera concentrada en el esfuerzo de guerra, facilitó también el ocultamiento de la «solución final», aplicada en su mayor parte.

Por otro lado, fue muy pronto evidente que, de producirse una derrota, el Reich alemán no se mantendría como gran potencia, a diferencia de lo ocurrido en 1918, pues al contrario de lo sucedido entonces, un alud de potencias hostiles caería sobre el centro de Europa y Alemania desde el este y el oeste; de ese modo, la extinción de la potencia mundial de nuevo cuño que había pretendido Hitler habría de significar al mismo tiempo el fin de la posición de Alemania como gran potencia de carácter tradicional, el fin del Reich de Bismarck. El hecho de que Hitler y su régimen, así como los antiguos grupos dirigentes de la burocracia estatal, la economía, el ejército y la diplomacia, se consideraran a bordo de un mismo barco contribuyó en un primer momento a la dureza y perseverancia de la voluntad de resistencia alemana frente a la alianza hostil (que exigía la «capitulación incondicional»), incluso después de que el resultado estuviera ya decidido en términos generales; luego, cuando fue evidente que la prolongación por tales razones de la guerra ya perdida había permitido la consumación del crimen del exterminio judío (y de muchos crímenes de guerra), hizo que la capitulación se convirtiera en una catástrofe para los alemanes, no sólo militar y política sino también moral.

En ningún otro lugar fue tan grande la discrepancia entre lo pretendido y lo alcanzado como en Alemania —tanto en el caso de Hitler como en el de los alemanes, que se habían obstinado en sus ideas tradicionales de gran potencia o habían creído ingenuamente en la consigna de la «gran lucha alemana por la libertad»—, según se echa de ver desde cualquier perspectiva que se adopte al hacer el balance del último capítulo de su historia. En 1945, la nueva disposición de la política mundial no puso fin sólo a la condición de gran potencia alcanzada por el Reich en la época de Bismarck, al haberse vuelto a cerrar entre este y oeste, por decirlo con una imagen, la puerta abierta para Centroeuropa a raíz de la guerra de Crimea, sino que había sido la condición determinante de los ochenta años de política de gran potencia desarrollada por el Estado prusiano-alemán; tampoco se había perdido sólo una cuarta parte del antiguo territorio del Reich alemán, indiscutido todavía en Versalles, y del que en las últimas semanas de la guerra huyeron o fueron expulsados, tras su terminación, unos 6,9 millones de personas al territorio restante compuesto por la Alemania de las cuatro zonas entre el Oder y el Rin, sino que, a causa de lo ocurrido en nombre de Alemania, se había malogrado el derecho de los alemanes a mantener una vida nacional propia en un marco más modesto. Frente a los crímenes ordenados por el Estado alemán, derrotado sin paliativos, la presión y la tensión ideológica, económica y política ejercida sobre los alemanes por las potencias vencedoras del este y el oeste pareció tan fuerte desde el principio que la mayoría de ellos consideraron vano cualquier intento de los sobrevivientes de la catástrofe por salvaguardar una cohesión del Estado nacional, como lo pretendieron unos pocos representantes del movimiento de resistencia que habían escapado del terror nacionalsocialista en los primeros años posteriores a 1945, cuando la situación en el interior y alrededor de Alemania se hallaba aún relativamente en su momento de máxima incertidumbre.

Pero las cosas no quedaron así. La «guerra fría» introdujo pronto en sus cálculos el potencial alemán aún restante y eso hizo que el paso a una época completamente nueva de la historia alemana se caracterizara, con numerosas variantes, por una vacilación entre una estima excesiva de las posibilidades de volver a entrar en el juego de la «gran política», que a pesar de todo se habían mantenido y, sorprendentemente, parecían ir otra vez en aumento, y una resignación fatalista a la división de lo que quedaba de Alemania y la sumisión a la voluntad de los nuevos «aliados». Aunque se dio más de una continuidad en lo particular, esta nueva época significó una ruptura con el pasado mucho más fuerte en general que en el caso de Italia o Japón, debido en buena medida al hecho de que Alemania había sido relegada a un estadio previo a la unidad nacional.

En el marco de la política mundial, el destino de Alemania, con la que las potencias vencedoras no pudieron firmar un tratado de paz debido a sus concepciones diametralmente opuestas, pasó a formar parte de la cuestión general y decisiva del periodo de posguerra de si se lograría crear un orden de paz universal, tras la mayor catástrofe bélica de la historia mundial, o si la marcha de las cosas impulsaría a la formación de «bloques» ideológicos y políticos —como pareció más probable desde un principio a la mayoría de las personas de todos los países, a pesar de las esperanzas— que acabarían provocando tensiones especialmente fuertes en el dividido resto de Alemania, pues era aquí donde los «bloques» chocaban de manera directa. Esta tendencia tendría como efecto una división del mundo similar a la que habría resultado de haberse producido una hipotética victoria de las «potencias del Pacto tripartito» —igualmente rivales durante la guerra— sobre la «coalición antihitler», en cuyo caso la división habría tenido una estructura geográfica y política diferente y se agruparía en torno a otras potencias dirigentes, con un poder hegemónico en el centro respectivo.

En la larga historia de los tratados y proyectos de paz europeos, afectada por constantes fracasos desde la paz de Westfalia, el nuevo orden posterior a la Segunda Guerra Mundial adquiere una excepcional significación pues, en caso de una tercera Guerra Mundial, la técnica militar desarrollada entretanto, con su capacidad de aniquilación, y de la que fueron víctimas mortales más de 50 millones de personas en los años 1939/45, llevaría según todas las previsiones a una destrucción total de la humanidad. En 1943-45, en la fase final de la Guerra Mundial, el presidente americano Roosevelt, pensando en esa amenazadora posibilidad de que a la Segunda Guerra Mundial le siguiera una tercera si la «coalición antihitler» no lograba crear una organización mundial con capacidad de acción y dotada de un fuerte poder ejecutivo que ahogase en germen cualquier conflicto entre las grandes potencias (así como los de carácter regional), se esforzó por alcanzar sus propósitos sin conseguir el éxito definitivo. La idea de soberanía estatal fue mantenida sobre todo por la Unión Soviética, pero también por EEUU, Gran Bretaña y, en parte, Francia —principalmente por De Gaulle—, lo cual, sumado al derecho de veto de las grandes potencias en el Consejo de Seguridad, consecuencia de dicha idea, hizo que la política tradicional de poder perviviera más allá de 1945.

Las reivindicaciones de soberanía estatal sólo se atenuaron en la zona más duramente afectada por la Segunda Guerra Mundial , en el corazón de la Europa continental, hasta el punto de que, bajo la impresión de las experiencias de la guerra, predominó en un primer momento la idea de crear una asociación superior a la de los Estados nacionales conocidos hasta entonces mediante la renuncia de éstos a sus derechos de soberanía. Hubo, pues, al parecer, posibilidades de realizar una unión federal, al menos en Europa occidental, hasta que, al alejarse en el tiempo el final de la guerra, sobrevino también aquí una paralización de esos conatos y acabó triunfando la idea de una restauración de los Estados nacionales. La descolonización, una de las consecuencias más importantes de la Segunda Guerra Mundial, fortaleció paradójicamente en todos los Estados, incluso en los más pequeños, la tendencia general a volver al principio de soberanía —superado en la realidad—, pues todos los Estados jóvenes de Asia y África se sentían fascinados por su propia soberanía nacional.

La Segunda Guerra Mundial había sido muy decisiva para la historia de todas las grandes potencias implicadas, para su ulterior ascenso, su derrota o su eliminación, pero hasta el sistema mismo de potencias experimentó cambios sustanciales, al concentrarse en unas pocas superpotencias y un conjunto de «Estados medios». No obstante, dicho sistema se mantuvo en conjunto e incluso se consolidó todavía más bajo el signo de las formaciones de «bloques» ideológicos y políticos. La Segunda Guerra Mundial dejó a las generaciones futuras la tarea no solucionada, y a primera vista insoluble, de superar el sistema de potencias extendido definitivamente al mundo entero y basado más que nunca en un equilibrio de fuerzas extremadamente inestable, y evitar las crecientes amenazas derivadas de sus inherentes posibilidades de conflicto.

BIBLIOGRAFÍA GENERAL
Breve selección de estudios generales y crónicas

Colectivo de autores bajo la dirección de W. Schumann (ed.), *Deutschland im zweiten Weltkrieg*, 6 tomos, Berlín (este) 1974-1985.

Bracher, K. D., *Europa in der Krise, Innengeschichte und Weltpolitik seit 1917*, Fráncfort/M.-Berlín-Viena 1979.

Dahms, H. G., *Die Geschichte des Zweiten Weltkrieges*, Múnich-Berlín 1983.

Gibbs, N. H.; Butler, R. J. M.; Gwyer, J. M. A.; Howard, M. y Ehrman, J., *Grand Strategy*, 6 vols., 1956-1976.

Gruchmann, L., *Der Zweite Weltkrieg*, (*dtv-Weltgeschichte des 20. Jahrhunderts*, tomo 10), Múnich [8] 1985.

Gretschko, A. A. (ed. y director), *Geschichte des zweiten Weltkrieges 1939-1945*, en doce vols. (trad. del ruso), Berlín (este) 1975-1985.

Hauser, O. (ed.), *Weltpolitik 1933-1939*, 13 colaboraciones, Gotinga-Fráncfort/M.-Zúrich 1973.

Hauser, O. (ed.), *Weltpolitik II 1939-1945*, 14 colaboraciones, Gotinga-Fráncfort/M.-Zúrich 1975.

Hillgruber, A. y Dülffer, J. (eds.), *Geschichte der Weltkriege. Mächte, Ereignisse, Entwicklungen 1900-1945*, Friburgo/Br.-Würzburgo 1981.

Hillgruber, A. y Hümmelchen, G., *Chronik des Zweiten Weltkrieges. Kalendarium militärischer und politischer Ereignisse 1939-1945*, Königstein/Ts.-Düsseldorf 1978.

Jacobsen, H.-A., *Der Weg zur Teilung der Welt. Politik und Strategie von 1939-1945*, Coblenza-Bonn 1977.

Michel, H., *La Seconde Guerre Mondiale*, 2 tomos, París 1968-69.

Militärgeschichtliches Forschungsamt (ed.), *Das Deutsche Reich und der Zweite Weltkrieg*, 10 tomos, Stuttgart 1979ss (5 tomos publicados).

Morison, E. S., *History of United States Naval Operations in World War II*, 10 vols., Londres 1956.

Rohwer, J. y Hümmelchen, G., *Chronik des Seekrieges 1939-1945*, Oldenburg-Hamburgo 1968.

Roskill, S. W., *The War at Sea, 1939-45*, 3 vols., Londres 1954-1957.

Schieder, Th., (ed.), *Europa im Zeitalter der Weltmächte* (= *Handbuch der europäischen Geschichte*, Th. Schieder [ed.], vol. 7, 1-2), Stuttgart 1979.

Stamps, T. D. y Esposito, V. J. (eds.), *A Military History of World War II*, Westpoint 1953.

Wright, G., *The Ordeal of Total War, 1939-1945*, Nueva York 1968.

ÍNDICE ONOMÁSTICO

Los números de páginas se refieren al texto y a las notas. De éstas se toman sólo los nombres de aquellos autores cuyos trabajos se tratan, pero no los que simplemente se citan.

Alianza Universidad

Volúmenes publicados